Stratégie Design
et développement international
de l'entreprise

Stratégie Design
et développement international
de l'entreprise

Par Guillaume Anselin

de l'IPAG (Institut de Préparation à l'Administration et à la Gestion)
184, Bd St Germain - 75006 Paris

janvier 1998

Préface

Dans une économie qui s'international se chaque jour davantage, l'image des produits, des entreprises qui les conçoivent, des pays qui les voient naître, constitue un facteur de compétitivité déterminant.

Notre pays n'est pas toujours perçu comme une puissance technologique à la hauteur de ses performances. En revanche, grande est notre réputation en matière de créativité, d'innovation et d'esthétisme. Il s'agit d'autant d'atouts qui doivent être valorisés et considérés comme de véritables avantages concurrentiels.

Dans ce contexte, une « démarche design », parce qu'elle s'enracine dans le patrimoine culturel et esthétique de notre pays et s'appuie sur la créativité de nombreux secteurs industriels, doit être encouragée et mise au service du développement de nos entreprises sur les marchés extérieurs.

Il me semble en effet que, par réaction à l'évolution des marchés vers l'uniformisation des produits, qu'accélère l'entrée de nouveaux compétiteurs, le choix final du client sera de plus en plus orienté par des facteurs de différenciation ne relevant pas exclusivement de performances techniques ou technologiques.

Cette étude, illustrée par des cas d'entreprises touchant des secteurs industriels très divers, s'inscrit dans un programme plus large de soutien public au développement du design en France. Elle donne les clés essentielles de compréhension de la démarche design à l'international, tant dans ses formes qu'au travers de ses contraintes ou de ses atouts ; elle permet notamment

– de préciser la spécificité de la fonction design au sein de l'entreprise en dissipant nombre de malentendus qui conduisent trop souvent à réduire cette fonction à une démarche artistique ; plus qu'un simple travail sur l'esthétique des produits, il convient en effet de considérer le design comme un outil à part entière accompagnant et complétant toute stratégie de marketing et de communication internationale et couvrant l'ensemble des éléments qui concourent à l'image de l'entreprise ;

– d'inciter les entreprises, notamment les PME/PMI, à intégrer le design dans la panoplie des instruments disponibles et nécessaires pour leur développement sur les marchés à l'exportation ;

– d'encourager les professionnels français du design à s'implanter à l'étranger, à la fois pour accompagner le développement de nos entreprises mais également pour leur ouvrir de nouveaux marchés.

Facteur de différenciation, de réduction de coût et de motivation du personnel, le design demeure encore insuffisamment utilisé dans la conquête des marchés extérieurs.

Je suis pour ma part convaincu que grâce à la qualité des hommes qui la pratiquent et à la volonté de nos entreprises d'apporter les réponses les plus adaptées à une clientèle sans cesse plus exigeante, la « stratégie design » deviendra très rapidement un élément décisif du succès du développement international des entreprises françaises.

Christian PIERRET

Remerciements

Je tiens à remercier en premier lieu le ministère de l'Industrie en la personne de Monsieur Etienne COFFIN, Sous Directeur des Affaires Internationales, pour l'accueil qui m'a été réservé au sein de son service. A cet effet, mes remerciements vont plus particulièrement à Monsieur Jean-Michel JARRY pour sa collaboration active tout au long de cette enquête ; je remercie également Monsieur Pierre METCHE, en charge de la Promotion du Design, au sein de la DDE/DARPMI, pour le temps qu'il a bien voulu me consacrer.

De même, je tiens à souligner le concours de Madame Florence JEANBLANC-RISLER, Conseiller Commercial au Poste d'Expansion Economique de Tokyo, et de Monsieur Patrick DUVAL, Directeur de la Communication de l'Association pour l'événement de l'Année de la France au Japon, pour l'éclairage particulier apporté dans l'étude du cas japonais.

Cette étude n'aurait pu se réaliser sans l'aide des organismes de promotion et écoles de design, qui ont fait preuve d'une grande disponibilité ; je tiens à remercier en ce sens Madame Anne-Marie BOUTIN, Présidente de l'Agence pour la Promotion de la Création Industrielle, ainsi que Messieurs Quentin LESUR, en charge des Relations Industrielles à l'Ecole Nationale Supérieure de Création Industrielle, et Jean-René TALOPP, Président de STRATE COLLÈGE.

Enfin, je tiens à exprimer ma gratitude envers les professionnels du design et les entreprises sollicitées pour leur expérience et la qualité de leur collaboration, indispensables à la bonne réalisation de cette étude. Je veux souligner la grande motivation de chacun à expliquer sa stratégie design, dont j'ai essayé, à ce titre, de mettre en valeur la créativité et la détermination. J'en profite pour souligner également la participation de l'agence PLAN CRÉATIF à la mise en page de ce document, espérant que le lecteur trouvera le propos à la hauteur de la qualité graphique de l'ouvrage.

Parce que cet ouvrage est le fruit d'un long travail, initié en octobre 1997 avec un mémoire réalisé en équipe pour l'IPAG Paris, je voudrais remercier les deux personnes qui ont permis de préparer les bases solides de cette enquête, Messieurs Laurent COURDAVAULT et Laurent MARQUIER, dont la motivation et le soutien ne se sont jamais démentis. Qu'ils trouvent ici l'expression d'une reconnaissance particulière que je voulais leur témoigner.

Guillaume ANSELIN

Comité d'études

Les membres de ce comité ont présidé à la bonne réalisation de cette étude.
Je tiens à leur exprimer toute ma gratitude pour le temps et l'attention qu'ils ont bien voulu consacrer à la validation des motivations et des objectifs de cet ouvrage.

Madame Anne-Marie BOUTIN
Présidente
Agence pour la Promotion de la Création Industrielle

Monsieur Etienne COFFIN
Sous Directeur des Affaires Internationales
Secrétariat d'Etat à l'Industrie

Monsieur Yann le GAL
Directeur du Bureau d'Etudes
LAFUMA

Monsieur Jean-Michel JARRY
Chef du Bureau de la Coopération et de la Communication Industrielles à l'Etranger
Secrétariat d'Etat à l'Industrie

Monsieur Jean-Paul MANCEAU
Directeur Adjoint du Design Industriel
RENAULT

Monsieur Pierre METCHE
Département Développement des Entreprises ~ Promotion du Design
Secrétariat d'Etat à l'Industrie

Monsieur David NITLICH
Directeur Général
Groupe CENT DEGRÉS

Monsieur Clément ROUSSEAU
Président
Agence PLAN CRÉATIF

Monsieur Pierre SALANNE
Directeur des Publications ~ DICOM
Secrétariat d'Etat à l'Industrie

Monsieur Jean-René TALOPP
Président
STRATE COLLÈGE

Introduction

Le design dans l'entreprise

sommaire

Le design, un outil stratégique à l'international

Le design à l'export vers le Japon, illustration d'un atout concurrentiel réel à l'internationa

Annexes

Le design dans l'industrie semble aujourd'hui perçu comme un outil indispensable : on ne conçoit plus en effet une opération de production sans une phase de travail, même réduite, portant sur l'esthétique et l'ergonomie du produit à lancer. Cette stratégie est d'ailleurs comprise depuis plusieurs années par un nombre croissant d'industriels, qui l'intègrent à différents niveaux de leur cycle de conception.

Pourtant, seules 16% des PMI françaises ont recours à son utilisation de façon régulière et 20% de manière occasionnelle (chiffres DARPMI 1995). Ces données posent le problème suivant : le design est-il réellement assimilé à une stratégie d'entreprise, compris en ce sens comme un outil fondé sur une méthodologie précise et complète ? Dans la même idée, le design se limite-t-il seulement à une activité esthétique liée au produit ou bien propose-t-il une approche plus globale, en réponse aux contraintes multiples de l'entreprise ?

Evaluer dans quelle mesure le design est au service du développement international de l'entreprise, c'est définir en fin de compte en quoi le design constitue une stratégie réellement offensive pour l'industriel qui souhaite exporter.

De toute évidence, ces questions actuelles montrent une perception floue de la fonction design, souvent peu associée aux notions de qualité, d'innovation et de communication stratégiques. De même, on retrouve encore beaucoup trop souvent des idées reçues sur le design, avec des jugements comme "le design, c'est pour faire beau" ou encore "c'est trop cher".

Introduction

Cette ambivalence, entre partisans du design et réfractaires à son utilisation, pose la question de l'impact du design, et de sa pertinence face aux impératifs de l'entreprise industrielle dans la conquête de nouveaux marchés.

Evaluer dans quelle mesure le design est au service du développement international de l'entreprise, c'est définir en fin de compte en quoi le design constitue une stratégie offensive pour l'industriel qui souhaite exporter.

Dans cette optique, il faut d'abord comprendre la place du design dans le monde de l'entreprise, pour déterminer ensuite le poids d'une stratégie design à l'international. Enfin, l'étude d'un marché spécifique permet de situer le design et ses différentes applications dans un contexte international révélateur de son utilité. Le Japon, marché concurrentiel par excellence qui réunit l'ensemble des contraintes du commerce international (culturelles, économiques et juridiques), met en valeur les réponses que le design peut apporter aux attentes des industriels confrontés à des situations difficiles, dans lesquelles la créativité, la communication et l'innovation sont des armes efficaces qu'il faut savoir utiliser.

Présentation de l'ouvrage

L'étude effectuée au sein du ministère de l'Industrie avait pour objectifs de :

• établir un diagnostic de la pratique du design en entreprise, les modes opératoires fréquemment mis en place et l'intégration de la fonction design dans le cycle de production, dans ses différentes applications ;

• évaluer l'impact du design à l'international, comme une stratégie de l'entreprise destinée à l'export, en évaluant d'une part les conditions de sa mise en place, et d'autre part les domaines dans lesquels le design obtient des résultats ;

• enfin, mettre en situation les stratégies design dans un contexte spécifique, par l'étude d'un marché dans lequel le design se révèle être une arme efficace.

Au regard des objectifs énoncés ci-dessus, il était important d'adopter une démarche qualitative, en exposant des stratégies d'entreprises ayant intégré le design a différents niveaux. Le choix des entreprises présentées dans cet ouvrage a été établi sur la base d'une consultation menée en début d'étude, impliquant plusieurs organismes de promotion du design, des écoles de design, tous très présents dans le monde industriel.

Par ailleurs, cette démarche consiste à l'analyse de secteurs industriels précis, desquels sont issus les cas d'entreprises, et dont les grandes tendances, aussi bien au niveau français qu'à l'international, présentent un intérêt particulier à l'étude de la fonction design. Cependant, beaucoup d'autres secteurs auraient pu faire l'objet d'une étude particulière, à l'image de l'industrie du luxe, de l'agro-alimentaire ou encore de l'électroménager.

Or, les secteurs présentés - le jouet, l'automobile, l'équipement médical, l'outillage, le matériel électrique et enfin le sport - présentent des caractéristiques structurelles que l'on retrouve dans d'autres secteurs industriels, parmi lesquelles :

• grande diversité des gammes ;
• attribution d'un style de vie propre aux produits ;
• qualités produits clairement identifiées ;
• communication : signalétique et messages forts, poids des marques à l'international ;
• effet de mode important (l'automobile notamment), marchés grand public pour certains : innovation fréquente ;
• gérer l'innovation de produits et savoir l'amener favorablement sur le marché ;
• importante activité créatrice ;
• savoir-faire français (comme le jeu éducatif, qui rencontre une forte demande, notamment au Japon où la concurrence sur ce créneau est peu développée) ;
• simplifier l'utilisation des équipements ;
• communiquer sur la convivialité et la qualité des produits ;
• intégrer l'équipement (médical notamment, mais électrique aussi) dans son environnement ;
• marchés internationaux : l'équipement médical fortement orienté à l'international : 42% de la production française est destinée à l'export ;
• contraintes techniques fortes renforcées par l'importance des normes au Japon dans de nombreux secteurs.
• faciliter le dialogue objet/usager ;
• comme pour beaucoup de secteurs industriels, importance des nouveaux matériaux ;
• gestion de la marque, de la "patte" du fabricant dans le cadre de marchés internationaux et importance de la cohérence globale.

Ainsi, les secteurs présentés sont des domaines d'activités porteurs à l'international, dans lesquels le design est très présent, et intégré très tôt dans la conception ou le renouvellement de produits, comme au niveau de la gestion de l'image de l'entreprise et plus largement à sa communication globale.

Enfin, l'étude du marché japonais permet d'obtenir un panorama complet des contraintes multiples auxquelles peuvent être confrontées les entreprises françaises à l'export.

En effet, ce marché de 120 millions de consommateurs présente des caractéristiques intéressantes dans le cadre de notre enquête : la culture japonaise, les barrières à l'entrée, le système de fonctionnement spécifique et les attentes du consommateur japonais constituent autant de variables à intégrer par les entreprises étrangères. Porte ouverte sur l'Asie, le Japon reste de plus, un enjeu décisif pour les entreprises européennes, en raison d'un pouvoir d'achat local élevé.

Ce contexte représente un éclairage particulier, dès lors que le développement de l'industrie française à l'international est une phase incontournable, un processus inévitable dans lequel le design peut jouer un rôle majeur.

Par ailleurs, cette démarche s'inscrit dans un contexte plus général lié à la conjoncture économique actuelle : la balance commerciale de 1996 montre un excédent commercial de 122 milliards de francs, résultat en hausse par rapport à l'année passée, avec une répartition géographique marquée : nos résultats à l'export sont bons pour ce qui est de l'Europe, mais ces chiffres mettent en valeur un léger recul de nos exportations en Asie. Dès lors, il est clair que le design, dans ses diverses applications, fait partie des solutions inventives destinées à permettre à l'entreprise d'améliorer sa compétitivité au Japon, contexte dans lequel la concurrence est peut-être plus marquée qu'ailleurs.

2. Que faut-il entendre par design ?

Le design c'est le travail sur le produit (produit et packaging), le travail sur l'entreprise (identité visuelle qui comprend logo, documentation, charte graphique…), le travail sur l'environnement (PLV, création de stands, architecture commerciale et signalétique…)

Avant toute chose, il est important de définir précisément ce qu'est le design, dont les définitions ne manquent pas. En effet, la notion de design est encore mal définie, tant au niveau de ses objectifs que de son approche méthodologique.

D'une manière générale, le design constitue un ensemble de fonctions mis à la disposition de l'entreprise. Il s'applique à la conception de biens et de services, mais également à la création d'une image d'entreprise et d'espaces. Outil méthodologique complet, cette activité créatrice peut s'exprimer au travers de plusieurs grands domaines d'intervention, applicables en fonction du besoin industriel. Ces domaines de compétences sont le design de produits, le design graphique, le design d'environnement, le design packaging, ou encore l'identité visuelle. Enfin, le design global, discipline "multifonctions" qui englobe dans son approche tous les aspects liés à la marque.

L'intervention d'un designer consiste donc à établir le message visible et cohérent d'un produit, d'un packaging, de l'identité de marque d'une entreprise, pour en faire ressortir les qualités, le dynamisme et le patrimoine culturel et esthétique. A ce titre, le design est un fort levier de communication à disposition de l'entreprise qui permet à celle-ci de mettre en scène ses innovations ou les messages qu'elle souhaite véhiculer.

De façon schématique, le designer intervient selon trois axes clés : le travail sur le produit (produit et packaging), le travail sur l'entreprise (identité visuelle qui comprend logo, documentation, charte graphique…) et le travail sur l'environnement (PLV, création de stands, architecture commerciale et signalétique…). Ces différents domaines d'actions sont très liés entre eux, parce que l'entreprise forme un tout cohérent, ce qui n'empêche pas le designer d'intervenir uniquement en création de produits par exemple, chaque discipline faisant référence à des connaissances spécifiques et différentes.

Ainsi, nous verrons que, de plus en plus, le designer s'inscrit comme un acteur incontournable de l'entreprise et participe à ce titre à l'élaboration des stratégies marketing, commerciale et de communication.

Le desig

ans l'entreprise

Le Design dans l'entreprise, c'est d'abord la collaboration de deux types d'acteurs : d'une part le décisionnaire industriel et d'autre part le designer, soit externe comme prestataire sur des projets ponctuels ou pour la mise en place de stratégies design complètes ; soit intégré, gérant ainsi les projets design étroitement liés à la R & D, la gestion de la production et la qualité.

La pratique en entreprise se présente sous plusieurs types de modes opératoires : tantôt prestataire régulier comme occasionnel, le designer peut être un véritable partenaire stratégique comme un simple gestionnaire de projets précis. Le type d'interventions varie également selon le besoin, avec la nécessité de rappeler ici que le design, ce n'est pas exclusivement une approche produit, mais également de packaging, d'identité visuelle, d'architecture commerciale, d'édition, de graphisme enfin.

Ainsi, plusieurs stratégies adaptées peuvent intervenir, avec une volonté commune au designer et à l'entreprise : la conquête de nouveaux marchés.

1

Les modes opératoires de la fonction design en entreprise

L'intégration du design dans l'industrie, c'est tout d'abord deux modes opératoires traditionnels : le designer externe, agence de design ou indépendant, et le designer intégré, inscrit dans l'entreprise au même titre que le directeur marketing ou le directeur technique. Ensuite, il existe des schémas intermédiaires de fonctionnement où l'on retrouve l'association d'intervenants extérieurs et d'un bureau de designers, des formes de partenariats ou de process particulières. Chacune de ces différentes organisations comportent ses forces et ses faiblesses relatives, qu'il s'agit de comprendre pour mieux saisir le poids et la place du designer dans l'entreprise.

Le designer externe, agence de design ou indépendant, et le designer intégré, inscrit dans l'entreprise au même titre que le directeur marketing ou le directeur technique.

Les schémas classiques de fonctionnement

1 . 1 Le designer externe, forces et faiblesses

Le travail du designer externe peut porter sur chacune des différentes activités du design, que ce soit le produit, le packaging, l'identité visuelle ou encore l'environnement. Ces champs d'intervention sont fonction du contexte et des spécificités de ses clients, l'entreprise pour laquelle il faut intervenir formant un tout, avec une problématique précise.

Le travail sur le produit amène l'agence ou le designer indépendant à prendre en compte les différents facteurs concernant les fonctionnalités du produit, les attentes du consommateur en matière d'ergonomie, d'esthétisme et de confort d'utilisation. **Le travail sur le packaging** l'oblige à avoir une démarche marketing. En effet, l'étude de l'image du produit (conditionnement, facing, communication des fonctions du produit, composition graphique...), et au-delà de l'image de l'entreprise, est directement liée au comportement d'achat du consommateur et de ses réponses cognitives, conatives et affectives.

Le travail sur l'identité visuelle (qui regroupe l'image de l'entreprise et son milieu) doit amener le designer à considérer plusieurs points fondamentaux, tels que la clientèle, le positionnement et le capital marque/culture de l'entreprise. Pour ce qui est de l'étude de l'environnement de l'entreprise (l'architecture commerciale essentiellement), il cherchera à mettre en évidence les valeurs de la société cliente, travail rendu plus objectif par le regard extérieur qu'il apporte lors de son diagnostic.

Le statut du designer externe, consultant extérieur à l'entreprise et de plus en plus souvent partenaire régulier de celle-ci, lui confère une place à la fois avantageuse et délicate pour agir. En effet, la validité et la pertinence du projet design dépend de la capacité de l'agence à intégrer le potentiel et les contraintes de l'entreprise, mais également du marché vers lequel elle se destine.

C'est dans ce cadre bien défini que le designer pourra employer au maximum ses compétences, à commencer par la première d'entre elles qui le caractérise : la créativité. Cette capacité conceptuelle est le principal garant de prestations de qualité. En effet, le recul qu'il prend par rapport à l'entreprise, auquel s'ajoute sa faculté à réfléchir sur de nouveaux projets, permet d'anticiper les tendances à venir et les attentes des consommateurs.

Avoir recours à un designer externe présente donc plusieurs avantages :

- son statut de consultant extérieur l'amène à trouver des solutions que n'envisage pas toujours le manager "intégré".L'intervention du designer permet ici d'apporter une certaine objectivité par rapport au marché et aux problèmes vécus au quotidien par l'entreprise ;

- l'intervention du designer externe constitue un apport multiple pour la société cliente : nouvelle façon de voir l'entreprise, créativité et recul, mais pas essentiellement ; il est capable d'amener une solution marketing ou technique, si le besoin s'en ressent ;

- ses méthodes de travail sont souples et adaptées. Son expérience l'amène de plus en plus souvent à intervenir au niveau de la stratégie commerciale et marketing, très en amont du projet. Il peut intervenir également au niveau de la simple application d'un cahier des charges définit par l'entreprise. De même, il peut réfléchir à la création de nouveaux produits, à un projet de diversification, comme au renouvellement de gammes déjà existantes, ou encore à la mise en place d'une nouvelle identité de marque ;

- l'agence design peut assurer une meilleure gestion du projet en redéfinissant le cahier des charges avec l'entreprise, en contrôlant la fabrication et en réalisant des prototypes. De plus en plus, on assiste à des propositions de projets clés en main, dans lesquels l'agence agit comme un maître d'œuvre à par entière.

La créativité, cette capacité conceptuelle est le principal garant de prestations de qualité. En effet, le recul qu'il prend par rapport à l'entreprise, auquel s'ajoute sa faculté à réfléchir sur de nouveaux projets, permet d'anticiper les tendances à venir et les attentes des consommateurs.

Cependant, le recours au designer externe présente également quelques inconvénients, qui proviennent d'une intervention ponctuelle : elle induit un manque de continuité dans les relations entreprise/design (sauf si l'entreprise en fait un partenaire régulier). Ce système peut induire une gestion au " coup par coup " de l'innovation et de son impact sur son marché ; d'où la nécessité de mettre en place de vrais partenariats.

Recourir aux services d'une agence de design est aujourd'hui la pratique la plus courante en France, d'autant que chaque agence possède sa propre philosophie, avec des méthodologies différentes. Les agences design, comme les designers indépendants, mettent en avant des spécialités en termes d'interventions design (produit, graphisme, identité visuelle, édition...), mais dans leur grande majorité, ne se spécialisent pas selon un ou plusieurs secteurs industriels.

En France, on rencontre donc des agences réparties dans plusieurs grands domaines design, selon la répartition suivante :

Ce qu'il faut retenir du designer externe, c'est donc une forte capacité à visualiser de manière objective les besoins de l'entreprise vis-à-vis de son marché l'intervenant extérieur doit absolument être intégré très en amont et dès le début du projet.

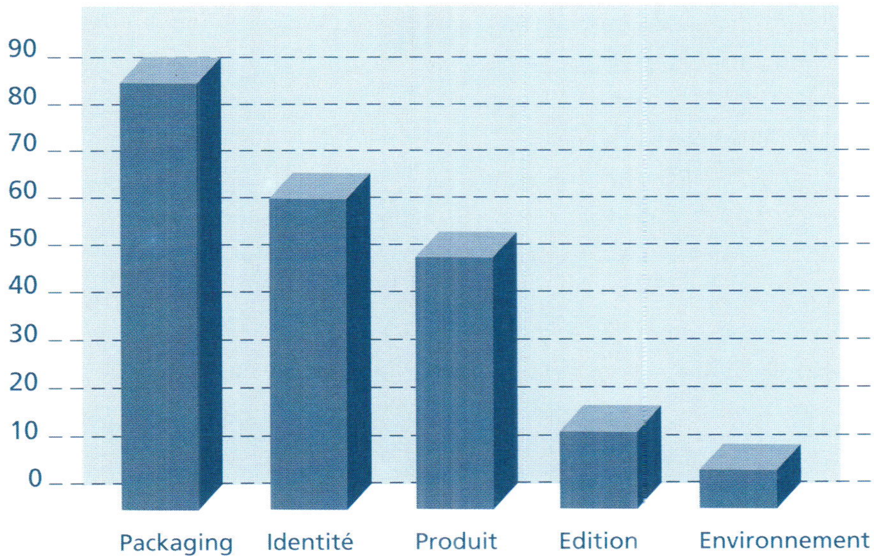

Fig.1 : Les spécialités des agences de design

Ce qu'il faut retenir du designer externe, c'est donc une forte capacité à visualiser de manière objective les besoins de l'entreprise vis-à-vis de son marché, à plus forte raison que de plus en plus ces besoins s'expriment en terme d'image de marques et de produits. Cependant, pour que l'approche soit pertinente et cohérente, l'intervenant extérieur doit absolument être intégré très en amont et dès le début du projet.

1 . 2 L'exemple de quelques agences Plan créatif, Axena, Dragon rouge

La philosophie de chaque agence est particulière. Elle dépend de nombreux facteurs (activités du design traitées, niveau d'intervention, clientèle régulière...) et leur méthodologie vise l'adaptation à chaque cas d'entreprise. Si les exemples de PLAN CRÉATIF et de DRAGON ROUGE montrent la volonté de ces agences de diversifier leur clientèle, AXENA cherche au contraire à intervenir dans le domaine "hi-tech" proposant une prestation plus technique.

PLAN CRÉATIF : communiquer par le design

L'agence PLAN CRÉATIF possède des compétences dans plusieurs domaines : design produit, design graphique, et design environnement. Présente à Paris, Londres, Pékin et Séoul, l'agence dispose d'une dimension internationale forte, qui lui permet d'appréhender sereinement les marchés internationaux.

La philosophie de l'agence PLAN CRÉATIF (France) repose d'abord sur la réponse à une problématique d'entreprise. Le profil du designer de l'agence doit à cet effet correspondre à une intelligence créative associée à un raisonnement commercial.

Par ailleurs, le designer intervient le plus en amont possible, en effectuant plusieurs analyses au préalable : sociologique, quantitative, psychologique et sémiotique. Ce travail lui permet de déterminer la situation de l'entreprise le plus objectivement possible. Cette intervention est gérée par le cabinet d'études HUMALOGIE - filiale de PLAN CRÉATIF - qui prend en charge aussi bien l'approche qualitative en amont du projet (définition des valeurs marketing de la marque) que le suivi des études réalisées, afin d'optimiser et garantir les résultats.

Toujours dans la même logique, l'agence privilégie le design comme un moyen de se différencier par rapport à la concurrence en identifiant clairement les qualités et les ressources de l'entreprise cliente. Dans ce contexte, la recherche d'informations devient stratégique. Cette conception montre tout l'intérêt du marketing dans une démarche design.

PLAN CRÉATIF a également créé sa filiale multimédia, BEES'NET, en partant d'un constat simple : le multimédia devient de plus en plus un formidable outil de communication des entreprises, mais l'approche technique se fait bien souvent au détriment de la convivialité d'un site, sa fonctionnalité et son esthétique. C'est dans ce but que l'agence a fondé BEES'NET, en réponse inventive à une problématique de produit multimédia.

Site Internet : http://www.plancreatif.fr

Design environnement pour la RATP *(fig.2)*

La RATP a fait intervenir en 1993 l'agence PLAN CRÉATIF pour la conception des stations de tramway Issy-La Défense. L'objectif était ici de faciliter l'interaction avec le tissu urbain en proposant une architecture de site clairement repérable et identifiable par l'usager, à laquelle s'ajoute la création du mobilier complet de la station en cohérence avec les autres lignes de tramway RATP.

Au-delà de la nécessité de préserver les codes de l'entreprise RATP, l'agence devait rationaliser les coûts du projet en mixant création de nouveaux éléments et achat de composants déjà existants. Le pari semble aujourd'hui réussi pour PLAN CRÉATIF puisque le Tram Val de Seine a été inauguré le 1er juillet de 1997.

PLAN CRÉATIF gère également la communication faite autour des nouveaux chantiers de la RATP, ayant but objectif d'informer l'usager sur les projets de développement en cours.

(fig.2)

© PLAN CRÉATIF

Bouygues Telecom *(fig.3)*

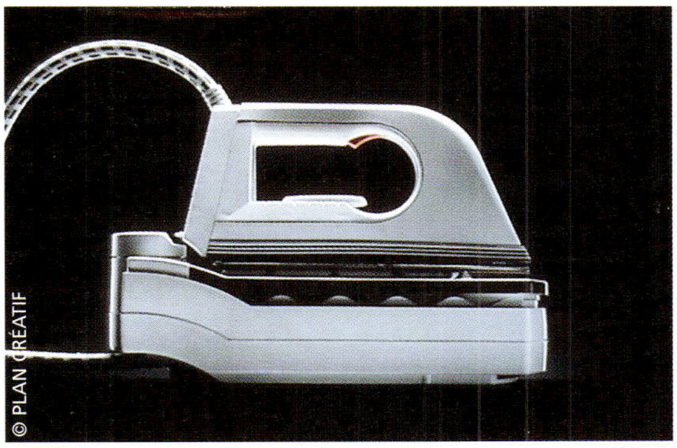

(fig.4)

Design produit pour SUPERBA *(fig.4)*

SUPERBA est fabricant de biens d'équipements ménagers. En 1994, l'entreprise demande à PLAN CRÉATIF de concevoir un fer à repasser grand public positionné haut de gamme, intégrant les atouts de la technologie SUPERBA ; à cet effet, l'agence avait pour objectif de créer une version améliorée du FG 2000, précédent fer à repasser de la gamme ayant rencontré un grand succès.

Le nouveau produit devait ainsi remporter 20% de parts de marché et renforcer ainsi la position de SUPERBA dans ce domaine., Le CS 2000 est né de la création d'une nouvelle marque DOMENA avec une ergonomie innovante. L'objectif de ventes a été atteint, car DOMENA a été très bien accepté, en particulier par la distribution.

Janus de l'Industrie (Institut Français du Design) 1994
Oscars du Nouvel Economiste 1994

Identité visuelle et logo
BOUYGUES TELECOM *(fig.3)*

BOUYGUES, numéro 1 mondial du BTP, a ouvert en juin 1996 le 1er réseau national de téléphonie mobile à la norme DCS 1800. C'est à sa demande que l'agence est intervenue pour concevoir le logo et l'ensemble de l'identité visuelle du nouvel opérateur.

L'objectif était pour BOUYGUES TELECOM de développer le plus rapidement possible sa notoriété et de légitimer sa présence sur le marché des télécoms, grâce à une campagne fondée sur un positionnement original : la Téléphonie Personnelle, incarnée par le petit personnage du logo décliné sur l'ensemble des moyens de communication de la marque.

Les résultats parlent d'eux-mêmes puisque 18 mois après le lancement, 400 000 clients ont été acquis ce qui représente le développement le plus rapide pour un nouvel opérateur DCS 1800 en europe.

L'agence AXENA DESIGN & TECHNOLOGIE présente une approche différente, avec ses propres particularités, liées à une démarche spécifique : le design de produits industriels. Volontairement immergée dans un contexte industriel, l'agence, que l'on peut qualifier également de bureau d'études, propose ses compétences techniques dans plusieurs domaines pointus.

AXENA DESIGN ET TECHNOLOGIE

L'agence AXENA a pour principal domaine d'activité le design de produits industriels. Les designers travaillent notamment sur des projets "hi-tech" en termes d'ergonomie, d'architecture, d'intégration de composants, d'analyse de la valeur et bien sûr d'image. A travers ces différents champs de contraintes, la démarche d'AXENA est créative et pluridisciplinaire. AXENA prend aussi en charge le développement mécanique (plastique, tôlerie, fonderie), la réalisation de prototypes fonctionnels et le suivi industriel des projets.

La clientèle d'AXENA est principalement composée de PMI, dans les secteurs de l'équipement industriel, l'instrumentation, la mesure, les télécommunications et le sport.

Avec cette capacité d'intégrer véritablement les contraintes techniques et économiques des produits, et de mener à bien leur développement jusqu'à l'industrialisation, AXENA se positionne en réel partenaire des entreprises qui développent des produits nouveaux. La vocation de l'agence est de donner une image valorisante à des produits bien pensés.

E-mail : axena@easynet.fr

***Design Produit pour DECATHLON** (fig.5)*

L'agence AXENA est intervenue en 1996 pour concevoir le design d'une nouvelle gamme de compteurs de vitesse VTT. DECATHLON avait la volonté d'entrer sur ce marché (en maîtrisant la distribution par son propre réseau) avec un produit innovant, une image forte et un prix de revient très compétitif.

AXENA a donc proposé un compteur qui intègre plusieurs fonctionnalités innovantes, au sein d'une ergonomie qui facilite son utilisation par le consommateur. Le design du compteur DECATHLON privilégie donc un accès aux fonctions simplifié et une lecture du cadran rendue plus facile grâce à un écran large, malgré la taille du produit.

(fig.5)

(fig.6)

Design produit pour HB ELECTRONICS *(fig.6)*

En 1997, le fabricant chinois de téléphones mobiles souhaitait concevoir un nouveau modèle de téléphone GSM avec son chargeur. Le projet design était complexe puisque l'agence devait travailler sur le design du produit, l'ergonomie avec l'intégration des fonctions du nouveau téléphone, mais aussi le développement mécanique complet de l'appareil.

Le téléphone, destiné à être lancé sur le marché européen, a fait l'objet d'une CAO en 3D, les prototypes ont été réalisés par l'agence en stéréolitho graphie et les pré-séries en contre-moulage.
Ces étapes de réalisation ont permis à AXENA de concevoir un produit abouti en terme de concept, mais aussi techniquement réalisable.

Design produit pour ISL *(fig.7)*

AXENA a été consultée par ISL en 1995, pour créer le design d'un nouvel instrument de mesure dans le domaine de la chimie pétrolière : un distillateur de pétrole. L'agence a travaillé sur l'ergonomie en intégrant les contraintes techniques fortes liées à ce type d'appareil et a proposé des solutions inventives, comme l'utilisation d'un nouveau matériau pour la pièce centrale, conçue par injection plastique.

Le nouveau distillateur a fait ses preuves sur des marchés très compétitifs : au Japon, par exemple, où ISL a pu pénétrer ce marché grâce au design ; le produit a fait la différence sur une ergonomie attractive et fonctionnelle, qui a séduit les consommateurs japonais.

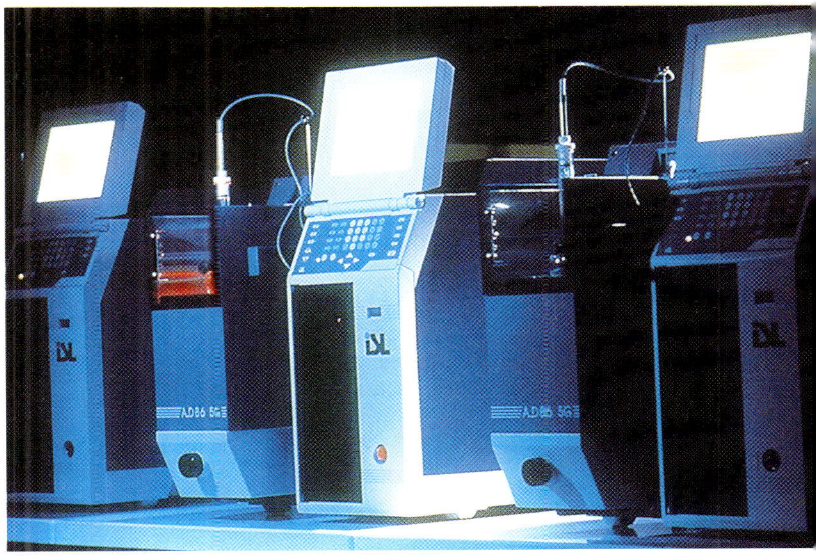

(fig.7)

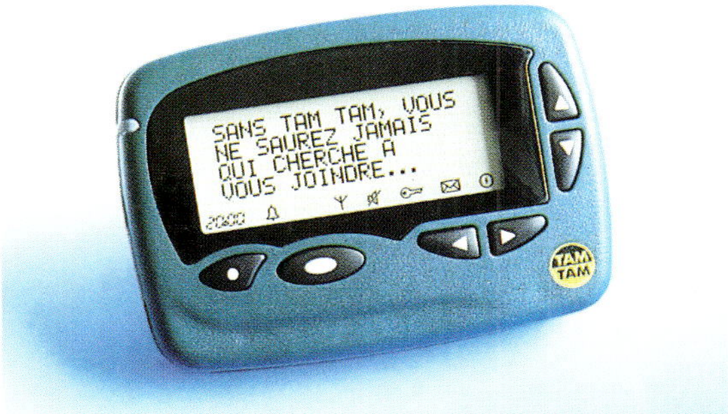

(fig.8)

Design produit pour WAVECOM *(fig.8)*

WAVECOM, spécialisé dans la fabrication de radiomessageries portables a demandé à AXENA d'intervenir sur le design du nouveau pager TAM-TAM (1997). Produit haut de gamme sur un marché en pleine expansion, le nouveau TAM-TAM avait pour objectif de séduire les opérateurs étrangers.

Dans cette optique, l'agence a repensé l'ergonomie complète, dans le souci d'augmenter le confort d'utilisation et de mieux communiquer sur la fonction de chaque touche, pour faciliter l'accessibilité du consommateur.

L'agence DRAGON ROUGE constitue encore un autre exemple de prestataire design différent : elle fait partie des agences réputées pour leur travail sur le packaging et l'identité visuelle. L'agence revendique ces compétences comme seule spécialisation.

DRAGON ROUGE : réflexion stratégique et création

L'agence DRAGON ROUGE emploie 60 personnes réparties dans tous les domaines du design : packaging, identité visuelle, environnement et enfin, produit. Il existe un département pour chaque type d'intervention, services qui assurent leur propre développement indépendamment des autres.

Ce type d'organisation illustre bien le poids des méthodologies, et la nécessité de clarifier l'approche à réaliser. Ainsi, les équipes spécialisées font de DRAGON ROUGE une agence généraliste, apportant une réponse ciblée à une problématique d'entreprise.

Leur philosophie est simple et logique, puisque DRAGON ROUGE considère le marketing et le design comme indissociables, tant les objectifs des deux métiers sont proches.
C'est ce qui caractérise la prestation de l'agence, un bon équilibre entre la réflexion stratégique et la création. Dotée d'une forte dimension internationale, l'agence travaille à l'export avec une clientèle de grands groupes industriels, comme avec des PMI innovantes.

Site Internet : http://www.dragonrouge.com

***Design produit & packaging pour PERRIER VITTEL** (fig.9)*

DRAGON ROUGE a été consulté en 1997 par PERRIER VITTEL pour doter la marque CONTREX d'une identité packaging forte et spécifique, qui capitalise sur le concept de la minceur et de la féminité. Ce projet comprenait un volet important, portant sur le design de la bouteille ; celle-ci étant considérée par le designer comme un vecteur essentiel de la personnalité de la marque, tout autant que de différenciation par rapport à l'ensemble des eaux du marché.

Le projet comportait deux phases principales.
Tout d'abord, le travail sur le produit avec la création d'une nouvelle silhouette, unique sur le marché, plus élancée et plus fluide ; la bouteille CONTREX rappelle, par son cintrage et son drapé en partie supérieure, une silhouette féminine, évocatrice de l'action de l'eau sur le corps de la femme. Ce travail sur le contenant s'est traduit également par le passage au PET, recommandé par l'agence pour la qualité de sa transparence et ses évocations de pureté et aujourd'hui, fréquemment utilisé pour la fabrication de bouteilles.

(fig.9)

Les designers ont ensuite cherché, au travers du graphisme et du bloc-marque, à renforcer la symbolique et les valeurs de la marque : féminité de la typographie, fluidité de la symbolique et réaffirmation des origines et de la qualité ("Source de Contrexeville" centrée et cintrée entre les lettres du logotype).

Cette intervention a abouti à un produit rajeuni, au message réaffirmé, qui impose une forte présence en linéaire, grâce à une forme originale et évocatrice.

***Identité Visuelle DEXIA** (fig.10)*

(fig.10)

L'agence est intervenue en 1997 pour un projet ambitieux : créer et positionner l'identité du groupe DEXIA, issu de la récente fusion entre le Crédit Local de France et le Crédit Communal de Belgique.
DEXIA, spécialisé dans le financement des équipements collectifs, est par cette opération devenu le leader européen dans ce domaine financier.
DRAGON ROUGE devait créer une identité qui impose le groupe à l'échelon européen et qui réunisse l'identité propre à chacun des deux partenaires.

Dans l'optique d'un positionnement européen marqué, la nouvelle institution devait rapidement acquérir une crédibilité qui mette en valeur son offre et la démarche innovante des deux établissements financiers.

Le logo " DEXIA ", créé par l'agence, est né de cette volonté de communiquer sur la fiabilité du produit financier et la pérennité du nouveau système.
Le graphisme, à la fois moderne et institutionnel, est appliqué à l'édition, les brochures et l'architecture commerciale.
Il met en évidence ces deux valeurs majeures du nouveau groupe, fiabilité et sécurité, et compose la charte graphique DEXIA, qui sera reprise sur l'ensemble des supports de la marque d'ici l'an 2000.

***Identité visuelle POMME DE PAIN** (fig.11)*

(fig.11)

POMME DE PAIN, chaîne de restauration rapide se définit comme le fast-food à la française. La marque, qui connaît un certain succès souhaitait en 1996 donner un second souffle à son image de marque.
Le leitmotiv de l'entreprise était de se distinguer des chaînes américaines avec un concept de sandwichs typiquement français.

La marque compte pour cela sur un choix simple mais traditionnel de produits, appréciés des consommateurs pour leur préparation différente, autour de deux gammes principales : les sandwichs et les viennoiseries.
Pourtant malgré un succès grandissant, l'identité de l'enseigne manque de poids, face à ses concurrents américains comme français, avec la BRIOCHE DOREE.

La problématique de POMME DE PAIN est de modifier son image avec, à terme, un objectif de croissance du taux de fréquentation de 15/20%.

DRAGON ROUGE intervient donc pour redéfinir complètement l'identité visuelle avec des changements notables : le logo en forme de pomme de pin est abandonné (jeu de mots peu perçu des consommateurs) au profit d'un écureuil ; la signature "la Maison du sandwich" jugée trop institutionnelle s'efface devant "Sandwich & Compagnie". L'ensemble des composants est retravaillé : architecture commerciale, mobilier, emballages et signalétique de la marque.
Il est d'ailleurs important de noter que DRAGON ROUGE a agi en véritable maître d'œuvre, gérant la sélection de prestataires pour la fabrication des différents éléments.

C'est donc un projet d'ampleur, puisque d'ici 5 ans, ce sont les 66 points de vente qui sont visés par ce projet.

1 . 3 Le designer externe, forces et faiblesses

La méthodologie générale du designer intégré, par rapport aux différentes fonctions du design est la même que celle du designer externe, car les objectifs vers lesquels tendent les deux acteurs sont les mêmes.

En revanche, sur la forme, des différences apparaissent. Ainsi, le designer en interne a une vocation moins généraliste que le designer externe, dans la mesure où il gère uniquement les contraintes liées au secteur de son entreprise et le marché vers lequel elle se destine. Ses domaines d'intervention sont plus limités : design produit et packaging sont les deux principales préoccupations développées en interne, auxquelles s'ajoute plus rarement la gestion de la marque.

Le designer en interne a une vocation moins généraliste que le designer externe, dans la mesure ou il gère uniquement les contraintes liées au secteur de son entreprise et le marché vers lequel elle se destine.

Créer un département de design intégré présente donc certains avantages :

• intégrer le design en réel mode opératoire permet de faciliter les synergies entre stratégies d'innovation, design et marketing ; dès lors le designer assimile plus rapidement les impératifs économiques et l'entreprise, ce qui lui permet également de mettre en place une politique à long terme, en gérant ses projets de façon continue ;

• une disponibilité complète du designer, qui peut être consulté sur des questions nombreuses, car ses compétences sont renforcées par une meilleure connaissance des objectifs de l'entreprise ; c'est aussi l'assurance d'une gestion au quotidien des projets ;

• l'intervention du design se fait plus en amont, dès la conception du produit (considérations à la fois techniques, marketing et commerciales). Les différents services collaborent à ce stade de conceptualisation, ce qui permet de prendre en considération tous les paramètres indispensables à la bonne réalisation du produit. La gestion des projets est rendue plus facile par la mise en place de process permanents.

Pourtant, un département design intégré au sein de l'entreprise comporte également certains risques :

• une augmentation des coûts : un service design représente un coût certain en frais de fonctionnement, budgets salariaux, maquettes et autres matériels, même si ce coût est prévisible.

• il est plus rare de voir les designers intégrés prendre en charge directement des projets d'identité visuelle, d'environnement ou encore d'édition. Le recul à prendre est ici plus important qu'ailleurs, car la vision de l'extérieur est primordiale, position et atout particulier des prestataires externes qui ont l'habitude de conceptualiser des identités ou des systèmes. Ainsi, pour le designer interne, on retrouve ainsi les spécialisations suivantes :

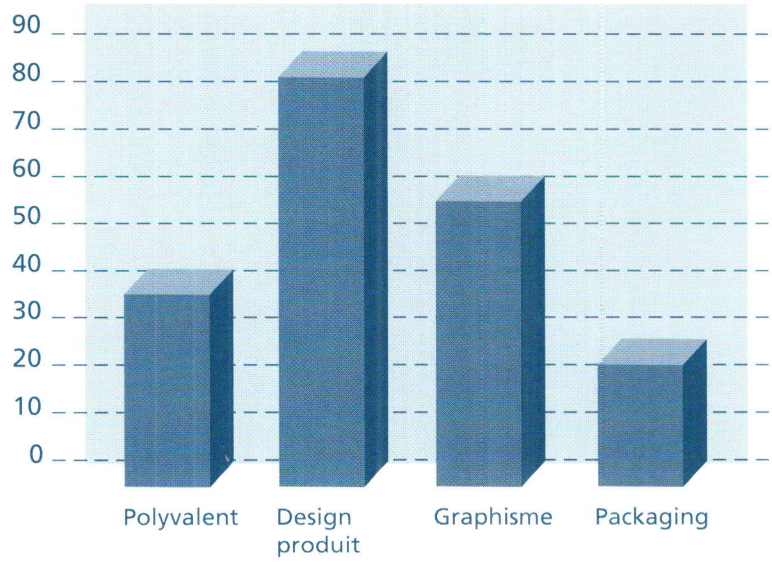

Fig.12 : Les spécialités des designers intégrés en entreprise

Il est important de préciser que, dans la plupart des cas, c'est la taille de l'entreprise qui justifie ou non la création d'un service design. L'écrasante majorité de ces services intégrés se concentre dans les grands groupes industriels aux moyens financiers importants.

Le designer intégré est donc un partenaire particulièrement immergé dans l'entreprise, gérant à la fois les projets court et moyen terme, mais restant limité à une approche produit ou packaging.

1 . 4 L'exemple de quelques designers en entreprise Lafuma et les jeux Nathan

Les designers travaillent en entreprise selon différents schémas d'organisation en place. Les méthodes sont multiples ; il faut cependant noter un élément significatif de cette pratique : les designers cumulent de plus en plus souvent deux fonctions : design et contrôle qualité, design et développement, design et communication... Ceci démontre l'importance que revêt le design dans la stratégie conduite par les entreprises. Des sociétés comme LAFUMA illustrent bien le caractère stratégique que revêt le design en interne.

LAFUMA : design, Recherche & Développement pour un travail créatif

La société LAFUMA, fabricant d'articles de sport développe son activité en 3 branches principales : les articles de randonnées (vêtements de protection, sacs à dos, sacs de couchage, tentes), le mobilier de plein air et les sacs écoliers. LAFUMA possède une dimension internationale forte car la société est présente au Japon - exemple sur lequel nous reviendrons ultérieurement - aux Etats-Unis, ainsi que dans plusieurs pays d'Europe.

Le directeur design interne pour la marque gère également la R&D, entité qui emploie 20 personnes dont 5 designers. Il est donc à la fois en charge de l'activité design et du développement chez LAFUMA, car la volonté de la société est d'associer création et développement industriel très en amont de la réflexion sur le marché. A l'origine de l'innovation, la R&D et le design intègrent également une démarche très prospective vis-à-vis des marchés. Cette organisation permet d'assurer les meilleures conditions de lancement et de renouvellement des produits stratégiques

Les designers, partie intégrante de l'activité de Recherche et Développement, gèrent ainsi - au travers d'une approche produit et packaging - à la fois les contraintes techniques et la créativité des articles.

Ceci permet à LAFUMA d'obtenir une bonne cohérence de la production et une gestion efficace de l'innovation (développement compris entre 3 et 24 mois), en phase permanente avec les tendances du marché.

L'objectif du service est simple : renseigner et séduire immédiatement le consommateur en faisant parler le produit sur sa fonctionnalité. Le design leur permet donc de mettre en valeur les " plus " technologiques des gammes LAFUMA. De plus, le design, associé au travail de R&D, constitue également un outil de réduction des coûts de production.

Site internet : http://www.lafuma.fr

Design produit du fauteuil MAXI POP'UP *(fig.13)*

LAFUMA décide en 1992 de renouveler son offre de sièges en toile, pour pénétrer plus aisément les grandes surfaces spécialisées - partenaires privilégiés de LAFUMA pour les produits de sport - mais dans lesquelles la distribution de sièges pliants classiques était plus difficile. L'idée était de rajeunir ce type de siège tout en l'enrichissant de fonctionnalités et parallèlement, d'améliorer sa facilité de transport (compacité, légèreté), d'innover tout en restant d'un coût peu élevé.

Le fauteuil MAXI POP'UP propose donc plusieurs réponses innovantes et fonctionnelles intégrées dans une ergonomie repensée : chaque branche aluminium est reliée à sa voisine par un joint flexible en élastomère injecté, permettant au siège de se replier facilement, mais surtout de se déplier automatiquement lorsqu'on le pose à terre (sécurité maximale pour l'utilisateur). Ce système possède également une fonction ludique, voulue par LAFUMA au moment du cahier des charges. De plus, le siège, une fois replié, est compact, ce qui le distingue des anciens produits. La sangle le maintient plié et fait office de bandoulière pour un portage à l'épaule.

Afin de pouvoir proposer un coût de fabrication compatible avec les prix de ventes souhaités, le processus de fabrication a été entièrement automatisé, grâce à une machine spécialement conçue pour la production du MAXI POP'UP.

(fig.13)

***Design produit du sac à dos MONT BLANC** (fig.14 & 15)*

Le sac à dos MONT BLANC, conçu et développé par les designers de LAFUMA, comporte une innovante majeure de la marque en 1997 : le procédé AIRSTREAM. Techniciens et designers sont partis du constat selon lequel le portage du sac à dos posait deux problèmes : près du dos, l'utilisateur porte bien son sac mais transpire, et loin du dos, c'est l'inverse qui se produit : le randonneur porte mal son sac, mais ne transpire pas.

En réponse à cette problématique, le procédé AIRSTREAM est d'abord le résultat d'une analyse ergonomique poussée : l'AIRSTREAM s'adapte à la morphologie du porteur et optimise les appuis naturels, grâce au système de report de charge LAFUMA : une armature solidaire de la ceinture répartissant la charge sur les hanches.

De même, le nouveau procédé consiste en un système ingénieux de ventilation : un flux d'air circule entre le sac et le dos du porteur, qui réduit l'échauffement des zones d'appui, et favorise l'évaporation de la transpiration (principe de cheminée assurant une circulation d'air renouvelée).

***Design produit du fauteuil RSX** (fig.16)*

Le fauteuil de relaxation LAFUMA est un produit de référence, apparu dans les années 60, qui fait aujourd'hui partie intégrante de notre environnement quotidien. Immédiatement adopté dès son lancement pour son confort et la sensation de relaxation qu'il procure, son succès ne s'est jamais démenti. Plusieurs versions ont marqué l'histoire de ce produit, améliorant sans cesse l'ergonomie, la facilité d'accès et la commodité d'utilisation du fauteuil, pour arriver au dernier né des fauteuils de relaxation LAFUMA : le RSX, fauteuil multipositions à réglage progressif.

L'ambition des designers et techniciens était de concevoir un produit inscrit dans la lignée des précédents modèles : toujours plus de confort et de fonctionnalités pour un modèle plus esthétique. La version moderne de ce produit améliore toutes les qualités déjà connues du fauteuil, avec un design qui fait du RSX un produit phare de LAFUMA. Ce produit a été conçu en collaboration avec les designers de CENT DEGRÉS.

(fig.16)

(fig.14 &15)

En ce qui concerne LAFUMA, il faut noter que cette approche du design porte d'ailleurs ses fruits, puisque la marque est la seule entreprise française figurant parmi les 11 finalistes du Prix Européen du Design (organisé en 1997 par l'Agence pour la Promotion de la Création Industrielle), qui récompense les entreprises européennes pour leur stratégie globale en matière de design.

Toujours dans le cas de LAFUMA, les designers reconnaissent les dangers d'un design trop intégré : immergés dans la culture de l'entreprise pour répondre souvent à une création à court terme, les designers rencontrent un problème majeur, qui recoupe ceux que nous avons évoqués précédemment : la nécessité de recul dont il faut faire preuve dans le cadre d'un renouvellement de produits phares.

Pour cela, LAFUMA fait appel à des designers externes (2 ou 3 partenaires réguliers, agences ou indépendants) qui, par leur situation extérieure, apportent une objectivité ponctuelle qui renforce l'impact de la créativité. Ainsi, depuis l'intégration en amont du produit au "cahier d'idées" défini par la marque, les agences interviennent à tous les stades de la créativité pour une réflexion plus globale et stratégique.

L'entreprise se distingue donc par une structure design qui privilégie créativité et recherche. Ce choix organisationnel donne une grande cohérence aux gammes de produits, car l'innovation technologique est encadrée par une démarche de conception esthétique et ergonomique.

Le cas des JEUX NATHAN montre le poids de la marque et de ses attributs dans la création de produits et la définition de nouveaux concepts. Gérée en interne, la charte graphique devient un outil, un canevas pris en compte dès les premières ébauches. Le résultat donne une image globale homogène tout en privilégiant la richesse des produits et des gammes.

Les JEUX NATHAN : image et produits en cohérence pour une "patte" personnelle

Les JEUX NATHAN sont connus pour la grande diversité de ses jeux éducatifs. Présente dans plusieurs pays d'Europe, l'entreprise développe ses propres gammes de produits. Avec 6 grandes familles et 24 collections de jeux, l'entreprise démontre sa grande capacité d'innovation, dans la création de produits ou le renouvellement de ses collections.

Les JEUX NATHAN collaborent donc, en fonction de leurs besoins, avec une équipe où les produits conçus sont développés à différents niveaux. Le développement des produits est assuré par les chefs de produits en coordination avec la direction artistique et les intervenants extérieurs.

La marque doit attacher une grande importance à son identité visuelle, face à un marché où la concurrence est forte, et qui implique de communiquer sur l'attrait de chaque produit, afin d'aiguiller les parents dans le choix de jeux pour leurs enfants. La direction artistique veille ainsi au cadrage des nouveaux produits avec la charte graphique de la marque.

La présence d'une équipe de design en interne, quoique restreinte, permet une maîtrise plus efficace de la pertinence du design par rapport à l'image de marque et aux besoins du marché. Les JEUX NATHAN disposent en effet d'une charte graphique qui renforce une culture du jeu déjà très présente et cadrée. Cette logique de fonctionnement est résolument stratégique pour NATHAN qui, grâce à l'outil design permet d'anticiper les évolutions à venir sur son marché.

Dans ce contexte, les JEUX NATHAN, qui se caractérisent par une culture interne marquée et une "patte" très personnelle, ont décidé d'opter pour un packaging commun à l'export, dans le but de mieux communiquer sur la marque et d'imposer une image forte à l'international. Ceci est d'autant plus important pour les gammes exportées, car la principale difficulté reste l'adaptation des jeux éducatifs aux modèles culturels étrangers.

Design Produit et Packaging du HIBOO *(fig.17)*

Ce produit JEUX NATHAN est un boîtier de dessin muni d'un mécanisme optique qui permet à un enfant dès 6 ans de dessiner facilement le monde qui l'entoure. L'idée, née d'un partenariat avec une école de designers (maquette en carton) a été confiée à l'agence ABSOLUT DESIGN, avec pour mission de donner une forme au produit, de concevoir et formaliser tout le mécanisme intérieur.

En ce qui concerne le packaging, les JEUX NATHAN souhaitaient que la boîte du HIBOO soit en synergie avec le côté innovant du produit, et explique clairement son fonctionnement. C'est l'agence POUTY DESIGN qui, après avoir exploré les pistes classiques, a choisi de proposer un pack original, fort, un pack " promesse " retenu avec enthousiasme par les JEUX NATHAN.

(fig.17)

Design Packaging des puzzles COUP DE COEUR *(fig.18)*

Pour un mécanisme traditionnel, la gamme COUP DE COEUR utilise des visuels de personnages mythiques ; le but est d'offrir une gamme positionnée cadeau "collector".

Pour intégrer cette collection haut de gamme au sein de la collection déjà existante, l'agence consultée a eu l'idée, en réponse au cahier des charges défini par les JEUX NATHAN, de proposer un " virage " à une couleur (teinte de couleur mixée au noir et blanc) ajoutée au format monochrome, avec un tirage de clichés anciens.

Ce choix a permis d'enrichir encore ces images de personnages mythiques et de les sortir de la banalité. De même, le packaging a fait l'objet d'un soin particulier par le designer, afin de renforcer l'attribution et l'impact visuel du produit sur le linéaire (facing et côtés).

(fig.19)

(fig.18)

Design Produit et Packaging de la gamme MEGA *(fig.19)*

La gamme MEGA propose 3 jeux de questions-réponses électroniques interactifs pour les enfants de 7 à 11 ans. C'est une console au format de poche, très maniable grâce à l'absence de livrets, avec un cahier et un grand écran protégé par un couvercle.
Le travail du designer a porté sur le produit et le packaging, notamment pour le choix des formes et de couleurs des produits. Les JEUX NATHAN ont insisté sur la nécessité de proposer des produits très proches de l'univers de référence des 7-11 ans, baskets, rollers, vidéo, walkman, etc... Le packaging reflète également cet univers très "branché", en reprenant des formes biodesign (présence de nombreuses ellipses), avec des couleurs saturées.

L'exemple des JEUX NATHAN présente une organisation différente, la Direction Artistique gérant les projets design dans une optique plus large de gestion de la marque. Le poids de la charte graphique, qui fixe les différents éléments des lignes graphiques, couleurs, typographies, sigles et logotypes, montre bien l'association constructive entre la démarche design et le capital marque dans la stratégie de l'entreprise.

Pour conclure, il faut préciser que ces portraits du designer externe et du designer intégré se limitent volontairement à l'exposé de quelques traits que l'on retrouve habituellement. Cependant, les deux schémas fonctionnent très bien, selon que l'entreprise ait intégré efficacement son prestataire. Les exemples ne manquent pas, même s'il est vrai que d'autres formes de collaborations existent selon les besoins et les organisations designers/entreprises souhaitées.

Des voies différentes

2 . 1 La complémentarité des deux : le cas de Renault

La tendance actuelle n'est plus à la simple pratique du design par le biais d'un seul interlocuteur, mais à la combinaison des deux systèmes. Ceci est particulièrement vrai pour les entreprises disposant déjà d'un service design.

En effet, si l'entreprise possède déjà un service de design intégré, le designer externe vient uniquement en complément du travail du service interne et ce, pour deux raisons : il s'agit soit d'alléger ponctuellement le travail des designers intégrés, sur de grands projets, soit d'intervenir dans un domaine très précis et complémentaire au travail quotidien des designers internes. Bien souvent, l'agence intervient sur des projets qui nécessitent un recul particulier par rapport à l'ensemble du projet, pour la signature ou le graphisme d'une gamme nouvelle par exemple, ou encore pour construire l'identité visuelle de la marque.

Les entreprises demandent toujours plus à leur département interne. Ainsi, il n'est pas rare que le designer interne se consacre uniquement à une activité design produit, tandis que l'agence externe travaillera davantage sur le packaging et /ou l'identité visuelle. Cette répartition des tâches renforce l'efficacité et la globalité de la démarche design.

Complémentaire, la collaboration des deux designers, interne et externe, n'est pas pour autant systématique, car elle dépend souvent de l'organisation de l'entreprise et des interlocuteurs en charge des projets. Il arrive ainsi que l'agence, chargée d'une mission packaging ou identité visuelle collabore avec le département communication de l'entreprise parce que celui-ci coordonne les questions d'image de marque de la société.

Plusieurs types de process peuvent ainsi être mis en place. D'une manière générale, on retrouve un argument invariable : le designer externe apporte une réflexion différente par un œil neuf, qui oxygène la création et dynamise le projet ; les exemples de LAFUMA et RENAULT montrent bien le besoin des entreprises de se remettre en cause, non pas parce que le travail interne manque d'objectivité ou d'efficacité, mais pour le confronter à d'autres créatifs qui sont en mesure de l'affiner ou de l'infléchir.

Si l'immersion du designer chez LAFUMA permet de préparer le terrain aux projets design, la réflexion stratégique engagée à moyen terme procède toujours d'une participation de prestataires extérieurs, réguliers, qui connaissent bien l'entreprise. De son côté RENAULT, en générant des synergies créatives dans le cadre de séries limitées par exemple, montre également une volonté de capter les tendances en général, et de s'entourer de compétences externes dans le cadre de lancements de produits.

On retrouve un argument invariable : le designer externe apporte une réflexion différente par un œil neuf, qui oxygène la création et dynamise le projet.

RENAULT : design intégré et synergies

Le constructeur a créé en 1987 une Direction du Design Industriel, qui travaille au niveau du groupe, mettant ainsi en tout premier plan l'aspect stratégique que représente le design pour la marque. Ceci est d'autant plus vrai que son directeur est membre du Comité de Direction de RENAULT, et cumule depuis deux ans un double rôle : Design et Qualité, paramètres indissociables dans le processus de création de produits.

Les résultats semblent donner raison à la politique des dirigeants, car la marque se situe au deuxième rang européen pour la qualité de ses véhicules.

La philosophie de la marque est simple : une voiture RENAULT, c'est "un style fort dans tous les cas de figure, pour un concept fort dès que c'est possible", avec la volonté de produire un véhicule inspiré de la culture française. c'est à partir de ce leitmotiv que les 260 membres de la DDI (dont 50 designers et 90 maquettistes - avec une dizaine de nationalités différentes) gèrent l'ensemble des composantes du véhicule à l'étude, hormis les questions d'identité visuelle, prises en charge par la Direction Communication Groupe.

Cette puissante structure multifonctions ne s'interdit pas pour autant d'avoir recours à des graphistes, non pas pour une intervention sur le carrossage et les lignes des voitures, mais en général pour un travail sur le packaging. Par exemple, ANTARCTIQUE a signé le logo de la Twingo au moment de sa sortie.

Scénic : l'automobile autrement

Le constructeur français a toujours été à l'origine d'innovations conceptuelles fortes. Après l'Espace, la Twingo, c'est Scénic, le troisième monocorps de RENAULT. Dans la continuité d'une stratégie d'innovation marquée, le design de Scénic a joué un rôle significatif dans la réussite de ce nouveau concept.

Scénic fait d'abord partie d'une famille de véhicules, la famille Mégane, qui avait pour but de remplacer la R19, non pas par un seul véhicule, mais par 6 modèles. Réunis dans une même famille de produits, on retrouve donc la berline 5 portes Classic, le coupé, la Mégane Classic, la Mégane Scénic, le cabriolet et enfin le break. Ces modèles ont en commun la même face avant, en guise de "filiation" mais chacun, à l'image de Scénic, reste bien différencié de l'autre. Ces véhicules ont leur propre personnalité, et sont adaptés aux besoins spécifiques d'une clientèle moins homogène que dans le passé.

Scénic est peut-être le modèle qui surprend le plus, par l'audace de son style et un design original : construit sur les ovales et les ellipses, ce nouveau monospace, plus petit que l'Espace, possède une expression forte qui en fait une super "voiture à vivre". Destiné aux jeunes couples modernes, mais également aux femmes et jeunes retraités, Scénic est un véhicule multi-usages, né du concept-car présenté en 1991 à Francfort (fig.20). Le modèle de série (fig.21 & 22), s'il a connu des modifications d'aspect extérieur, a néanmoins gardé toutes ses qualités qui en font un projet de conception innovante et inédite de l'automobile.

Ainsi, fort d'une approche nouvelle, les designers ont réinventé l'espace intérieur, grâce notamment à un habitacle spacieux, des sièges modulables et individualisés, de grandes surfaces vitrées. Facilement accessible, l'habitacle, astucieux et confortable, met en valeur une nouvelle expression stylistique : le cocon, pour voyager en famille.

Conçu dans un esprit de convivialité, la préoccupation des designers était d'utiliser au maximum les capacités de l'espace intérieur. Aujourd'hui, le pari semble réussi, en témoignent les cadences de production de Scénic, passant de 600 à 1000 véhicules par jour.

(fig.20)

(fig.21)

(fig.22)

2 . 2 Un exemple de pratique différente Moviluty et l'agence Guliver

A un autre niveau, il existe une voie différente, la pratique du design au sein d'une organisation fonctionnelle, liée non plus à des schémas structurels mais à une volonté de travailler différemment. Cette démarche implique de la part du designer et de ses interlocuteurs industriels une réflexion à plus long terme.

Dans cette optique, le designer doit être intégré très en amont, et participer à la définition du positionnement de la marque, de sa stratégie à l'export, et finalement à la politique générale de l'entreprise dans ses moindres aspects.

Ceci est particulièrement vérifié dans le cas de PMI innovantes qui, en raison d'une structure plus flexible, peuvent intégrer le designer au niveau de la prise de décisions stratégiques. La communication entre les différents acteurs est rendue d'autant plus facile et rapide que l'entreprise est de taille " humaine ".

Le design relève d'un niveau stratégique, justement parce que cet outil est intégré à la prise de décision, dans le cadre de stratégies non plus à court terme, mais sur un moyen, voire un long terme.

L'exemple de MOVILUTY et de son agence partenaire GULIVER illustre bien cette tendance de la pratique française. Nous verrons en effet par la suite que le design relève d'un niveau stratégique, justement parce que cet outil est intégré à la prise de décision, dans le cadre de stratégies non plus à court terme, mais sur un moyen, voire un long terme.

La collaboration MOVILUTY/GULIVER

MOVILUTY est une PME de 6 personnes spécialisée dans la conception, la fabrication et la distribution d'outils électro-portatifs à transmission flexible, destinées aux marchés professionnels et grand public. Elle diffuse en outre un très large choix d'outillages permettant de travailler des matériaux de toute nature. Cette particularité offre à l'utilisateur autant de maniabilité qu'un stylo dans des opérations de meulage, fraisage ou polissage.

MOVILUTY, après une remise en cause dans le début des années 80, souhaitait développer son action à l'export, estimant " qu'une petite société qui désire se développer à l'export ne peut l'entreprendre qu'avec des produits ultra-performants, séduisants et avec des supports de communication à la hauteur ", pour reprendre les mots du dirigeant de l'entreprise.

Le design s'intègre peu à peu à la stratégie de la PME, avec une première réflexion sur le produit Minyflex (voir ci-après) en 1986 : destiné aux bricoleurs créatifs et maquettistes, son habillage extérieur a été revu par des élèves de l'Ecole Nationale Supérieure de Création Industrielle (ENSCI/les Ateliers).

En 1991, l'agence GULIVER intervient pour un travail plus global de réflexion sur l'image et le positionnement de l'entreprise. Cette réflexion a pour conséquences de réduire et simplifier le nombre de références ; et d'optimiser les relations avec le client tout en réalisant ces économies sur le stockage et la communication. En 1994, MOVILUTY consulte GULIVER pour la redéfinition complète du moteur professionnel, inchangé depuis 28 ans, dont les ventes chutaient dangereusement. Le Movix naît de cette initiative.

Aujourd'hui, la collaboration continue, montrant la politique réellement volontariste de MOVILUTY d'intégrer le design à un niveau stratégique, comme un support constructif de la politique commerciale et marketing. De son côté, GULIVER, à l'écoute de son client est disponible, démontrant ainsi une évidente capacité à assimiler la culture et les contraintes de l'entreprise, agissant comme un designer intégré à part entière.

MOVILUTY s'ouvre à présent de manière significative à l'export avec un objectif de 30% du chiffre d'affaires global pour l'année prochaine. De toute évidence, le design, inscrit dans une stratégie offensive, a permis de donner un second souffle à cette PME, qui aborde avec confiance les marchés internationaux.

(fig.23)

Design produit de la gamme Minyflex (fig.23)

Le Minyflex (150W - 20 000 tr/min - 220 V) permet de percer, graver ou poncer tout type de matériau avec facilité et précision. Les flexibles sont souples et maniables et la vitesse de rotation est contrôlée par variateur électronique breveté. Le Minyflex est un outil plus particulièrement utilisé pour le bricolage de précision et les loisirs créatifs.

En 1986, MOVILUTY souhaitait faire évoluer ce produit : elle consulte un designer qui redessine l'habillage moteur, et lui confère une image plus conviviale, moins technique et plus proche de l'univers outillage grand public.

(fig.24)

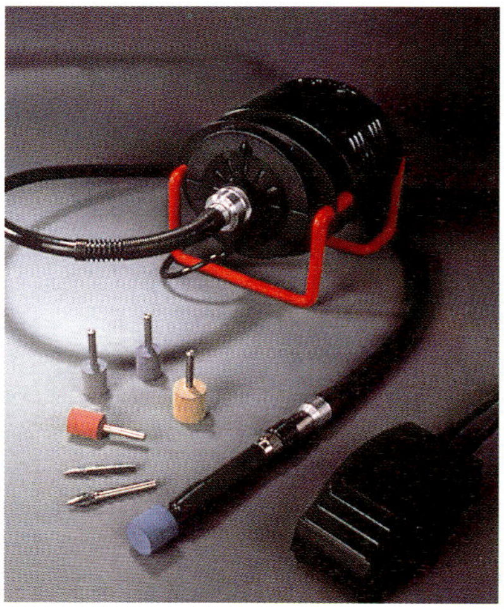

(fig.25)

Design global de la gamme Movix (fig.24 & 25)

Le Movix (900W - 25 000 tr/min - 230 V) est le produit phare de l'entreprise, fruit de la collaboration avec l'agence GULIVER en 1994. MOVILUTY souhaitait redéfinir son moteur professionnel, inchangé depuis 28 ans. Le but n'était pas seulement de faire intervenir le designer sur l'esthétique, mais d'engager une démarche de conception plus globale, afin de proposer un produit innovant en termes d'ergonomie, de performances et de coûts de fabrication.

Le Movix est né de cette motivation. Sous des formes conviviales et rassurantes, il propose à l'utilisateur 3 fois plus de puissance, un contrôle électronique de la vitesse, un filtre interchangeable pour travailler en atmosphère chargée, le tout pour le prix du produit remplacé.

Le pari est réussi, car la gamme Movix représente aujourd'hui 60% du chiffre d'affaires de l'entreprise, et son avenir européen est déjà très engagé.

Janus de l'Industrie 1995 (décerné par l'IFD)
Point Rouge du Design Zentrum d'Essen en 1995
MOVILUTY Finaliste du Prix Européen du Design en 1995

Il faut noter ici la particularité de l'agence GULIVER, qui privilégie une approche spécifique à destination de la PME/PMI. Les designers de l'agence tentent, tant que possible, d'établir un rapport de confiance qui leur permet de gérer de véritables stratégies design à long terme, surtout dans des entreprises où la personnalité et la volonté des dirigeants sont primordiales dans la gestion d'un projet.

Ceci est d'autant plus vrai que dans le cadre d'une PME/PMI, les stratégies sont moins cloisonnées entre services, et tout est géré de front par des équipes restreintes : démarches marketing, commerciale et communication. GULIVER a bien compris ce type de fonctionnement et facilite - après un travail produit - une démarche plus globale et mieux intégrée.

L'agence GULIVER : le design pour des stratégies à long terme

GULIVER, créé en 1986, est une agence composée de quatre créatifs. La double formation ingénieurs/designers des cogérants confère à l'agence une forte sensibilité au design produit au sens large : la conception de produits. Sensibles aux besoins spécifiques des PME/PMI et possédant un domaine de compétences élargi, l'équipe de GULIVER souhaite dès le début d'un projet instaurer un climat de confiance en établissant une collaboration basée sur un dialogue constructif. C'est avec cet état d'esprit, et en adaptant sa démarche à chaque entreprise, que GULIVER construit avec son client des actions inscrites dans une stratégie à long terme.

Parce que la PMI a aujourd'hui une réelle obligation d'innover pour réussir, GULIVER répond aux attentes des industriels par des propositions très créatives en termes d'image, de fonctionnalité et de process. Ces réponses intègrent totalement les contraintes liées à leur industrialisation pour être parfaitement réalistes.

(fig.26)

Bien souvent, avec les PME/PMI, un projet de nouveau produit implique une démarche design plus globale (identité du produit, packaging et outils de communication), pour renforcer la cohérence de l'offre en l'intégrant dans une stratégie commerciale.

C'est la compétence de GULIVER acquise depuis 11 ans, qui la conduit de plus en plus vers une approche de design global, fortement appréciée par ses clients.

***Design packaging pour GIEPAC BOURGOGNE** (fig.26)*

En 1995, le groupement de cartonniers GIEPAC (groupe le plus important en France) lance le concours CREAPAC auprès de designers pour imaginer une nouvelle approche du carton ondulé. GULIVER répond en proposant un conditionnement innovant pour Grands Crus.LIT DE VIN est né de la volonté de l'agence d'exprimer le carton ondulé comme un matériau à part entière plutôt qu'une simple feuille que l'on plie pour créer des boîtes.

Le conditionnement consiste en une brique de carton qui protège le vin de la lumière, des vibrations et des chocs thermiques. Mais le designer ne s'est pas arrêté là, puisque le packaging suit la bouteille jusque sur la table en se transformant en corbeille de présentation. Ce projet a été lauréat au concours CREAPAC et a fait l'objet d'un développement technique avec DIJON CARTON/GIEPAC BOURGOGNE. Il sera commercialisé au cours de l'année 97.

***Design produit pour ROBOSOFT** (fig.27)*

La société ROBOSOFT est une entreprise qui fait partie des meilleurs spécialistes européens en matière de robotique et plus particulièrement de robotique mobile. Depuis 3 ans, elle fait appel systématiquement à l'agence GULIVER pour intervenir dans la conception de ses différents équipements automatisés ou robotisés. Le designer intervient donc comme un architecte de produit" dans l'équipe de conception. Bien sûr, il a la charge de définir l'image, le look des produits pour valoriser la technologie de pointe contenue dans tous ces matériels, mais également de réfléchir en priorité aux problèmes d'ergonomie posés par ces équipements d'un genre nouveau : la place de l'homme auprès de la machine.

Le modèle présenté ici est l'E.S.T (Environmental Sensor for Telepresence), développé en 1996 par le consortium européen RESOLV, un chariot de vision capable de générer des modèles virtuels à partir d'environnements réels. Le principe consiste à se déplacer avec le robot sur un site que l'on souhaite modéliser : l'E.S.T va acquérir les images de l'environnement réel qu'il va ensuite modéliser.
Cette technique permet par exemple de simuler des situations virtuelles à échelle réelle.
Le rôle du designer consiste à organiser la technologie pour construire un outil d'un nouveau genre.
Cela implique de travailler sur les scénarios d'utilisation afin de rendre l'usage le plus simple possible tout en assurant la restitution de l'image la plus pure.
Le design devait faire disparaître la technologie et rassurer. A cela s'ajoutait le besoin de réfléchir sur le moyen de transport de l'appareil, prévu pour être démontable et pliable rapidement.
Enfin, il fallait penser à un accès facile à l'électronique de l'E.S.T : le designer a créé un habillage souple en textile, tendu sur l'appareil, qui ne craint pas les manipulations fréquentes, ni les chocs.

***Design global pour MOVILUTY** (fig.28)*

Comme présenté précédemment, c'est l'agence GULIVER qui est à l'origine du nouveau produit phare de l'entreprise MOVILUTY, le Movix.

Cette intervention, fruit d'une collaboration particulièrement active entre la PMI et l'agence design, a porté non seulement sur le design du moteur à transmission flexible, mais également sur son identité : nom, graphisme en cohérence avec la marque et packaging, conçu par GULIVER, comme le montre l'illustration.

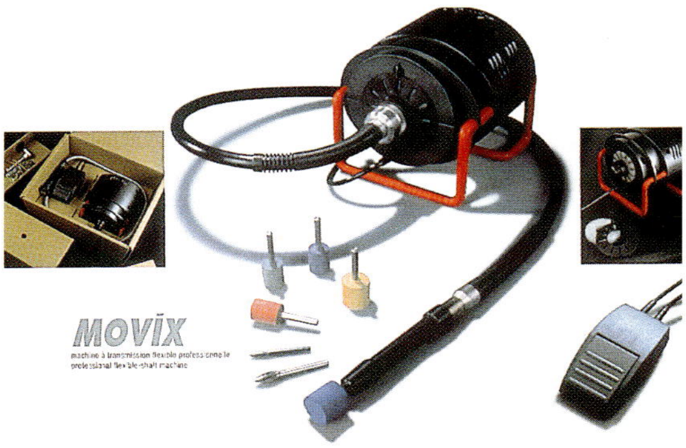

(fig.28)

(fig.27)

2 . 3 Créér un relais de créativité : Le cas de Lectra Systèmes

Pour les PMI qui souhaitent intégrer le design dans leur organisation interne, il existe des solutions intermédiaires, moins coûteuses que la création d'une structure complète. C'est le cas de LECTRA SYSTÈMES, entreprise spécialisée dans la fabrication de machines de découpe et de logiciels CAO et FAO : soucieuse d'avoir un relais interne pour l'intervention de prestataires extérieurs, l'entreprise a décidé de gérer les projets par le biais d'un coordonateur, qui gère la politique générale design, en complément de la R&D. Ayant reçu une formation orientée sur la création industrielle, il assure le suivi du projet en cours, en conformité d'une part avec les contraintes économiques et techniques et d'autre part avec l'esprit et la culture de l'entreprise, au travers de la charte graphique, et de la cohérence du nouveau produit avec les gammes déjà existantes par exemple.

L'avantage d'un tel système s'explique par un constat simple : en dehors du fait que les agences de design et indépendants ont l'habitude de travailler dans le monde industriel et de s'inscrire dans des modes opératoires différents, il peut effectivement arriver que des projets bloquent sur une mauvaise conduite des étapes d'une intervention design.

Le " relais de créativité " est dans son principe, une bonne solution intermédiaire pour la conduite d'un projet design : un gestionnaire qui possède cette double culture, une culture industrielle et une culture design.

Le rôle du coordonateur est donc simple : intégré à l'entreprise, il gère la collaboration entre les différents services de l'entreprise concernés par le projet design, permettant ainsi de diminuer le nombre d'intermédiaires. Il résulte de cette pratique un gain de temps appréciable, dans le temps de développement du produit par exemple, et une meilleure compréhension des objectifs et problèmes qui peuvent surgir lors du projet. Le coordonateur, véritable "relais de créativité" est par conséquent au cœur, et de la problématique qui motive l'intervention du designer, et des contraintes inhérentes à l'entreprise. Par ailleurs, il est en général très fortement sensibilisé à l'outil design et constitue en ce sens un interlocuteur privilégié pour les intervenants extérieurs.

Cette gestion du projet est intéressante pour des entreprises industrielles à taille déjà significative. Dans le cas d'une PMI familiale, ou d'une structure peu fragmentée en services, le coordonateur est généralement le responsable de l'entreprise. En effet, intégrer l'outil design en interne procède d'abord de la volonté du dirigeant de vouloir adopter une nouvelle démarche par rapport à ses produits. MOVILUTY et son agence GULIVER illustrent bien cet état de fait.

En tant que tel, le "relais de créativité" est dans son principe, une bonne solution intermédiaire pour la conduite d'un projet design : un gestionnaire qui possède cette double culture, une culture industrielle et une culture design. Hormis le cas d'agences très spécialisées dans certains domaines pointus, le designer ne maîtrise pas toujours - et on le comprend - les contraintes techniques. C'est aussi à partir d'une bonne assimilation de ces obligations qu'un projet design est abouti, et va jusqu'à l'industrialisation - donc techniquement faisable.

Il en est de même pour des interventions sur l'image de marque de l'entreprise : l'interlocuteur interne est mieux placé pour guider le designer dans le cadre d'un projet d'identité visuelle ou d'environnement. Immergé dans l'entreprise, il en connaît les forces et les faiblesses, même si la valeur ajoutée d'un projet d'identité visuelle vient aussi du fait que le designer apporte un regard neuf sur l'entreprise, basé sur la conception qu'il s'en fait et sur les acquis du marché qu'il aura analysés et compris.

2 . 4 Superjouet et ABL : une nouvelle forme de partenariat

Avec la prise de conscience de l'utilité du design et de la nécessité d'intégrer cet outil au sein du processus industriel, certaines sociétés à forte vocation internationale innovent avec de nouvelles formes de collaboration.

Ainsi nous avons vu le cas de LECTRA SYSTEMES, société qui a intégré un coordonateur en interne ; dans le même esprit de gérer l'impact des opérations design par de nouveaux modes opératoires, le groupe SUPERJOUET a intégré de manière originale l'outil design en interne.

Après une collaboration de plusieurs années avec le groupe SUPERJOUET, les ATELIERS BERNARD LANCHAIS, designers spécialisés dans le domaine du jouet, ont signé un contrat d'exclusivité en 1995. Cette association leur permet d'être intégré à un niveau résolument stratégique, décision motivée par la nécessité de partenariats constructifs face à une concurrence agressive dans ce secteur d'activité.

SUPERJOUET et les ABL : le design au service du jouet

Le groupe SUPERJOUET, c'est la réunion en 1995 de quatre marques de jouets : BERCHET, CHARTON, CLAIRBOIS et FAVRE. La marque BERCHET, fondée en 1945, est spécialisée dans le secteur de l'imitation et du jouet premier âge, activité dans laquelle elle est aujourd'hui leader. CHARTON, créée en 1947, est une société qui gère plusieurs familles de jouets ; on peut ainsi noter par exemple le baby-cross, les garages, les billards... CHARTON se caractérise par la maîtrise de technologies variées et la fabrication de produits dans de nombreux domaines. De même, la marque CLAIRBOIS, fondée en 1898, propose une large gamme de produits. Enfin, la société FAVRE, créée en 1925, d'abord spécialisée dans le jouet en bois, se tourne dans les années 60 vers le plastique. Aujourd'hui, FAVRE fabrique des porteurs pour enfants. Il faut en dernier lieu noter l'existence d'une cinquième marque, BEABA, une ligne complète de puériculture, rattachée à la société BERCHET depuis 1993.

Ces quatre sociétés gèrent leur propre développement au sein d'une stratégie internationale commune résultant de leur alliance en 1995. SUPERJOUET est en effet, une entreprise résolument européenne avec des filiales en Grande Bretagne, Allemagne, Espagne et Italie, avec 50% de son chiffre d'affaires réalisé à l'export.

La stratégie du groupe est simple : la fabrication d'un jouet est un processus industriel dont chaque étape doit à la fois enrichir et respecter le concept d'origine. Les observations faites des enfants et les créateurs sont les deux sources d'innovation de SUPERJOUET. Dans cette optique, l'idée fait l'objet d'un descriptif de concept qui se précisera pour intégrer les contraintes techniques et économiques de chaque projet. L'intervention du designer paraît alors indispensable pour juguler ces données et mener les projets à bien.

Les ATELIERS BERNARD LANCHAIS, après une collaboration pérenne et fructueuse avec chacune des marques composant SUPERJOUET, sont depuis 1995, designers exclusifs de SUPERJOUET.

Avec plusieurs milliers de modèles déjà créés (plus de 10 millions d'exemplaires vendus) et 120 projets de création pensés, conçus et modélisés par an, les ABL s'imposent comme des spécialistes du jouet, position qui légitime leur action au sein du groupe SUPERJOUET.

Ainsi, les studios ABL, prestataires extérieurs agissent pourtant comme un service de design intégré, assurant l'ensemble des projets, de la conception au design, en passant par la modélisation, la mise au point technique et le packaging des produits. De même, les droits de reproduction, le suivi industriel, et l'assistance conseil (pour les normes de sécurité par exemple) font partie intégrante de la prestation des ABL. En marge de cette activité, les designers assurent également la recherche et le développement de nouveaux produits.

Intégrés très en amont du produit, les ATELIERS BERNARD LANCHAIS constituent un partenaire privilégié qui gère les gammes de produits de chaque marque, pour répondre aux besoins de chacune des étapes de développement de l'enfant.

E-mail : superjouet@compuserve.com

(fig.29)

***Design produit du MAXI COUNTRY** (fig.29)*

Produit de la marque CHARTON, le MAXI COUNTRY est un environnement pour les mini-bolides, offrant une multitude de fonctions de jeu et d'accessoires (à partir de 24 mois).
Ce produit a été conçu par ABL en 1997 pour répondre à un besoin de développement de la gamme de mini-bolides de CHARTON. En utilisant la technique de l'injection plastique, le MAXI COUNTRY, plusieurs fois primé a été fabriqué à 45 000 exemplaires, et a fait l'objet d'un travail particulier sur l'intégration de nouvelles fonctionnalités.

(fig.30)

***Design produit du MON ECOLE A JOUER** (fig.30)*

Conçu pour la marque CLAIRBOIS, ce jouet reprend la technique de l'injection plastique comme la plupart des jouets SUPERJOUET. Fabriqué à 30 000 exemplaires en 1997, il a été pensé pour de longues heures de jeux créatifs, de manière individuelle ou collective. Stable et pratique, coloré et fonctionnel, ce produit sert également de coffre à jouets, et se destine aux enfants de plus de 36 mois.

(fig.31)

(fig.32)

Design produit du TROTT MOBIL *(fig.31)*

Très stable, léger et confortable, ce concept est un jouet d'éveil à la motricité, spécialement étudié pour les tous petits (CLAIRBOIS).
Les ABL ont particulièrement travaillé sur le procédé évolutif du jouet. Ainsi, dès 9 mois, le bébé est installé sur un siège confortable et maintenu par une ceinture de sécurité pour la promenade (canne pousseur). A 12 mois, l'enfant peut se déplacer avec les pieds, plancher rétracté. Vers 15 mois, plus autonome, il peut grimper et s'asseoir seul pour avancer.
Dès 24 mois, l'enfant se déplace aisément dans toutes les directions grâce aux roues pivotantes.

Design produit de la MAISON JARDIN *(fig.32)*

A la fois solide et légère, facile à démonter et à déplacer, la MAISON JARDIN de CLAIRBOIS est adaptée aux jeux d'extérieurs à plusieurs, avec son coin jardin, sa serre, son auvent avec tablette intérieure et store en vinyle (à partir de 36 mois).

Design produit du SPIDER *(fig.33)*

La première voiture à pédales de l'enfant, réalisée avec des formes arrondies, un dégagement large prévu pour faciliter le pédalage, des soubassements au niveau des portières pour permettre aux plus petits d'accéder facilement au pilotage de leur véhicule.
Avec système d'éclairage électronique, ce produit créé pour FAVRE est une innovation forte des ABL, sur ce segment.

Design produit du MAESTRO *(fig.34)*

Un porteur évolutif à 5 fonctions. A 6 mois, une bascule et un arceau de sécurité pour bercer et amuser les tous petits. A 8 mois, une canne, un siège enveloppant et une ceinture de maintien.
A 10 mois, un pousseur pour accompagner les premiers pas de l'enfant et un porteur indispensable pour l'activité motrice.
A 12 mois, un porteur à canne, l'enfant grandi : le produit aussi, la promenade s'envisage avec plus de liberté. A noter que ce dernier produit connaît déjà un succès en France et à l'export, plus particulièrement au Japon, sous licence APRICA.

Ce partenariat créé entre SUPERJOUET et les ABL répond aussi à un besoin particulièrement présent dans le secteur du jouet : une innovation permanente qui obligent les designers à avoir une cadence très forte dans la proposition de nouveaux concepts. Les temps de développement sont volontairement raccourcis pour correspondre à un calendrier de production saisonnier.

Le choix relève ici de la volonté de gagner du temps dans les étapes des projets, en adoptant une stratégie qui privilégie la connaissance des compétences de l'agence ABL et la culture de SUPERJOUET.

(fig.33)

(fig.34)

2

La démarche design dans l'industrie

1 . 5 La notion de design global et l'entreprise l'exemple de Cent degrés

Le designer s'impose comme un acteur indéniable de l'entreprise et participe, à ce titre, de plus en plus à l'élaboration des stratégies marketing et de communication. Ainsi, sa prestation n'est plus seulement isolée à l'étude d'un packaging, d'une nouvelle architecture commerciale ou d'un produit, mais peut relever d'une gestion complète de la marque et de toutes ses déclinaisons.

Le design global consiste donc en une stratégie d'implication plus forte du design. Dans le cas de PME/PMI de taille déjà importante, le designer peut être amené à intervenir non seulement au niveau de la conception du produit, mais également de son packaging et aux outils de communication qui serviront à valoriser la nouvelle offre sur le marché, en cohérence avec le message délivré par l'entreprise. Pour ce qui est des entreprises plus jeunes ou familiales, le design global constitue une démarche qui s'inscrit dans une gestion polyvalente de l'entreprise et des services qui la compose : dans de petites structures, peu cloisonnées en général, la polyvalence des hommes est indispensable. Le décisionnaire trouve chez le designer un consultant en merchandising comme un créateur et un provocateur d'innovation, inscrit dans un management plus directif.

Le designer devient par une approche globale un partenaire réel, dans la mesure où cette réflexion menée sur l'entreprise, son image et son positionnement ont pour but d'inscrire le client industriel dans une stratégie à moyen/long terme.

Ce type de prestations tend aujourd'hui à se généraliser : la stratégie design est perçue par les décisionnaires comme un investissement à part entière, d'autant que l'intégration de cet outil génère des modifications substantielles au sein de l'entreprise. Le designer devient par une approche globale un partenaire réel, dans la mesure où cette réflexion menée sur l'entreprise, son image et son positionnement ont pour but d'inscrire le client industriel dans une stratégie à moyen/long terme.

Le design global et les PME/PMI, c'est d'abord la volonté de considérer l'entreprise comme un ensemble cohérent, ensemble qui s'exporte en tant que tel, dans lequel l'image de marque et la communication deviennent dès lors stratégiques pour la conquête de nouveaux marchés. Certaines agences, à l'image de CENT DEGRÉS, ont bien compris cet impératif, et se positionnent comme de véritables maîtres d'œuvre dans la gestion d'une stratégie design auprès de leur clientèle.

Le design global et les PME/PMI, c'est d'abord la volonté de considérer l'entreprise comme un ensemble cohérent, ensemble qui s'exporte en tant que tel.

CENT DEGRÉS : une approche globale du produit et des marques

Le groupe de création CENT DEGRÉS réunit 4 structures indépendantes, gérant leurs propres domaines de compétences : CENT DEGRÉS (design de produits, merchandising et architecture commerciale), 100° IMAGE (identité visuelle, packaging, édition, communication,...), 100° VIRTUEL (image de synthèse et film d'animation) et 100° ADDITION (sites internet, bornes interactives, argumentaires sur portable, CD-Rom,...). Au total, l'agence regroupe une équipe de 25 personnes, dont 18 créatifs.

Le groupe CENT DEGRÉS est consulté sur des problématiques stratégiques comme le positionnement d'une marque, la création de nouveaux produits, ou l'aménagement de points de vente. Sa force créative, associée à une connaissance des marchés et à la maîtrise des processus de fabrication, lui permet d'apporter une réponse pertinente aux projets qui lui sont confiés, en témoigne la grande fidélité de ses clients.

CENT DEGRÉS intervient dans des secteurs d'activités diversifiés tels que, l'équipement médical, les cosmétiques, les biens de consommation, le sport, le prêt-à-porter ou le monde de l'enfant ; cette confrontation avec des problématiques et des univers très différents lui permet de développer des concepts créatifs innovants et d'effectuer des transferts de technologies.

L'agence intervient de plus en plus fréquemment pour réaliser des produits clé-en-main (aboutis à la fois en termes techniques et en termes d'approches marketing), ou sur un travail de design global (identité visuelle, design de produits, packaging et merchandising). CENT DEGRÉS est considéré par ses clients comme un réel partenaire de leur développement.

Site Internet : http://www.centdegres.fr

***Design packaging pour AVI** (fig.39)*

AVI, fabricant de peintures leader en grande distribution, a confié à CENT DEGRÉS la gamme AVI SENSATION avec pour objectif de repenser le design de l'emballage dont le concept est basé sur la transparence. La gamme, lancée en 1990 n'avait pas rencontré de réel succès, le packaging ayant été jugé trop "perturbateur" par les distributeurs et les consommateurs. AVI souhaitait donc relancer la consommation sur le marché de la peinture, avec une nouvelle gamme, inaugurée par un packaging volontairement révolutionnaire.

Le projet final est un pot original, en rupture totale avec la concurrence : structure en plastique (polypropylène par injection plastique) transparente, moderne et de forme cylindrique. L'hermétisme est assuré par un couvercle clippé avec un système innovant de fermeture par une langue plastique déchirable (procédé créé par CENT DEGRÉS), avec enfin une anse solide qui garantit le transport. Dans la gestion du projet, l'agence a réalisé un travail de conseil industriel en gérant avec AVI l'intégration des nouveaux procédés de fabrication.

Face à une telle innovation, il fallait rassurer le consommateur pour éviter l'écueil du packaging "gadget" : CENT DEGRÉS a opté pour une identité de produit qui communique sur la solidité, la fonctionnalité et la vision de la peinture.

Prix Design Packaging (Grand Prix Français du Design) 1994

(fig.39)

Design produit pour OPTIMÔM *(fig.40)*

La société OPTIMÔM, fabricant de lunettes, a fait intervenir l'agence sur un problème spécifique : il n'existait pas sur le marchés, de lunettes parfaitement adaptés aux tous petits (0 à 3 ans) : leur nez, permettant le maintien de la monture est encore peu développé à cet âge ; de plus leur croissance est très forte et leur mode de vie nécessite un confort optimal.

CENT DEGRÉS a inventé en réponse à cette problématique, le principe de " nez sur mesure " : un coussinet en silicone - avec différentes formes et coloris. L'opticien choisit le modèle le plus adapté au nez de l'enfant, et le colle sur une paire de lunettes spéciales. L'agence a également conçu de nouvelles montures, légères et adaptées à la morphologie de l'enfant, déclinées en plusieurs formes et couleurs attrayantes.

Le designer a apporté une forte innovation technique au sein d'une ergonomie nouvelle, et a permis à la société OPTIMÔM d'obtenir des résultats significatifs sur les ventes et une reconnaissance nationale des professionnels et du public.

Grand Prix STRATEGIE (catégorie Design Produit) en 1996

(fig.40)

Design global pour PETIT BATEAU *(fig.41)*

Consulté sur appel d'offre, le groupe CENT DEGRÉS séduit l'équipe de PETIT BATEAU par son cahier reflétant un concept fédérateur pour la marque : PETIT BATEAU est une marque complice de l'enfant, qui le protège et l'accompagne dans son évolution. Les axes proposés par l'agence sont déclinés en terme d'identité visuelle, packaging, merchandising et aménagement des points de vente.

Le nouveau positionnement de la marque débute par le "relifting" du logotype, afin de lui donner plus de gaieté, de modernité et de proximité à l'enfance. L'ancien sigle, monochrome aux deux tonalités de bleus représentant un bateau statique, est retravaillé au profit d'un logo bicolore aux teintes vives (bleu et jaune), les proportions du voilier sont modifiées pour aboutir à un véritable "petit bateau" d'enfant.

Par la suite, tout l'univers PETIT BATEAU est repensé en termes de charte graphique et de packaging global : les symboles et codes graphiques, tout d'abord, sont recentrés sur les catégories de produits et l'âge des enfants (création de pictogrammes pour mieux guider le consommateur dans son choix). Dans le même esprit, les accroches cultivent maintenant un ton plus enfantin, pour rapprocher l'enfant de la marque.

(fig.41)

Enfin, les points de vente PETIT BATEAU font l'objet d'un travail spécifique autour d'un double niveau de lecture : création d'un univers ludique et de découverte de l'enfant, grâce à un jeu d'animations sur le sol et à la hauteur de ses yeux, et un nouveau merchandising destiné aux adultes afin de clarifier l'offre et permettre une circulation optimale. L'authenticité des matériaux utilisés (bois, tôle, toile...) renvoie, de la même manière que le design (vagues, bateaux...) au monde imaginaire de PETIT BATEAU. A terme 100 boutiques sont concernées par ce vaste " chantier " en France, et progressivement, à l'étranger.

Ce travail de design global contribue de manière significative, au développement de PETIT BATEAU ces dernières années. CENT DEGRÉS agit comme un réel partenaire de l'entreprise dans cette opération à grande envergure.

Prix Design global (Grand Prix Français du Design) 1996

La pratique en entreprise et les acteurs en France

2 . 1 L'intervention du designer et l'interlocuteur industriel

La pratique concrète du design, toute approche méthodologique confondue, diffère selon le niveau auquel le designer, externe ou intégré, est associé au projet.

Pour ce qui est du designer externe, on rencontre deux cas de figure : l'intervention en amont du projet et la prestation ramenée au niveau de l'exécution du cahier des charges. De plus en plus fréquemment, le designer intervient en amont des projets, parce que l'entreprise a besoin de pouvoir s'appuyer sur les compétences créatives, marketing et techniques de son prestataire. Elle en fait dès lors un partenaire décisionnel, association dans laquelle la recherche d'informations et la définition des objectifs deviennent conjointes pour une réelle stratégie design.

Il arrive ainsi que le designer soit confronté à des questions managériales très diverses, formulées en termes d'objectifs de parts de marché, d'un besoin précis du marché validé par l'entreprise... Le cahier des charges, dans une intervention très en amont devient alors un cahier d'idées, évalué et recentré par l'industriel et le designer, ou bien une simple nomenclature des contraintes techniques. Cette démarche de collaboration se généralise avec la prise de conscience d'intégrer très tôt dans la conception toutes les contraintes liées à un projet. Le designer n'est plus un simple prestataire de services, subordonné à un cahier des charges contraignant - ayant pour vocation illusoire d'être exhaustif - mais un expert en question de marchés.

Schématiquement, il est possible de représenter ces différences dans les démarches, entre une intervention en amont et une intervention ordinaire. Elles apparaissent très clairement dans la stratégie de design produit et packaging *(fig.42)*.

Cette comparaison, ramenée à l'essentiel, caricature volontairement les deux interventions. Elle ne permet pas d'isoler un modèle de collaboration idéale - chaque entreprise étant un cas particulier et chaque designer préconisant différentes méthodologies - mais illustre toutefois le besoin d'intégrer l'outil design toujours plus en amont de la production.

La phase préparatoire de collecte et d'analyse de l'information conditionne la procédure globale du designer et son travail. Nous verrons que de cette phase dépend la pertinence de l'approche design et son importance stratégique dans l'approche de nouveaux marchés.

Le niveau de collaboration diffère sensiblement dans le cadre d'une entreprise qui intègre un designer en interne. En effet, le designer interne a moins pour objectif d'assurer une prestation pluridisciplinaire ou globale, que celui d'agir en design produit, packaging et graphique sur le court et moyen terme. En revanche, si l'intégration d'un designer oblige ce dernier à concentrer son action, ce mode opératoire présente l'avantage de pouvoir recourir à l'outil design dès le début, le plus en amont possible. Il ne s'agit plus de solliciter les compétences du designer en tant que simple exécutant, d'autant que le designer et son service sont justement là pour participer à la réflexion globale stratégique, engagée par les décisionnaires de l'entreprise.

Le designer externe ou interne, dont il faut évidemment préciser que sa sensibilité produit, packaging, identité de marque... doit correspondre au besoin précis de l'entreprise, n'est pourtant pas le seul interlocuteur indispensable à la bonne conduite d'une stratégie design. Le décisionnaire l'est tout autant.

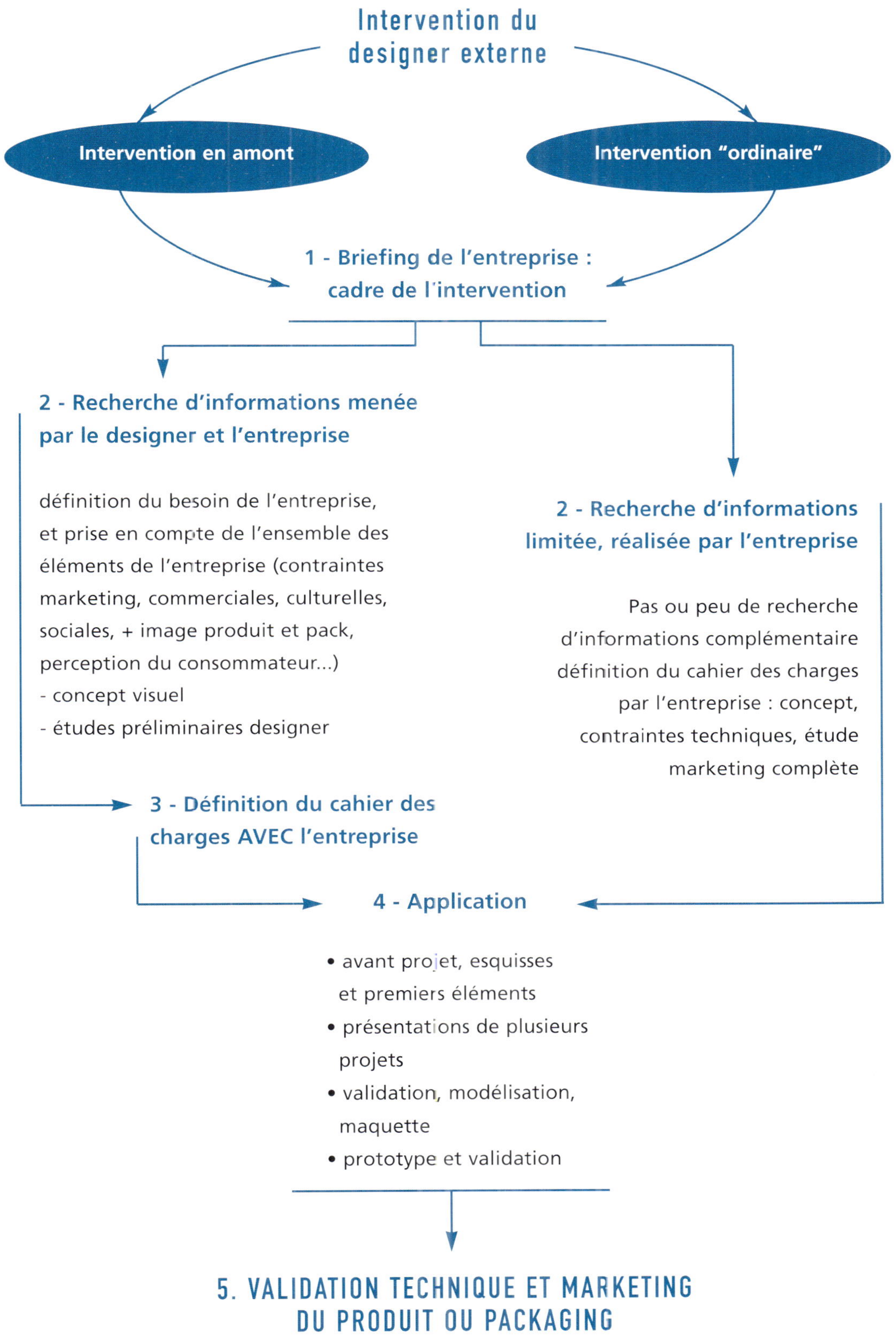

Fig.42 : Comparaison de deux schémas de collaboration en produit et/ou packaging

Un projet design concerne l'entreprise dans son ensemble, que ce soit dans une démarche produit, packaging, identité visuelle ou encore environnement ; cela implique la mobilisation d'un certain nombre d'acteurs de la société qui décide d'avoir recours aux services d'un designer.

Il serait difficile pourtant de dresser une liste figée des personnes qui doivent être sollicitées dans ce cadre, car les organigrammes et la répartition des savoir-faire diffèrent d'une entreprise à l'autre. Cependant, au regard des domaines de compétences touchés par le design, il existe des interlocuteurs privilégiés qui s'inscrivent logiquement dans l'intégration d'une démarche design en amont.

Ainsi, les services marketing, Recherche & Développement, production sont autant de contacts prédisposés - lorsqu'ils existent de manière distincte, ce qui n'est pas toujours le cas dans les PME/PMI - pour aider le designer à mieux cerner les besoins et les contraintes de l'entreprise dans une stratégie design produit ou packaging. Pour ce qui est d'une opération d'identité visuelle ou d'environnement, les directions générales ou le président apparaissent comme les interlocuteurs les plus à même de gérer les projets.

Ce qu'il faut noter ici dans le choix de l'interlocuteur industriel, c'est surtout la nécessité de déterminer qui est réellement apte à travailler avec le designer sur une problématique d'entreprise précise, afin d'optimiser le travail d'équipe et la performance du design. Ceci est d'autant plus important que, plus de la moitié des mauvais résultats du design proviennent d'un manque de ciblage des besoins exacts de l'entreprise. La répartition des compétences liées au développement d'un produit ou d'une communication d'entreprise reste donc primordiale et constitue en soi une stratégie, dans laquelle le designer sait s'intégrer.

Il faut préciser, si le doute devait encore perdurer, que le designer, s'il possède des compétences dans plusieurs domaines de l'industrie, ne peut néanmoins se substituer aux spécialistes présents dans l'entreprise. Le design reste une fonction révélatrice du potentiel de la société cliente, parce la mise en place de process réunissant des profils différents mais connexes, permet de gérer les différents atouts d'un projet design. En ce sens, le designer agit également en tant qu'interface créative entre ces différents interlocuteurs, pour mener le projet à bien.

Le design reste une fonction révélatrice du potentiel de la société cliente.

2 . 2 Le rôle incitatif des pouvoirs publics

Les pouvoirs publics ont mis en place depuis 1986 un système de promotion de l'offre design. Géré par le ministère de l'Industrie, et plus précisément par la Direction de l'Action Régionale et de la Petite et Moyenne Industrie (DARPMI), ce dispositif concerne un ensemble de mesures de terrain réparties en trois grands thèmes : encourager la demande, disposer d'une offre de qualité et former les hommes au design.

Encourager la demande

Il s'agit essentiellement d'encourager les PMI à intégrer le design dans une démarche de conception ou de renouvellement de leurs produits. Pour cela, le ministère de l'Industrie a favorisé la création des Centres Régionaux de Design, qui ont pour but de sensibiliser les entreprises à la fonction design par différents moyens (voir plus loin "les organismes").

En outre, les Directions Régionales de l'Industrie, de la Recherche et de l'Environnement (DRIRE), ont pour objet d'inciter les entreprises à avoir recours au design. Les DRIRE (cf. liste en annexes) proposent en effet une activité de conseil et d'aide à la mise en place d'un projet design, ainsi qu'une action d'information et d'évaluation de l'opportunité d'une démarche design pour l'entreprise. Cette politique de communication est relayée par un ensemble d'aides disponibles. Ces actions sont menées conjointement par les DRIRE et les Conseils Régionaux.

Les aides se traduisent par un accompagnement financier aux entreprises qui souhaitent réaliser un projet design. Elles sont généralement mises en œuvre dans le cadre de partenariats financiers avec les Conseils Régionaux :

• le Fonds Régional d'Aide au Conseil (FRAC) :
Son objectif est d'inciter les PMI à recourir à des consultants extérieurs lors d'une phase importante de leur développement.

Les projets soutenus sont les " appels à un consultant extérieur du secteur concurrentiel pour des études ne répondant pas à une obligation réglementaire ". Les thèmes de conseil sont diversifiés. Ce programme - le plus adapté aux projets design - permet ainsi de financer à hauteur de 50% une intervention longue du designer, dans la limite de 200.000 Francs.

Les entreprises concernées par cette aide sont les PMI de moins de 500 personnes, en situation financière saine et non contrôlées par une entreprise dont la taille n'excède pas ce seuil. Cette aide reste actuellement la plus utilisée par les PMI, avec un taux de recours de 23%.

• La procédure de diffusion des techniques (ATOUT) :
Son objectif est de favoriser l'intégration de certaines technologies dans les PMI, pour leur permettre de réaliser une avancée technologique. Le volet PUMA (matériaux et technologies avancées) concerne plus précisément les entreprises souhaitant avoir recours aux services d'un designer, dans le cadre de la conception ou le renouvellement de produits.

Le programme PUMA permet ainsi d'obtenir une subvention couvrant 50% des frais engagés dans le cadre d'une étude de faisabilité (dans la limite de 300.000 Francs). Pour les études de réalisation, une avance remboursable en cas de succès du projet est possible, à hauteur de 50% des frais engagés et dans la limite de 1 million de Francs.

Les entreprises concernées par cette aide sont les entreprises industrielles de moins de 2.000 personnes, en situation financière saine et non contrôlées par un groupe dont l'effectif est supérieur à ce seuil.

• l'Aide aux Services de l'Innovation (ASI, volet de l'ANVAR) :

Son objectif est de préparer les entreprises et les laboratoires à entreprendre des projets d'innovation et de développement technologique, en les incitant à recourir à des conseils extérieurs.

Les projets soutenus sont les appels à un consultant extérieur, à tous les stades de l'innovation, ce qui concerne bien sûr les projets design. L'ASI permet d'obtenir un financement à hauteur de 50% des dépenses engagées, dans la limite de 200.000 Francs.

Les dossiers sont étudiés par la délégation régionale de l'ANVAR. Cette aide concerne toutes les entreprises (sauf les grands groupes et certaines de leurs filiales) et tous laboratoires.

Disposer d'une offre de qualité

Le deuxième grand volet de promotion de l'offre design consiste à favoriser le développement d'une offre de qualité. Pour cela, le ministère de l'Industrie a favorisé la création de l'Office Professionnel de Qualification des Designers Industriels (OPQDI), dont le but est de professionnaliser l'offre design auprès des industriels.

Former les hommes au design

Le ministère de l'Industrie s'attache, en marge de la promotion de l'offre design, à ce que la formation des designers réponde aux attentes des industriels. Dans ce but, il a contribué, en collaboration avec le ministère de la Culture, à la création de l'Ecole Nationale Supérieure de Création industrielle (l'ENSCI/les Ateliers).

L'école prépare les professionnels du design et de la création - en formation continue - et maintient un lien constant entre les élèves et le monde de l'Industrie. Les jeunes diplômés possèdent une réelle capacité de création de produits industriels, grâce à une formation très professionnelle, notamment dans le cadre de partenariats actifs.

En outre, le ministère de l'Industrie mène une action de promotion du design auprès des écoles d'ingénieurs et écoles de commerce, afin de favoriser l'émergence de formations esign auprès des futurs dirigeants. Cette démarche de sensibilisation vise à familiariser les futurs diplômés à la réalité du design, en tant qu'outil à part entière du monde de l'entreprise.

Dans le cadre de la formation, et indépendamment de l'action du ministère de l'Industrie, il faut rappeler ici l'existence d'autres écoles de créateurs et designers industriels, telles que l'ENSAAMA, l'ENSAD pour les écoles publiques, OLIVIER DE SERRES et STRATE COLLÈGE pour les écoles privées. Les formations sont très centrées sur les réalités de l'entreprise, grâce notamment à la gestion de projets industriels, démarche de plus en plus courante et intégrée aux cursus pluridisciplinaires dispensés. Nous reviendrons ultérieurement sur certaines de ces écoles, et l'intérêt de leur pédagogie pour l'entreprise.

2 . 3 Les organismes

On rencontre en France un nombre important d'organismes, de promotion du design et organismes professionnels. Il faut principalement en retenir les suivantes : les Centres Régionaux de Design (CRD), l'Agence pour la Promotion de la Création Industrielle (APCI), l'Institut Français du Design (IFD), le Design Promotion Information de l'ENSCI/les Ateliers (DPI) et enfin l'Union Française des Designers Industriels (UFDI) comme organisme professionnel. Ces institutions sont intéressantes parce que, au-delà de leur activité d'information et de promotion du design, elles constituent un relais avec le monde de l'entreprise, et peuvent aider l'industriel dans le choix d'un prestataire (cf. liste en annexe).

Les organismes constituent un relais avec le monde de l'entreprise, et peuvent aider l'industriel dans le choix d'un prestataire.

les Centres Régionaux de Design (CRD)

les CRD ont pour objectif de développer l'approche du design industriel dans l'entreprise, afin que celle-ci conçoive et réalise des produits compétitifs et performants, dans une stratégie globale d'entreprise : qualité, compétitivité, exportation. Ainsi, les centres sont notamment compétents pour :

- proposer un diagnostic des besoins spécifiques des entreprises ;
- mettre ces dernières en relation avec les professionnels du design, offrant une réponse adéquate.

Le résultat de ces interventions reste mitigé : en moyenne 13% à 20% des inscrits exécutent la démarche intégralement et vont jusqu'au recours effectif à un professionnel.

Il existe actuellement 9 CRD (cf. liste des centres en annexes), fédérés dans un réseau dont la tête est actuellement le Centre Régional de design Rhône-Alpes. Cette structure permet d'assurer une cohérence d'action nationale et régionale, tant au niveau des démarches didactiques (éditions, séminaires nationaux...), qu'au niveau de la transmission du savoir-faire inter-centres (démarches design réussies).

L'Agence pour la Promotion de la Création Industrielle (APCI)

Cette institution a une mission de promotion du design en France et du design français à l'étranger. Elle a pour objet de stimuler la création sur le terrain, de sensibiliser les décideurs publics et les responsables d'entreprises, de participer à la sensibilisation des consommateurs.

L'APCI, dont le conseil d'administration regroupe des organisations professionnelles, des ministères, des institutions, des designers et des industriels, est membre de l'ICSID (Conseil International des Sociétés de Design) et fait partie du conseil d'administration de l'OPQDI (Office Professionnel de Qualification des Designers Industriels). Ses objectifs principaux sont :

• L'information

Centre de ressources en information et documentation, l'APCI est un lieu d'informations important sur le design international en France et en Europe. L'Agence publie un journal (la chronique du design) et édite des catalogues et des guides, dont Panorama Design France, en cours de réédition ;

• La valorisation et l'incitation à la création

Organisateur d'événements, l'association a développé un savoir-faire pour sensibiliser les différents publics (écoles, designers, industriels, acheteurs, conseillers d'entreprises...) en imaginant des actions complémentaires et polyvalentes – concours, expositions, colloques, conférences et des sessions de formation – en France et à l'international ;

• L'ouverture sur l'Europe

Représentant français dans le réseau européen des centres nationaux de promotion du design, l'APCI participe à de nombreuses actions internationales. Elle a réalisé en 1995, pour la Commission Européenne, le Guide du Design en Europe, et est l'organisateur pour la France du Prix Européen du Design depuis 1988.

En 1997, l'Agence fait partie du consortium de trois organisations à qui la Commission Européenne (DG XIII/Programme Innovation) a confié l'organisation européenne du Prix.

Site Internet : http://www.apci.asso.fr/

Le Prix Européen du Design 1997 : les 11 lauréats

Le Prix 1997 a été remis à la Cité des Sciences et de l'Industrie en janvier 97, en présence du ministre des PME et du Commissaire Européen. Il a récompensé 11 entreprises, sur une sélection initiale de 64 dans 17 pays. L'édition 97 avait comme objectif d'attirer l'attention sur des petites et moyennes entreprises ayant innové grâce au design.

- Artemide *(Italie)* : luminaires
- Authentic *(Allemagne)* : produits domestiques
- Bates *(Danemark)* : évacuation de déchets
- Bulthaup *(Allemagne)* : cuisines
- Dyson *(Royaume-Uni)* : aspirateurs sans sacs
- Fiskars (Finlande) : outils de jardinage
- Hornell *(Suède)* : casques de soudage
- Lafuma *(France)* : sport et loisir de plein air
- Mediamatic *(Pays-Bas)* : multimédia
- Oken *(Espagne)* : meubles
- Oticon *(Danemark)* : audiophones

L'Institut Français du Design (IFD)

Membre fondateur de l'ICSID (Conseil International des Sociétés de design), l'Institut Français du Design a été crée en 1951. C'est un groupe de créateurs et d'industriels, qui mettent leur synergie au service de la promotion et la reconnaissance, sur un pied d'égalité, des meilleurs produits de l'année créés par les grands groupes et les PME (plus de 1 700 produits récompensés depuis 1951, fruit de la collaboration entre designers et industriels). A cela s'ajoute un jury indépendant constitué par cinquante experts des familles professionnelles : designers, graphistes, stylistes, industriels, architectes d'intérieur, architectes, journalistes et représentants des pouvoirs publics.

L'IFD poursuit sa mission selon les axes suivants :

- La délivrance d'un label national, le Janus (issu de l'arrêté ministériel du 13 novembre 1953 et parrainé par les ministres de l'Industrie et du Commerce extérieur) : label de qualité, soutenu par les professionnels, il est une référence dans le monde du design ;
- le contact permanent avec l'ensemble des acteurs de la formation en design : écoles, étudiants, enseignants, designers industriels et grand public, pour une politique de concertation et de promotion du métier de designer, à laquelle s'ajoute une politique de partenariat menée avec les entreprises, collectivités et fondations ;
- l'organisation du Janus de l'Etudiant, créé en 1985, pour promouvoir les filières d'excellence et faciliter l'insertion des jeunes, en récompensant les meilleurs jeunes diplômés, permettant ainsi de valoriser les nouveaux talents;
- dans le cadre d'une compétitivité toujours plus vive dans le domaine de l'Innovation, une promotion de la forme indissociable de la faisabilité.

Par ses actions de sensibilisation et son rôle de promoteur, l'Institut Français du Design souhaite faire converger toutes les actions et initiatives en faveur du design en France, entre les mains de leurs véritables acteurs.

Les Janus 1997

Le Janus s'ouvre à tous les secteurs de la création : design produit (biens d'équipement, de consommation et composants industriels), design d'environnement (architecture commerciale, aménagement de lieu de production, de bureau, de stand), design packaging (emballage, conditionnement) design visuel (logo, signalétique, édition), design communication (image institutionnelle d'entreprise) et design multimédia (image d'un site d'entreprise).

La session 97 s'est tenue au Conseil Economique et Social en présence du Secrétaire d'Etat à l'Industrie, le président du jury étant cette année le directeur du design de PHILIPS au plan mondial. Les Janus ont distingué des produits civils, si l'on en juge par le service rendu au consommateur.

Design Promotion Information (DPI ~ ENSCI/les Ateliers)

L'ENSCI a inauguré en 1994 un nouveau département qui a pour mission de sensibiliser les professionnels et le grand public au design. Pour cela, le Design Promotion Information organise des expositions, publie des ouvrages et édite son journal bimestriel, intitulé [dizajn].

L'Union Française des Designers Industriels (UFDI)

L'UFDI, créée en 1969, a pour mission de promouvoir le design comme ressource stratégique auprès de l'industrie et d'encourager un niveau élevé de pratique et de gestion professionnelles.
Elle se préoccupe de normaliser les pratiques professionnelles et a contribué en ce sens à la création de l'Office Professionnel de Qualification des Designers Industriels (OPQDI) en 1993. L'UFDI défend également l'intérêt de ses membres et cherche à développer la qualité de l'enseignement. Elle se charge de plus, des relations entre les organisations professionnelles internationales de designers.

Les problèmes rencontrés

3 . 1 Constat d'une faible pénétration du design : aspects quantitatifs

La présence du design dans l'industrie est significative mais somme toute encore peu développée au sein des entreprises françaises. Les chiffres résultant de l'enquête menée en 1995 par la Direction de l'Action Régionale et de la Petite et Moyenne Industrie (ministère de l'Industrie), illustrent bien le contexte actuel du design en France : seulement 36 % des PMI ont recours à cet outil de la manière suivante (sur un échantillon de 672 sociétés sondées) : 16 % l'utilisent régulièrement, et 20 % l'utilisent occasionnellement. Au niveau sectoriel, on peut noter les taux de pénétration suivants :

Chiffres DARPMI/1995

Fig.43 : La pénétration du design dans les grands secteurs d'activité français

Si la pénétration du design est forte dans les secteurs traditionnellement destinés au grand public, domaine du sensible par excellence, elle n'est pas à négliger dans les autres activités industrielles. De plus, il faut pondérer ces chiffres, dans la mesure où ces parts sont en constante augmentation depuis 3 ans. En effet, tant au niveau de la pratique du design en entreprise qu'au niveau de son utilisation, les analyses montrent une ouverture significative du monde industriel au design.

Pourtant, à la lumière des moyens d'investigation et des résultats obtenus par le design, ces ordres de grandeur mettent en valeur un constat clair : 16 % seulement des PMI l'utilisent régulièrement, alors que le design démontre sa capacité réelle à résoudre des problématiques industrielles. Le design, malgré tout indissociable de facteurs de compétitivité tels que la qualité et l'innovation, est donc finalement peu présent dans l'industrie française.

Plusieurs explications peuvent justifier cet état de fait : le manque de reconnaissance de la fonction design et de ses spécialistes, un problème de relations designers/entreprises et le coût présumé du design. Ces raisons provoquent, soit un recul du décisionnaire de l'entreprise, soit une mauvaise gestion du projet design, et induisent des effets négatifs à l'export.

3 . 2 Le problème de reconnaissance du designer et de ses compétences

Le design est perçu par les industriels comme un outil essentiel de l'entreprise, dans des domaines aussi divers que variés. Pourtant, les méthodologies et la pertinence du design restent floues. Ce constat tient à plusieurs problèmes structurels de la profession, notamment celui de la reconnaissance du design : l'étude réalisée à la demande de la DARPMI en 1995 présentait une offre design perçue par les industriels, selon les sondages réalisés, qui concerne plus de 1 000 entreprises réparties de la façon suivante :

- agences de publicité,
- agences de communication,
- architectes d'intérieur,
- graphistes,
- designers dits "industriels" (agences et indépendants).

Il y a donc une confusion marquée du design, dans la mesure où cette profession est très diversifiée par ses intervenants, pouvant proposer une prestation perçue comme relevant du "design" dans le cadre de leur activité.

Cependant, les designers que nous avons sollicités depuis le début de cette enquête, représentent des agences et indépendants n'exerçant que cette activité. On peut citer ici un chiffre d'environ 260 en France. Cependant, cette donnée est à pondérer, car les designers affichent souvent des compétences multiples et des positionnements différents. C'est pourquoi il est difficile d'affirmer avec précision le nombre exact de designers industriels, par catégorie (produit, graphisme...).

Face à une offre dispersée, il est évident que l'industriel aura un certain mal à choisir son prestataire, compte tenu de sa connaissance du domaine s'il a recours au design pour la première fois. En ce sens, deux chiffres sont à retenir :

- 45% des PMI considèrent le design comme une démarche marketing ;
- 44% conçoivent le design comme une exigence du marché.

Si les PMI considèrent que le design est aujourd'hui devenu un impératif destiné à s'imposer sur les marchés, le design reste souvent perçu comme un simple outil marketing. Cela se justifie dans la mesure où les méthodes de prospection sont proches, mais elle reste néanmoins limitée, car le designer doit comprendre le marché visé, pour conceptualiser un produit qui réponde aux attentes des consommateurs.

Ainsi, l'entreprise qui souhaite mettre en place une nouvelle politique marketing, ne fera donc pas appel systématiquement au design, car elle ne voit pas toujours en quoi le designer peut apporter une valeur ajoutée significative. A cela s'ajoute également le fait que le design soit encore trop souvent connu par les industriels uniquement dans son activité produit. Il est certain que le design de produits industriels correspond au "métier de base" du designer, mais encore faut-il le rappeler, le design c'est aussi le graphisme, le packaging, l'édition, la signalétique, l'environnement et l'architecture commerciale.

Ce constat pose le problème de reconnaissance du designer et de ses compétences, car c'est justement son savoir-faire qui ne constitue pas de repères suffisamment solides pour la clientèle industrielle. Cet état de fait s'explique de deux manières :

- d'une part, la grande majorité des designers ne signent pas leurs créations comme certains designers stars du moment. Ils n'ont d'ailleurs pas vocation à le faire. Avec le souci de répondre aux exigences de l'entreprise, le design s'insère complètement dans le processus de production pour ne laisser qu'une trace visible du produit : l'esthétique, l'ergonomie. Il en est de même pour la signalétique et l'identité d'une entreprise. Ainsi s'explique l'attribution très largement répandue encore du design comme une démarche artistique, et des jugements de valeur comme "c'est pour faire beau"...
- d'autre part, les designers français constituent une profession peu fédérée. Les designers sont représentés par plusieurs organismes professionnels et de promotion. Cet éclatement ajoute à la difficulté de l'industriel de choisir une agence ou un indépendant qui puisse répondre à un besoin souvent immédiat.

Enfin, il faut noter une confusion encore vive entre bureau d'études industriels et agences de design : les deux acteurs possèdent une forte compétence technique, mais les premiers peut être plus, parce que c'est leur métier, tandis que les agences de design ont réellement un point fort par rapport aux autres : la créativité, et cette capacité à traduire concrètement, visuellement les attentes du consommateur.

3 . 3 Un manque de communication entre les deux acteurs

Une autre explication qui tend à expliquer la relative pénétration du design dans l'entreprise, réside dans le manque de compréhension des deux acteurs.

D'une manière générale, les relations entreprises/designers peuvent se résumer à deux constats : l'entreprise appréhende mal l'outil design et ses capacités à s'intégrer dans une logique industrielle, tandis que le designer connaît un problème de notoriété par rapport aux PME/PMI.

Cet état de fait tend à diminuer aujourd'hui, car les réalités des marchés et la compétition internationale impliquent de s'ouvrir à d'autres solutions et d'autres voies. Les designers et les industriels travaillent mieux ensemble, mais des problèmes majeurs continuent d'exister, parce que les a priori et les interprétations de chacun nuisent à la compréhension générale des objectifs à atteindre.

Schématiquement, on peut noter quelques grands traits de caractère, constatés en grande partie chez les **industriels non utilisateurs** de prestations design :

• le manager ne s'intéresse que très peu aux objets, dans leur approche visuelle, formelle, et par conséquence aux domaines de compétences des designers ;

• il ne comprend pas toujours la finalité du design, en même temps que les possibilités d'application de cet outil : la vision de la fonction design est généralement réduite à un travail sur l'esthétique (le design ne constitue une augmentation de la valeur du produit que pour 22% des entreprises n'ayant pas de stratégie design) ;

• il considère souvent le design peu efficace, limité à un simple apport artistique, qui tient à la fois, de la perception qu'il a des résultats obtenus par des produits "designés", et de la personnalité du designer elle-même, éloignée selon lui des réalités de son entreprise.

• enfin, le design n'est pas perçu comme un outil qui permet de réduire les coûts mais qui les augmente (investissement jugé important et peu rentable dans certains cas) ; à cela s'ajoute le fait que le designer n'assimile pas toujours les contraintes techniques des entreprises clientes.

Il en est de même pour le **designer**, dont on peut retenir certains traits, comme indicateurs d'une mauvaise perception du design :

• la profession ne pose pas de vrais repères pour l'industriel ; de plus, les designers souhaitent rester indépendants de toute structure fédératrice contraignante, et ont donc du mal à communiquer de manière générique et étendue leur savoir-faire ;

• les designers ne communiquent pas assez sur leurs méthodologies, leurs spécificités et les résultats de leurs approches, et rendent floue le recours possible du design. Parfois, ils avancent une connaissance globale, peu comprise par l'entreprise car trop générale, ce qui discrédite la qualité de leurs interventions ;

Ce sont donc les problèmes que l'on retrouve dans les relations entreprises/designers. Si ces constats doivent être pondérés par l'ouverture de chacun, les faits sont là : la confrontation est toujours vive entre d'une part, la "culture design", et d'autre part l'association "culture d'ingénieur/culture marketing".

Ces trois courants s'opposent parfois, parce que les uns ne considèrent pas les autres sur le même pied d'égalité, et ne cherchent pas à se comprendre.

Si ces traits de caractère rapidement exposés restent l'apanage d'une population d'industriels et de designers qui, fort heureusement se réduit, ces mentalités existent malgré tout. Nous verrons pourtant que l'ouverture et la perception des spécificités de chacun de ces acteurs est une condition essentielle, sinon la première, de la réussite d'une stratégie design, à laquelle s'ajoute l'absolue nécessité de travailler en équipe.

3 . 4 Les attitudes de refus du client industriel : les objections du coût et de l'utilité du design

De nombreuses raisons peuvent amener l'industriel à refuser de réaliser un projet design, liées le plus souvent au contexte qui rend nécessaire ou non une intervention du designer dans l'entreprise.

Cependant, parmi les raisons invoquées, deux doivent retenir notre attention : les objections de l'utilité et du coût du design.

Pour ce qui est de l'utilité de cet outil, il est évident que le manager doit comprendre qu'à un moment donné son produit va nécessiter un "coup de fouet" et/ou un abandon parce que celui-ci est dépassé technologiquement, ou qu'il ne correspond plus aux attentes des consommateurs. Le tout est de savoir anticiper cette évolution et de savoir gérer le changement. Nous verrons que le design est, dans cette optique un outil de compréhension des marchés.

Cependant, parmi les raisons invoquées, deux doivent retenir notre attention :les objections de l'utilité et du coût du design.

Il faut en finir avec les idées reçues, notamment sur le fait que le design soit un outil du " beau ". Bien sûr, si la fonction design ne présentait pas cet intérêt, la séduction de l'objet, pourquoi alors avoir recours aux services d'un designer... Mais cette notion d'esthétique de produit ou d'entreprise n'est pas une fin en soi, car c'est le juste accompagnateur, valorisant le travail de fond sur l'ergonomie d'un produit, le graphisme d'un logo, ou de l'architecture d'un siège social. Il en est de même avec le sentiment d'un " investissement plaisir " ; le design ne sert pas à contenter l'entreprise, sinon à combler un manque constaté sur le marché.

Le tout est de savoir anticiper cette évolution et de savoir gérer le changement. Dans cette optique le design est un outil de compréhension des marchés.

Tout ceci n'est pas gratuit, et l'esthétique, au même titre que l'innovation fonctionnelle, la recherche qualité, concourt à procurer au client un service toujours plus complet. Cette notion de design de services est importante, car elle comprend toutes les valeurs ajoutées immatérielles d'un produit, d'une communication au consommateur. Celui-ci est mieux guidé et renseigné dans son choix, mieux accueilli chez son fournisseur, mieux rassuré par rapport à des objets qui créent la confiance.

La question du coût du design reste posée et requiert une prévision importante. Faire intervenir un designer est un investissement à part entière, d'autant que le coût lié à un projet design peut augmenter avec l'avancée des travaux : concevoir un nouveau produit implique tout d'abord l'intervention sur le produit en lui-même, son image et peut-être les moyens de sa communication : plaquettes, publicité...

Il faut donc bien considérer le coût du design au départ par la mise en place précise des points sur lesquels le designer intervient.

Il est donc impossible de chiffrer ici les coûts de prestations du design, tant les interventions varient ; de plus, peu d'entreprises encore isolent leur budget design : de fait, le coût pour l'entreprise se répartit sur plusieurs postes. Par ailleurs, il serait indélicat de donner ici des ordres de coûts, tant la prestation du designer est cadrée et adaptée aux besoins et aux possibilités de l'entreprise cliente.

Tout ceci n'est pas gratuit, et l'esthétique, au même titre que l'innovation fonctionnelle, la recherche qualité, concourt à procurer au client un service toujours plus complet.

Cependant, on peut admettre un repère sensible qui donne une idée du coût de la prestation design sur la production : l'investissement dans un projet design représente entre 10 et 15% du coût de lancement d'un produit. Ce ratio est à considérer avec précaution, car tout dépend bien sûr du niveau d'implication du projet design dans la production, ainsi que sa fréquence ; ainsi, il n'est pas rare de constater chez certaines entreprises que le design représente environ 20% du coût de lancement, voire plus, dans certains cas.

On pourra noter également qu'en termes de stratégies de lancement, un investissement design coûte cependant nettement moins cher qu'une campagne de publicité pour un résultat d'impact sur le marché décuplé, et qui ne concerne pas que la communication et l'image de l'entreprise.

3 . 5 Conséquences à l'export

Les marchés internationaux sont plus sensibles encore aux questions de la marque et des politiques de communication des entreprises étrangères (voir le cas japonais). A cela s'ajoute les incontournables de tout produit compétitif à l'export : qualité, innovation et séduction. Les erreurs de lancement coûtent très cher à l'entreprise, de même que la mauvaise rentabilité des produits, surtout pour les marchés qui nécessitent un investissement massif au départ pour conforter son entrée.

La visualisation et la modélisation de l'usage adopté par le consommateur étranger appartient au designer, y compris les solutions techniques qui permettront cette adaptation.

Nous verrons à ce titre que la dimension culturelle du consommateur est décisive dans l'adaptation d'un produit ou de la communication à un client étranger. Dans ce contexte, le designer a un rôle important à jouer, de compréhension et d'analyse. Le rapport à l'objet est par exemple, l'une des variables qui évolue le plus d'un pays à l'autre, variable qui doit être prise en compte dans le développement d'un nouveau produit.

Entre standardisation et personnalisation, l'entreprise qui souhaite exporter doit trouver ses marques, et s'entourer, de fait, de toutes les compétences dont elle dispose. Le designer ne remplacera jamais le rôle du marketing dans cette approche ; cela n'est d'ailleurs pas sa vocation. Mais au final, la visualisation et la modélisation de l'usage adopté par le consommateur étranger lui appartient, y compris les solutions techniques qui permettront cette adaptation.

Il y a donc des conditions nécessaires à mettre en place pour favoriser la réussite d'un projet design, surtout si celui-ci concerne un lancement à l'export, dont la phase préparatoire de compréhension du marché cible est primordiale pour une approche pertinente.

La profession design en France : perspectives et évolutions

Les designers français sont dans leur grande majorité peu spécialisés dans leurs approches de secteurs industriels particuliers. Quelques agences, à l'image d'AXENA, agissent volontairement dans des secteurs pointus, qui réclament une grande maîtrise technique, au point de proposer aussi une prestation de bureau d'études à part entière.

Il est clair que l'industriel attend du design des solutions créatives, des solutions techniques et des compétences en ingénierie de production.

On peut d'ailleurs se demander pourquoi la plupart des agences et designers indépendants adoptent ce positionnement très ouvert vis-à-vis de l'industrie. La réponse est simple : lorsqu'une entreprise souhaite faire appel à un designer externe, c'est parce qu'elle recherche, soit un œil neuf et objectif sur ses produits ou son image, quitte à ce que le designer ne connaisse pas du tout le secteur d'activité en question, soit parce qu'elle souhaite avoir recours à un créatif rompu aux contraintes du secteur concerné.

C'est donc dans l'intérêt du designer de rester ouvert sur différents métiers, en maintenant toutefois sa ou ses spécificité(s) produit, packaging, identité visuelle... En revanche, il est clair que l'industriel attend du design des solutions créatives, mais également - et c'est de plus en plus fréquent - des solutions techniques et des compétences en ingénierie de production.

C'est une des grandes tendances à confirmer, avec l'émergence du design global, comme une solution complète pour l'entreprise. Des agences comme CENT DEGRÉS travaillent déjà dans cette optique.

Mais encore une fois, tout dépend du besoin de l'industriel. Il est certain que, dans une démarche de lancements internationaux, la PME/PMI est obligée de compter avec une communication globale, marquée par une image forte, au niveau du produit, du packaging et de son identité visuelle, d'où cette tendance de gestion plus globale de l'entreprise par le design.

Le designer : un expert au service de l'industrie

L'exemple de l'agence Absolut design

Au vu des évolutions de la profession et des attentes des industriels, on en vient effectivement à se demander si le designer n'est pas un consultant à part entière, au service de l'entreprise innovante.

Or, si l'on pouvait qualifier le designer dans sa démarche, c'est en effet un **expert**. Expert en créativité et en conceptualisation, ce sont d'abord les deux compétences qui légitiment son action au sein de l'industrie, mais également expert en marketing et en ingénierie technique, de plus en plus.

Expert en créativité et en conceptualisation, mais également expert en marketing et en ingénierie technique de plus en plus.

Le designer externe, partenaire régulier de son client, est sollicité sur des problématiques marketing et confronté à des obstacles techniques, en termes de production, de coût de revient, de faisabilité et d'industrialisation. Pour chacune de ces contraintes, il est de plus en plus apte à proposer des solutions clés en main, à l'image de l'agence ABSOLUT DESIGN, qui propose une activité de conseil développée, lorsque le projet industriel nécessite un transfert de compétences ou une aide plus complète.

ABSOLUT DESIGN : une prestation de design produit complète, pour mieux accompagner le projet

L'agence ABSOLUT DESIGN est spécialisée dans le design de produits industriels et se destine plus particulièrement aux secteurs de l'électronique en général, avec une préférence pour le médical, les technologies de l'information et les télécoms. Elle dispose d'une forte clientèle internationale puisqu'elle réalise 30% de son chiffres d'affaires à l'export, notamment aux Etats-Unis et à Singapour.

ABSOLUT DESIGN emploie 10 personnes réparties entre designers, ingénieurs, ergonomes et service marketing. A cela s'ajoute une filiale multimédia, ABSOLUT MÉDIA, pour la création et l'animation de sites internet. L'ensemble de cette structure lui permet de proposer une activité de conseil à sa clientèle industrielle, en marketing, en pré-ingénierie et ingénierie mécanique et en CAO enfin. Dans ce dernier domaine, les designers disposent d'une solide expérience, car ils utilisent beaucoup la 3D dans la modélisation de produits, qui assure un rendu aussi réaliste que possible.

Le principe d'intervention de l'agence est basé sur une méthodologie de validation des objectifs par étapes, avec le client. Cette démarche permet de ne pas s'écarter du cahier des charges déterminé conjointement avec le décisionnaire et de limiter ainsi les erreurs. Dans le cadre de cette intervention, la gestion de la qualité est jugée primordiale par l'agence et il est important qu'elle soit l'objet d'une attention particulière avec l'industriel, au même titre que les impératifs de production et les contraintes techniques.

La particularité de l'agence est de proposer des solutions clés en main, en montant des dossiers complets (notamment pour les PME/PMI qui apprécient ce type d'approche), dans lesquels ABSOLUT DESIGN offre deux types d'accompagnement :

Un suivi marketing : en amont d'abord, avec une définition des besoins et une validation progressive par le marché (post-tests) ; elle mène également un audit interne pour l'analyse du potentiel ; enfin, en aval du produit, au niveau du lancement, en gérant la communication qui a trait au nouveau produit.

Un suivi technique : depuis la conception jusqu'à l'industrialisation, elle gère les impératifs techniques, grâce à une compétence forte en ingénierie.

ABSOLUT DESIGN agit donc comme un véritable consultant marketing et industriel, grâce à une équipe pluridisciplinaire et une méthodologie adaptée aux entreprises de taille importante (conseil de VALEO) comme aux PME/PMI.

Site internet : http://www.absolut.fr

***Design produit pour ALCATEL** (fig.44)*

ALCATEL souhaitait revoir l'ensemble de produits faisceaux hertziens pour les réseaux GSM. Il fallait repenser ce produit - plutôt médiatique - pour lui donner une meilleure ergonomie et une ligne générale plus moderne et pratique.

L'entreprise a donc consulté l'agence ABSOLUT DESIGN, qui a dû intégrer très vite des contraintes techniques importantes : contraintes normatives tout d'abord, liées d'une manière générale aux équipements de transmission et des contraintes inhérentes au produit lui-même : situé en environnement difficile (climat, intempéries, dégradations de toutes sortes), le produit devait être à la fois accessible et pratique d'utilisation et d'installation, mais également de constitution solide pour éviter les défaillances techniques.

Le recours à la CAO dès le début a permis à l'agence de réaliser des simulations et de concevoir une ergonomie qui tienne compte de ces impératifs. Le produit étant multifonctions, il fallait penser aux différentes fonctionnalités et les intégrer au sein d'un équipement qui soit non seulement de haute fiabilité, mais aussi esthétique et lisible dans son emploi. La nouvelle famille de faisceaux a été lancée au début de l'année 97.

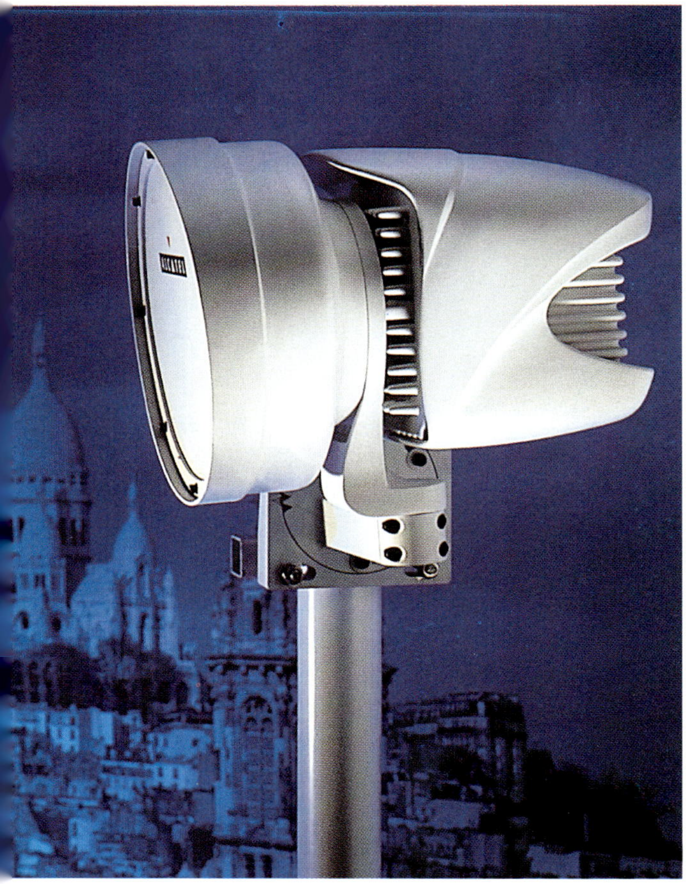

(fig.44)

(fig.45)

(fig.46 & 47)

***Design produit pour FRANCE TELECOM** (fig.45)*

L'agence est intervenue à la demande de FRANCE TELECOM pour la réalisation d'un fax à usage domestique, le GALEO 100, lancé au mois de décembre dernier. La problématique de l'opérateur français était de proposer un fax destiné aux particuliers, qui se fasse oublier par sa simplicité d'utilisation et son aspect général. Il fallait également que le produit puisse être vendu à bas prix, tout en ayant une image forte.

Les designers ont particulièrement travaillé sur la convivialité du fax, développant un usage intuitif de l'appareil (grande simplification des commandes), qui a été conçu pour être utilisé dans toutes les positions. Le leitmotiv de l'agence était d'imaginer un produit nouveau, qui fasse oublier la technologie, en intégrant les mécanismes du fax au sein d'une ergonomie attrayante et sobre. Pour cela, ABSOLUT DESIGN a mené une consultation auprès de sous-traitants, afin d'arriver à un résultat significatif : un petit fax, simple et pratique, qui intègre toutes les fonctionnalités de ce type d'appareil.

La dernière contrainte rencontrée par l'agence sur ce projet clé en main, était d'intégrer ce produit résolument nouveau au sein de la marque FRANCE TELECOM ; d'où l'importance du jeu de couleurs, pour créer une rupture en douceur avec les autres modèles : pas de noir, mais un bleu foncé, en référence au monde de la plume et de l'écrit. Le GALEO 100 signe son entrée comme une offre innovante, complète et sans difficultés pour le client particulier.

***Design produit pour SOURCE DÉVELOPPEMENT** (fig.46 & 47)*

SOURCE DÉVELOPPEMENT est une PME spécialisée dans la fabrication de matériel informatique. Partant d'une analyse fonctionnelle qui démontre l'encombrement créé par les ordinateurs dans l'espace de travail professionnel, l'entreprise consulte les designers de l'agence pour réfléchir sur un ordinateur qui s'intègre dans l'espace bureau. En effet, la gène occasionnée vient de l'écran - en général imposant - et du clavier.

Le concept MODULA est né de cette problématique. Les designers ont absolument tout transformé de l'ordinateur classique tel qu'on le connaît, pour en faire un produit d'un genre nouveau : il se présente sous la forme d'un plateau d'environ 2 cm de hauteur, posé sur le bureau, incluant l'écran et le clavier. L'unité centrale est placée à terre près du bureau. L'écran est tactile, ce qui permet de remplacer la souris. La technologie utilisée fait en sorte qu'il n'est sensible qu'à la pointe du doigt ou du stylo ; l'utilisateur peut donc y poser des livres par exemple sans que cela affecte l'application en cours. Enfin, l'ordinateur dispose d'un système de reconnaissance vocale. ABSOLUT DESIGN a assuré le suivi technique et marketing du projet - lancé début 97 - pour obtenir un résultat qui constitue une forte innovation dans le monde de l'informatique.

Conclusion partielle

Le design et l'industrie : un objectif commun, la conquête des marchés

La pratique du design dans l'entreprise varie selon les modalités d'intervention de l'interlocuteur : intégré ou externe à l'entreprise, le designer met en place une méthodologie précise, adaptée en fonction des besoins et des contraintes de l'entreprise. Design produit, packaging, identité visuelle ou encore environnement, les approches sont nombreuses et appliquées de plus en plus en amont de la conception du produit. Si ces interventions sont bien distinctes les unes des autres, elles doivent être aussi entendues comme une démarche qui peut être globale, avec le souci des PME/PMI innovantes d'harmoniser leurs différents éléments de communication.

Le design, bien plus qu'un travail artistique ou formel sur le produit, est devenu un véritable outil de visualisation des marchés et de recherche technique. Par une double assimilation des impératifs de l'entreprise et de son marché, la fonction design est donc un moyen d'investigation, de compréhension et de satisfaction des consommateurs. Dès lors, le designer et son interlocuteur industriel, marketing, commercial et technique tendent vers un objectif commun : la conquête des marchés, notamment par l'innovation, la recherche accrue du "zéro défaut", ou encore le travail de l'ergonomie d'un produit. Dynamisme, cohérence, qualité et séduction, voici les maîtres mots du design, message particulièrement valorisant et attractif à l'international.

Cependant, on constate que l'industriel se méfie encore du design, en raison d'une efficacité jugée aléatoire, du coût et de l'utilité d'une prestation qui lui inspire une confiance relative. Au-delà des problèmes rencontrés entre les deux acteurs, c'est l'image de la profession, nébuleuse et floue, qui est en cause. Malgré ce constat sans éloges, la collaboration entreprises/designers évolue grâce un positionnement beaucoup plus clair du designer vis-à-vis de son client industriel. Il agit comme un créatif au service de l'entreprise dans son ensemble, capable d'intégrer les contraintes techniques, marketing et commerciales, en réalisant une prestation très localisée à un problème particulier, comme globale pour le compte de son client.

Ainsi, le design peut être considéré comme un outil stratégique à l'international, car les marchés étrangers présentent des exigences spécifiques très contraignantes pour l'industrie. Cet outil donne des résultats, qu'il est possible d'évaluer, les cas le montrent, dès lors que les conditions de son intervention favorisent le bon déroulement d'un projet.

Le design, un outi

tratégique à l'international

Le design et l'industrie, c'est donc l'association créative entre le designer et le décisionnaire pour un objectif commun exclusif : la séduction du consommateur, la conquête de nouveaux marchés étrangers. Et justement, à l'international, le design est particulièrement efficace, dès lors que cet outil est intégré dans les meilleures conditions par l'entreprise.

Il existe des conditions préalables à mettre en place dans la conduite de process industriels incluant l'outil design, et son intégration dans un processus à l'export.

Fort de ces stratégies, le design confère un poids majeur à l'international et les fruits que récolte le client industriel s'apprécient à de nombreux niveaux : augmentation des ventes, différenciation marquée, service au client, communication stratégique… les expériences réussies montrent un gain très fort dans la conquête de marchés internationaux, mais également au niveau interne, où le design joue un rôle moteur.

Tout ceci concourt à faire de la fonction design, dans son ensemble, un outil stratégique au service de l'entreprise.

1

Les éléments constitutifs de l'approche design à l'international

Pour les industriels qui ne font pas ou très peu appel au design, une question essentielle reste posée : comment avoir recours aux services d'un designer la première fois ? Il est vrai que les repères manquent, ce qui ajoute à la difficulté de choisir un partenaire. Mais ensuite vient la question de savoir comment intégrer le design pour en faire une stratégie efficace ?

Il y a des préalables impératifs à tout projet design, quel qu'il soit, pour favoriser son intégration comme un atout stratégique réel. Designers et entreprises doivent participer à la mise en place d'un contexte qui optimise, et leur niveau de collaboration, et la perception des contraintes multiples à gérer en process.

Et le design donne des résultats. En particulier à l'international où les enjeux sont décuplés et plus complexes. Les problématiques se globalisent, et une stratégie design, en application d'un besoin localisé produit ses effets : différenciation, fort levier de communication, résultat sur les ventes, cohérence et approche globale du marché... les conséquences externes comme internes ne manquent pas.

Les attentes des entreprises

Les entreprises qui souhaitent avoir recours au design, attendent tout d'abord une réelle activité de conseil et des réponses concrètes à leurs préoccupations de marché. "Mon produit vieillit, comment relancer mes ventes sur cette activité...", "Il faut que mon entreprise communique mieux son dynamisme et son niveau d'innovation...", "Je souhaite concevoir une nouvelle chaîne de magasins européens... ". Ce sont des exemples de questions que se posent les décisionnaires et c'est la compétence du designer de pouvoir y répondre par telle ou telle intervention qu'il préconise après analyse.

Les entreprises attendent une réelle activité de conseil et des réponses concrètes à leurs préoccupations de marché.

Ensuite intervient la question financière; le design constitue un investissement à part entière : il est évident que le montant va varier selon que le designer travaille sur un nouveau packaging, ou qu'il gère une intervention de design global. Pour les PME/PMI qui souhaitent obtenir une aide, il existe des soutiens financiers, que nous verrons plus loin.

Le soutien financier correspond à l'une des premières nécessités des décisionnaires de PME/PMI. Enfin, vient l'attente d'informations sur le design et sa pratique (de nombreuses PMI utilisent peu ou pas du tout le design en dehors de la création de produits).

Ce besoin d'information sur l'outil design montre la méconnaissance de l'outil design, et de sa capacité à constituer une stratégie d'entreprise. Ce constat met en valeur le rôle que doivent jouer les pouvoirs publics, les organismes professionnels et de promotion dans l'information auprès des industriels. Ainsi, on peut représenter la hiérarchie des besoins de la façon suivante :

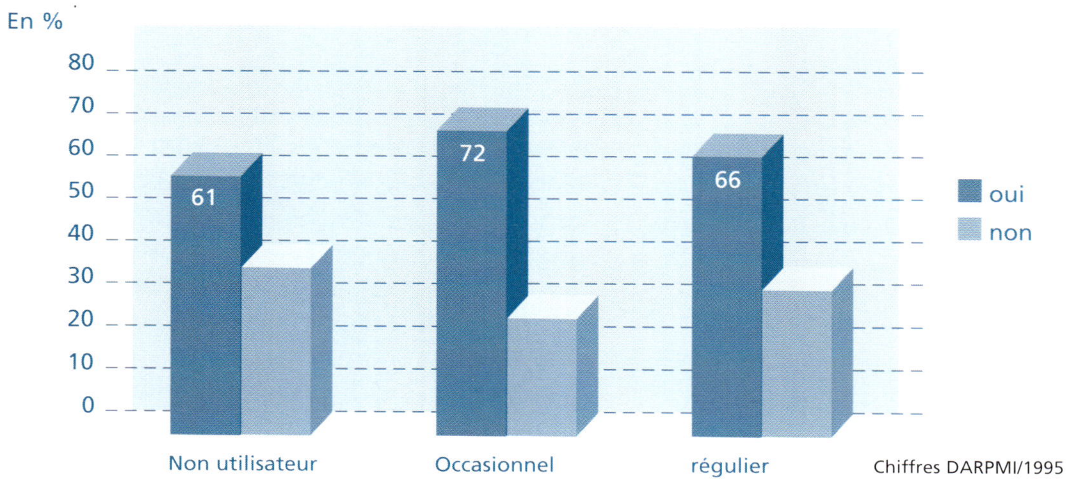

Fig.48 : Les attentes des PME/PMI en matière d'aides financières

En ce qui concerne les attentes des industriels en matière d'information sur le design et ses moyens, on peut répertorier plusieurs soutiens attendus, liés à deux souhaits de la part des entreprises : avoir d'une part, de solides repères et d'autre part, des informations thématiques dans le cadre d'une promotion des possibilités de l'outil design.

Le besoin d'être informé est d'autant plus marqué que, dans le cadre d'une approche européenne ou d'un marché nouveau, l'information devient stratégique, et ce à différents niveaux : typologie du consommateur, réglementations, tendances actuelles... En ce qui concerne le design, l'industriel a naturellement besoin de savoir ce que lui apporte cette démarche par rapport à la concurrence locale et aux attentes de l'utilisateur ciblé.

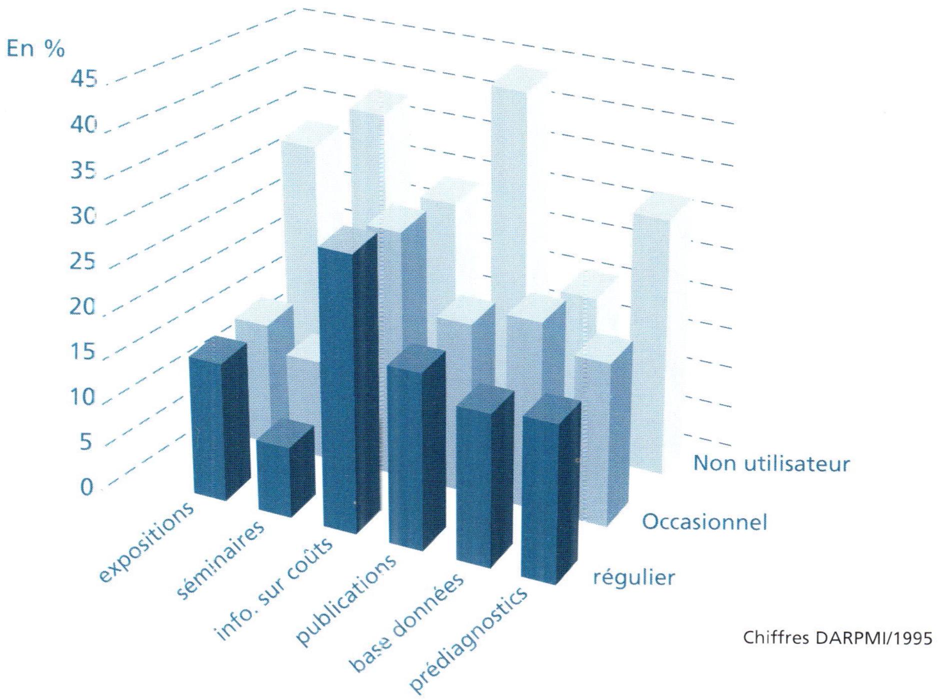

Fig 49 : Classification des besoins d'information des PME/PMI

Ces deux tendances, financement et informations, illustrent à la fois l'intérêt et le souci des industries d'avoir recours à un designer avec une sécurité préalable, qui réside dans la disponibilité d'aides, et pas exclusivement financières, à l'utilisation du design.

Nous devons rappeler ici que les aides permettent de diminuer le poids financier du design, mais qu'elles ne peuvent en aucun cas se substituer à la nécessité d'adopter une politique volontariste par rapport au design, dans le cadre d'une stratégie d'innovation, marketing et commerciale menée par l'entreprise. Les aides mises à disposition facilitent le recours aux services d'une agence ou d'un indépendant, mais il ne faut pas penser pour autant que le design ne coûte plus rien au client industriel. Une stratégie design produit des résultats significatifs, mais aussi de graves revers si elle n'est pas correctement intégrée.

De nombreux exemples ont montré que les entreprises, sous-estimant la portée du design du fait de son coût relatif, n'ont obtenu que des échecs commerciaux, lourds à supporter financièrement, pour le coup...

Les stratégies à mettre en place

2. 1 De la nécessité d'une pédagogie du design : le cas de VITRAC (POOL)

Le concept et la portée du design sont souvent perçus comme des notions floues, avec des objectifs souvent peu tangibles pour le décisionnaire. Le designer est d'ailleurs encore considéré quelquefois comme un simple créatif ou un artiste, qui n'a pas connaissance des réalités financières et techniques des entreprises.

A cela s'ajoutent la peur du décisionnaire, le souci de création et d'indépendance du designer, données qui ne sont pas compatibles sans réel dialogue. Bien que ces ambivalences disparaissent avec la prise de conscience de chacun de la réalité économique du design, elles perdurent pourtant dans certains cas.

C'est pourquoi, afin de remédier à ce problème, il est nécessaire que le designer instaure une pédagogie active par rapport à sa démarche. Jean-Pierre Vitrac, dirigeant de VITRAC (POOL), et auteur de plusieurs ouvrages sur le design de produits industriels, a été ainsi l'un des premiers à comprendre cette nécessité.

Bien que ces ambivalences disparaissent avec la prise de conscience de chacun de la réalité économique du design, elles perdurent pourtant dans certains cas C'est pourquoi, afin de remédier à ce problème, il est nécessaire que le designer instaure une pédagogie active par rapport à sa démarche.

La pédagogie de VITRAC (POOL) : " Déploiement et Développement "

Pour lui, le designer doit entraîner ses interlocuteurs par une méthodologie claire, et prouver sa compréhension du système de l'entreprise, en termes de stratégie et de politique générale, de données commerciales, de faisabilité technique et de production au sens large. Son regard extérieur doit lui permettre une analyse dynamique des limites, mais surtout des opportunités de l'entreprise.

De plus, le design, grâce à plusieurs années de pratique au sein d'une entreprise, commence à trouver une certaine légitimité auprès des décisionnaires. Le designer doit donc la renforcer par une communication efficace et simple : les réalisations auxquelles il a été associé et qui sont l'expression de sa méthode.

Par ailleurs, le designer doit être un généraliste ouvert sur différents métiers : marketing, technique et communication entre autres. Il doit disposer d'une forte culture générale lui permettant d'établir les passages nécessaires entre les différents intervenants dans un projet, ajoutée à de fortes qualités d'adaptation, d'ouverture et de flexibilité.

VITRAC (POOL) a mis en place une méthodologie répondant aux interrogations des industriels, quelle que soit leur taille et le niveau de leurs préoccupations : le design Déploiement. Il s'agit d'une intervention très en amont, basée sur la créativité enrichie par un système de validation et permettant de cerner les valeurs et le sens nécessaire dans tout projet. Aide incontestable à la décision, l'étape d'investigtion créative est immédiatement suivie du Développement, ciblé et facilité d'autant.

VITRAC (POOL) répond en priorité au " pourquoi " (problématique la plus largement rencontrée aujourd'hui selon lui) avant de répondre au " comment ".

Afin d'optimiser l'adéquation du nouveau projet au marché, VITRAC (POOL) - spécialisé en design produit - travaille en réseau et s'entoure dans la conduite de projets industriels des compétences d'un cabinet d'études marketing, Alain Collomb Stratégies (ACS) et d'un sémiologue, Jean-Marie Floch.

Design produit pour NATIONAL PANASONIC Japon *(fig.50)*

NATIONAL PANASONIC est une entreprise bien connue, notamment pour sa dimension internationale forte : une technologie japonaise, une fabrication espagnole, une distribution européenne. Elle a consulté l'agence VITRAC (POOL) en 1992 pour un enjeu de taille : créer une nouvelle gammes d'aspirateurs sans changer le concept existant, et à l'image " européenne ".

L'étude amont a permis de déterminer, après validation dans trois pays, des valeurs d'image communes, liées à la mobilité et à la douceur. Le développement a dû se conformer aux exigences techniques d'utilisation de composants existants. Le résultat, un produit de très bonne performance sur l'ensemble du marché européen.

(fig.50)

Design produit pour IMPEX Allemagne *(fig.51)*

Sur le marché du cadeau d'entreprises, où excelle la société IMPEX, les radios se banalisent. La problématique étant posée clairement, l'agence est donc intervenue en 1994 pour " débanaliser " et ce, au même prix marché. Le résultat est assez étonnant : une radio mitigeur, un seul geste pour le contrôle du volume et des fréquences.

Ce produit est une réussite complète pour IMPEX qui a vendu à ce jour, sur un marché maussade, plus de deux millions d'exemplaires...

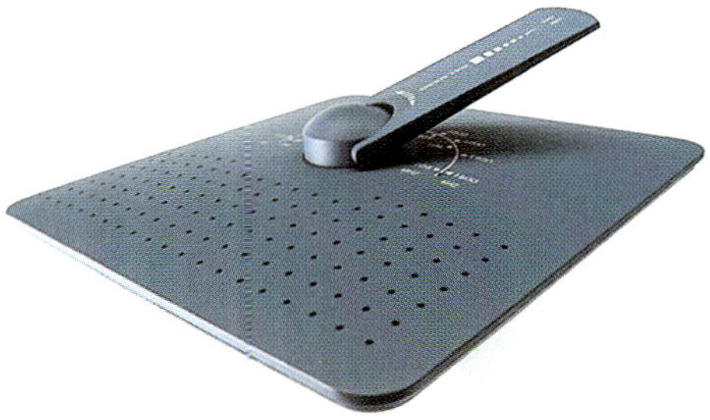

© DESIGN STRATÉGIE

(fig.51)

Design produit pour FICHET France *(fig.52 & 53)*

L'entreprise avait un enjeu européen d'importance : reconsidérer, sur un marché en crise, le coffre fort. Hormis l'information sur les procédés de fabrication, l'agence avait carte blanche pour un design " déploiement ", autrement dit, une étude complète à la source. Celle-ci démontre le déficit d'appropriation du produit par les acquéreurs et permet de situer les enjeux. La gamme CARENA est née de cette étude en 1995, et a joué son rôle : progression du chiffre d'affaires de FICHET, renforcement de l'image de l'entreprise, cohérence à l'échelon européen, et exploitation du potentiel industriel existant.

(fig.52 & 53)

© N. PÉRON

Cet exemple de communication est intéressant parce qu'il est adapté aux nécessités de l'entreprise : le décisionnaire souhaite avoir des repères clairs sur le travail de son intervenant. A ce titre, il est significatif de voir ce qu'il attend d'un designer : des références et une certaine notoriété (à cela s'ajoute le besoin d'une agence proche pour les utilisateurs occasionnels de design).

Pour convaincre l'entreprise, il faut savoir communiquer sur ces deux aspects du design, un outil connu et utilisé par l'industrie. Le designer doit donc être à l'écoute, capable d'appréhender toutes sortes de problématiques et d'y répondre clairement et concrètement. De l'autre côté, le décisionnaire doit comprendre l'aspect stratégique que revêt le design dans une logique commerciale, spécialement lorsque celle-ci est destinée à l'export.

Les cas d'entreprises étudiés mettent en évidence de manière unanime la nécessité pour le designer et le décisionnaire d'adopter ces attitudes par rapport à un projet design. Ainsi, les réussites commerciales constatées - dans les secteurs d'activité retenus dans le cadre de cette étude - sont d'abord le fait d'une communication claire et précise sur les objectifs à atteindre, et un travail en équipe en amont du projet.

Les réussites commerciales constatées sont d'abord le fait d'une communication claire et précise sur les objectifs à atteindre, et un travail en équipe en amont du projet.

La méthodologie de VITRAC (POOL) est parlante à plus d'un titre : schématiquement, elle réunit les attentes traditionnellement attribuées au consommateur, et légitime en quelque sorte, l'action du designer. Le design déploiement s'articule autour de quatre grands principes (définis par le sémiologue Jean Marie Floch) :

• Les consommateurs achètent ce qui a, pour eux du sens autant que de la valeur. L'entreprise doit répondre à ce " besoin de sens ".

• Il n'y a de sens - et de valeur - que dans la différence. Aussi l'entreprise doit-elle être consciente de ce qui fait sa différence, en termes de produits ou de marque.

• Le sens et la valeur d'un produit se concrétisent par sa forme et ses qualités sensorielles. C'est le rôle du design de créer une adéquation " vraie " et optimale entre la forme et le sens d'un produit.

• La production actuelle ou historique d'une entreprise est à la fois la preuve de sa capacité et limitation - conjoncturelle - de ses potentialités.

Le travail en équipe, une étape obligatoire pour mener à bien un projet design. Que la collaboration se fasse entre décisionnaires et agences ou indépendants, ou que l'entreprise dispose de son propre service de design intégré, le designer doit toujours être intégré suffisamment tôt au projet.

2. 2 Le travail en équipe, en amont du projet : les exemples de RENAULT, et ROSSIGNOL avec l'agence POUTY DESIGN

Plus le travail du designer est réalisé en amont du processus de production, plus son efficacité devient importante. Ainsi, lorsqu'il travaille en collaboration active avec les autres services, il peut préparer une meilleure approche et renforcer les chances de succès du projet. En effet, si le designer agit en amont, il peut infléchir le concept de départ selon les recherches qu'il mène, et intégrer par ailleurs les impératifs techniques et marketing dès le début. Le travail de conception qui en ressort est plus complet, parce qu'il tient compte de l'ensemble des données.

On assiste aujourd'hui à une certaine évolution : la collaboration au sein d'équipes, de process, rend le designer mieux intégré et accepté par le management et son intervention est de plus en plus qualitative et stratégique.

Généralement, cela ne pose pas de problèmes pour les PME/PMI qui ont intégré un designer ou qui collaborent depuis longtemps avec un designer externe. Elles ont saisi tout l'intérêt d'une intervention en amont de leur designer, ainsi que la nécessité de travailler avec les autres départements susceptibles d'apporter au designer interne des informations stratégiques.

C'est d'ailleurs pour cette raison que le designer est finalement intégré, d'une manière ou d'une autre : l'entreprise, en recherche d'une créativité forte, favorise la communication entre les acteurs impliqués par le projet, gain de temps concret s'il en est, puisque les produits sont développés bien avant leur lancement sur le marché.

Il faut souligner ici l'aspect stratégique que revêt l'intégration du designer en amont du projet, à plus forte raison si l'entreprise décide de lancer son produit sur des marchés internationaux. Comme le montre l'exemple de ROSSIGNOL, les designers (intégrés auxquels s'ajoutent des prestataires extérieurs) participent activement à l'élaboration d'une stratégie à l'international, grâce aux réunions mises en place très tôt avec la direction de l'entreprise et ses filiales internationales.

Le positionnement d'un produit sur un marché étranger implique de prendre en compte l'ensemble des attentes et caractéristiques du consommateur visé, y compris ses particularités culturelles. Le développement du produit résulte donc de la compréhension de tous ces facteurs, analyse à partir de laquelle le designer est à même de construire son projet et de fournir une réponse adaptée au contexte du marché.

RENAULT, par une organisation générale associant le design au management groupe, illustre bien par ses résultats, l'efficacité du travail en équipe, en amont du projet et en intégrant la dimension internationale des développements de produits.
Associés au Produit et au Marketing, les designers réfléchissent suffisamment en amont, sur la conception même des produits, pour leur permettre d'anticiper la demande du marché et les évolutions à venir.

Le constructeur a prouvé que ce schéma fonctionnait, puisqu'il se pose comme l'instigateur de plusieurs concepts de voitures qui ont marqué leur temps. L'Espace, la Twingo, et à présent la Scenic - qui remporte un succès grandissant aussi bien en France qu'à l'étranger - montrent l'intérêt d'une réflexion conceptuelle et du développement du produit gérés complètement en interne.

Aujourd'hui, grâce à sa conception originale et à sa pratique du design, RENAULT est également reconnu comme un modèle par la qualité d'intégration du design et de la valeur ajoutée résolument stratégique qu'il apporte à l'entreprise.

Comme l'illustre le cas du constructeur français, il n'existe pas de difficultés majeures concernant les services intégrés. Cette pratique fonctionne bien, car le designer est associé de plus en plus souvent à la réflexion stratégique de l'entreprise. En revanche, le problème du travail d'équipe se pose plus fréquemment avec les entreprises faisant appel aux agences extérieures. En effet, l'intervention ne s'effectue pas toujours très " en amont ", et les informations divulguées se limitent quelquefois au strict minimum.

Dans ce cadre, le designer est encore une fois considéré comme un simple prestataire de services, ce qui freine son intervention ; il arrive par exemple qu'il découvre au fur et à mesure les contraintes liées à un projet, ce qui occasionne un surcoût significatif, parce que le projet part sur de mauvaises bases, ou parce qu'il est simplement retardé.

Ce constat concerne essentiellement les entreprises n'ayant recours que très ponctuellement au design, car bon nombre d'entreprises utilisent le design de manière " efficace ". On assiste aujourd'hui à une certaine évolution : la collaboration au sein d'équipes, de process, rend le designer mieux intégré et accepté par le management et son intervention est de plus en plus qualitative et stratégique. C'est le cas de ROSSIGNOL et de l'agence POUTY DESIGN.

ROSSIGNOL : un partenariat international actif avec le designer

ROSSIGNOL travaille sur le produit ski depuis une dizaine d'années avec l'agence POUTY DESIGN. Aujourd'hui, l'entreprise est présente sur d'importants marchés comme au Japon en position de leader du sport d'hiver face à la concurrence de grandes marques japonaises, américaines et européennes.

On ne peut bien entendu pas dire que le design soit complètement à l'origine de la réussite de ROSSIGNOL, parce que les résultats de la société à l'export sont fondés sur des paramètres nombreux.

Cependant, l'agence partenaire participe activement à la stratégie de la marque, car elle travaille très tôt sur les produits, projets acceptés et retravaillés au sein de réunions internationales. Ces réunions permettent d'intégrer les données et contraintes culturelles propres à chaque marché étranger visé, et de vérifier ainsi l'adéquation du nouveau produit.

Cette collaboration porte ses fruits car l'entreprise est reconnue par les consommateurs pour le niveau de qualité des " skis ROSSIGNOL ", gage de produits attrayants et adaptés aux besoins de chacun.

Site internet : http://www.skirossignol.com

Design produit de la gamme DUALTEC YELLOW POWER *(fig.54)*

La gamme YELLOW POWER est l'offre compétition de ROSSIGNOL, produits destinés aux skieurs qui recherchent la performance. Les produits ici présentés sont le ski 9X DUALTEC, la fixation FKX, et lachaussure COURSE KX. Ce sont des produits de pointe pour les coureurs, avec des composants comme les boucles en aluminium usiné de la chaussure, qui communiquent leur haute technicité.

(fig.54)

La définition des produits est arrêtée 13 mois avant leur sortie sur le marché grand public. Préalablement, de longs mois de collaboration entre designers et service marketing ont été nécessaires pour définir d'abord les skis puis la fixation assortie, alors que la chaussure travaillée en parallèle finira également harmonisée avec l'ensemble.

Lorsque ROSSIGNOL fait appel à l'agence POUTY DESIGN, début 1996, pour la redéfinition du graphisme YELLOW POWER, l'objectif était simple : adopter une ligne graphique symbole d'exclusivité et de compétition. Le jaune est la couleur de ROSSIGNOL avec laquelle il fallait compter, le fabricant l'ayant choisi il y a quelques années pour se différencier dans un domaine où le ski est médiatisé. Par ailleurs, le graphisme devait également refléter l'unité de la gamme.

Il en ressort une ligne générale très forte, et facilement identifiable, qui met en valeur les caractéristiques de cette gamme, vouée à une pratique pointue du ski. La sortie de la gamme DUALTEC est prévue pour la rentrée prochaine.

Design produit de la gamme LOISIR *(fig.55 & 56)*

La gamme LOISIR de ROSSIGNOL a une vocation différente de la gamme compétition : proposer une polyvalence d'utilisation, une qualité et un confort à un consommateur qui recherche davantage le plaisir de skier à son rythme que la performance sportive. Les équipements présentés font partie de la collection LOISIR, avec la gamme de skis PACHA, la fixation FD et la chaussure VISION.

Ces produits, développés en 1996, se caractérisent par l'utilisation de matériaux moins pointus et des habillages plus sobres et chatoyants ; le graphisme est plus fondu, aux teintes moins agressives et plus fluides. La collection LOISIR convient donc à une clientèle plus large qui recherche un matériel en cohérence avec sa pratique du ski.

(fig.55)

(fig.56)

Naturellement, la qualité de la prestation proposée ne s'improvise pas. La confiance mutuelle, la reconnaissance des compétences de chacun sont à la base d'un travail efficace en amont, qui est devenu, dans le cas de RENAULT et ROSSIGNOL par exemple, un élément primordial de la stratégie internationale.

La collaboration de ROSSIGNOL avec l'agence POUTY DESIGN démontre ainsi le haut niveau d'intégration du designer dans l'entreprise, intégration qui est au départ le fruit d'une stratégie volontariste de la marque de skis, mais qui provient également de la reconnaissance du travail prospectif mené par le designer.

Cette démarche de compréhension et d'analyse du marché fait d'ailleurs partie de manière incontournable de la méthodologie de nombreuses agences de design, et bien sûr du partenaire principal de ROSSIGNOL, l'agence POUTY DESIGN.

POUTY DESIGN : une collaboration avec le client pour une approche stratégique des marchés

POUTY DESIGN se positionne très clairement vis-à-vis de l'industrie comme une agence proposant une prestation de conseil en communication stratégique par le design.

Cette conception de la fonction design réclame une collaboration très en amont du produit, afin d'aider l'entreprise à anticiper la demande de ses clients.

C'est dans cet esprit que l'agence travaille avec des clients nombreux et fidèles : ROSSIGNOL, bien sûr, dont les résultats parlent d'eux-mêmes, mais également les JEUX NATHAN par exemple, avec qui l'agence collabore depuis 8 ans.

La philosophie de POUTY DESIGN s'exprime donc par un travail régulier et varié dans une relation au management industriel, qu'il convient de nommer partenariat plutôt que sous-traitance.

L'approche de l'agence est centrée sur deux aspects principaux : le packaging et le design management. Concrètement, cela se traduit par une écoute active d'un interlocuteur précis, en fonction de la démarche déployée (packaging et graphisme : directeur marketing et/ou technique ; management et identité visuelle : président, directeur général), le but étant d'optimiser les process de travail et cibler au mieux les attentes du client selon les impératifs de son marché.

***Design packaging pour les JEUX NATHAN** (fig.57)*

L'agence intervient en 1996 à la demande des JEUX NATHAN pour déterminer la communication packaging du produit HIBOO (présenté précédemment), offre innovante destinée aux jeunes générations.

En marge des objectifs compris dans leur globalité (cahier des charges, approche du marché), POUTY DESIGN a complété l'analyse générale par une étude permanente - démarche systématique pour l'agence - sur les tendances , " veilles " de l'avant-garde et courants culturels. Ensuite, l'équipe créative explore les univers d'identité packaging, en adéquation aux contraintes, mais aussi ceux qui pourraient transgresser les approches traditionnelles, pour exprimer l'esprit évolutif et moderne du produit. L'étude menée par l'agence révèle un risque de mauvaise interprétation du bénéfice consommateur : la confusion entre HIBOO et un appareil photo ou un projecteur. En réaction, POUTY DESIGN recommande, en inversant la priorité de l'image sur le titre, un parti-pris typographique créant le chocs événementiel attendu : une accroche surdimensionnée pour affirmer un produit différent. Par ailleurs, l'image réduite du HIBOO pousse à découvrir le produit grandeur nature en soulevant le couvercle.

(fig.57)

Le produit HIBOO présenté au Salon du Jouet 1997, a d'ores et déjà obtenu deux Oscars du Design et son apparition sur le marché est prévu pour la fin de l'année.

Design produit pour ROSSIGNOL *(fig.58)*

Comme présenté précédemment, POUTY DESIGN est consulté par le fabricant de skis pour créer l'identité de ses modèles de compétition, jugés par la profession comme l'une des meilleures références internationales.

L'agence a préconisé une identification par la marque, non pas pour sa qualité de séduction, mais en tant qu'appropriation durable d'un signe puissant de reconnaissance de la suprématie en compétition : le jaune. Cette couleur exprime la synergie entre le ski, la fixation et la chaussure, et se mue en stratégie de communication annonçant le concept YELLOW POWER.
Depuis la saison 1993/1994, POUTY DESIGN gère ce concept au niveau des produits avec un succès majeur, tel que sur les pistes de slalom comme sur les podiums, on surnomme ROSSIGNOL " la marque jaune ".

(fig.58)

Design packaging pour RIANS *(fig.59 & 60)*

L'agence est intervenue à la demande de RIANS pour un projet d'ampleur : introduire la marque dans le domaine des desserts gastronomiques.
Cette collaboration remonte en 1992 avec le design packaging de la CRÈME BRULÉE RIANS, et s'est poursuivie, au vu de la réussite obtenue avec ce premier projet, par la déclinaison du concept CRÈME BRULÉE sur les packagings du GRATIN DE FRUITS et du FONDANT AU CHOCOLAT, respectivement conçus en 1993 et 1994.

(fig.59)

La démarche opérée par POUTY DESIGN a d'ailleurs été confirmée avec le lancement de ces trois produits, au premier rang desquels la CRÈME BRULÉE : un packaging haut de gamme, séduisant et repérable par une couleur non traditionnelle, dans le paysage plutôt " blanc " de l'univers laitier.
Quand RIANS consulte l'agence en 1992 pour conception du pack de la CRÈME BRULÉE, la marque souhaitait communiquer sur la tradition de qualité, de savoir-faire et de plaisir de ses produits, sur la nouveauté et la singularité de la CRÈME BRULÉE. Le packaging présente donc en réponse à ces contraintes un fond noir (côté " brûlé " du produit), un gros plan sur le dessert en guise d'invitation, le lettrage en majuscules du " LA " exprimant le caractère unique du produit, et le logo de la marque, mis en valeur au centre.

Les résultats parlent d'eux-mêmes : en 1 an, 7 millions de packs sont vendus sans aucun soutien de campagne télévisée (soit 20 000 actes d'achat par jour).

(fig.60)

2. 3 La prise en compte des contraintes de l'entreprise et la nécessité du design : l'exemple d'écoles de design et des établissements LEGROS

Un regard créatif, ouvert et novateur autant que possible ; et parallèlement les attentes du marché et la réponse adéquate que doit fournir l'entreprise, avec les moyens dont elle dispose.

Pour être efficace, l'intégration de la stratégie design en amont doit passer par une prise en compte des objectifs de chacun. Tout d'abord, ceux qui sont propres au designer, consistant à apporter un regard créatif, ouvert et novateur autant que possible; et parallèlement les attentes du marché et la réponse adéquate que doit fournir l'entreprise, avec les moyens dont elle dispose.

Concrètement, le designer doit prendre en compte tous les problèmes que connaît l'entreprise ou ceux susceptibles de se produire. D'abord, cela signifie qu'il est censé maîtriser le monde de l'entreprise et son environnement direct. Ce savoir s'avère la plupart du temps indispensable pour mener un projet tant sur le plan de la faisabilité du produit qu'au niveau de son lancement. En marge de cela, il faut impérativement que le designer sache intégrer la culture de l'entreprise, et communiquer la créativité auprès de l'industriel en termes d'objectifs commerciaux.

Les jeunes diplômés qui sortent de ces écoles, ont intégré cette culture d'entreprise nécessaire.

Des écoles de design, telles que l'ENSCI/les Ateliers et STRATE COLLÈGE, ont bien compris cette situationet s'efforcent depuis plusieurs années d'inculquer ces valeurs à leurs étudiants. Les jeunes diplômés qui sortent de ces écoles, ont intégré cette culture d'entreprise nécessaire pour impliquer les collaborateurs dans un projet, et cerner les mêmes objectifs, techniques et marketing, pour une réponse précise et adaptée à une problématique identifiée.

Il faut préciser qu'il existe beaucoup d'écoles ayant trait au métier du design, dans ses diverses applications. On retiendra cependant ces deux écoles, parce que leur pédagogie et leur approche du monde industriel représentent les deux démarches classiques enseignées aux élèves. Enfin, ces deux établissements se positionnent très clairement comme des écoles de création industrielle.

L'ENSCI/les Ateliers : l'alliance efficace entre pédagogie personnalisée et projets industriels

L'Ecole Nationale Supérieure de Création Industrielle a été fondée en 1982 sous la tutelle des ministères de la Culture et de l'Industrie. Elle prépare ses élèves en 5 ans à être les futurs cadres et managers du design dans, et auprès des entreprises.

Orientée en priorité sur le design produit, l'école prépare à une approche transversale et globale de l'activité design. L'ENSCI/les Ateliers s'appuie pour cela sur une pédagogie unique et originale, basée sur le principe de cursus individualisé et de pédagogie par projet : s'adressant à des esprits créatifs, l'école propose donc un développement individuel et personnalisé pour chaque élève, en impliquant et en auto-responsabilisant chacun dans ses choix et dans la conduite de son parcours de formation.

Une évaluation semestrielle est faite avec l'élève, mettant en présence l'encadrement de l'école et des experts professionnels externes ; elle permet de dresser un bilan de l'évolution personnelle et d'aider l'élève à s'orienter parmi les choix offerts par l'école.

L'offre pédagogique de l'ENSCI/les Ateliers est centrée sur l'interactivité entre les enseignements théoriques et l'apprentissage par la pratique ; schématiquement, les matinées sont réservées aux enseignements, que l'élève établit chaque semestre en choisissant un certain nombre de modules (activités thématiques en studios et ateliers). Les après midi sont consacrées aux Unités de création (applications thématiques, telles que l'approche prospective, des partenariats avec contraintes et obligation de résultats, le design global...). Chaque élève effectue entre 2 et 5 projets par semestre. Chaque unité rassemble 15 à 25 élèves autour d'un designer professionnel, d'un assistant technique et d'une assistance pédagogique, pour une durée comprise entre 5 mois et un an.

Pour favoriser une meilleure préparation opérationnelle et concrète au futur métier du design et pour aider les elèves dans la conduite de leur formation, 75% des projets sont organisés et pilotés en partenariat avec le monde industriel et professionnel. Dans cette optique de préparation professionnelle, le parcours de chaque élève intègre un stage de 6 mois en entreprise et/ou en agence, à l'international comme en France.

La dimension internationale est également un atout de l'ENSCI/les Ateliers : à travers son studio international, l'école gère un large réseau relationnel de partenaires, notamment avec de nombreuses écoles étrangères. Plus des 2/3 des élèves effectuent un stage de 6 mois à l'étranger, en école ou université (1/3), ou, en agence ou entreprise (2/3). Chaque année, nombre de voyages d'étude sont réalisés et l'école accueille en permanence une vingtaine d'étudiants étrangers qui intègrent la scolarité pour une période allant de 6 mois à un an.

Les projets présentés ci-après montrent d'ailleurs très bien cette sensibilité des designers aux exigences de l'entreprise et la réponse qu'ils peuvent apporter à une problématique définie.

E-mail : partner@ensci-les-ateliers.culture.fr

Partenariat design d'environnement
PHOTOSERVICE/ARCHITRAL *(fig.61)*

Dans le cadre de l'approche globale et transversale du design pratiquée à l'ENSCI/les Ateliers, et dans l'optique de s'ouvrir vers de nouveaux métiers tels que le design de services, l'école s'est associée à l'agence ARCHITRAL, leader français dans le domaine de l'architecture commerciale (FNAC, GRAND OPTICAL...), et à la société PHOTOSERVICE, spécialiste du développement rapide haut de gamme et leader dans son domaine.

Ce projet s'est déroulé sous la forme d'un partenariat pédagogique d'étude et de recherche, basé sur une réflexion fondamentale et très prospective sur le concept commercial et architectural du magasin, et le développement de l'offre PHOTOSERVICE. Cette étude ambitieuse a notamment porté sur l'évolution du positionnement et le développement des dimensions humaines du lieu de vente, et sur le design et l'organisation du magasin en lui-même. Présenté au pavillon de l'Arsenal en juillet 1997, ce projet a été reçu avec enthousiasme par les partenaires.

(fig.61)

Partenariat design de produit avec GE MEDICAL SYSTEMS *(fig.62)*

*GENERAL ELECTRIC MEDICAL SYSTEMS est un acteur majeur dans l'équipement médical, notamment dans le domaine de la radiologie médicale.
C'est précisément sur ce secteur que l'entreprise a souhaité mener un partenariat industriel et d'apprentissage avec l'école, portant sur la redéfinition globale d'un matériel de mammographie.*

Les designers ont d'abord considéré le facteur humain, en atténuant l'aspect inquiétant du produit, le médecin disparaissant en général une fois la patiente positionnée sur l'appareil. La réelle innovation de ce projet réside donc dans le fait que la patiente et le médecin restent en présence pendant toute la durée de l'examen, grâce à une ergonomie conviviale et la mise au point d'un verre séparateur, qui garantit la protection aux rayons de l'opérateur.

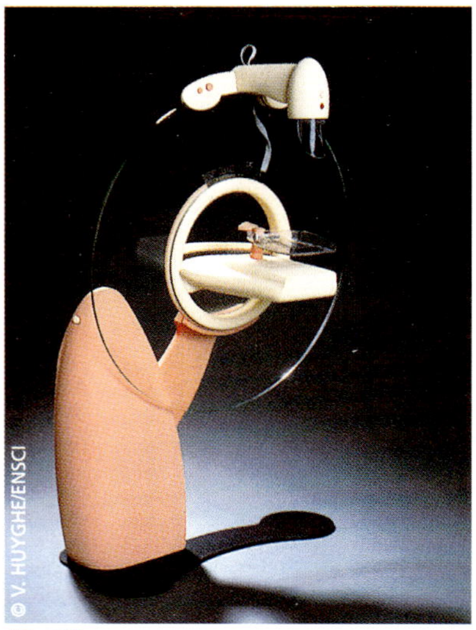

(fig.62)

Projet d'intervention du design dans le domaine humanitaire, par Rip Hopkins de l'ENSCI/les Ateliers *(fig.63 & 64)*

*Dans le cadre d'un projet de fin d'études, cet élève de l'ENSCI/les Ateliers a proposé la mise en place d'un projet qui vise à faciliter le regroupement, le transport et l'incinération de seringues usagées, lors de campagnes de vaccination entreprises dans les pays en voie de développement par les Organisations Non Gouvernementales (ONG), telles que Médecins Sans Frontières, avec laquelle l'élève est en contact.
Ce système, nécessairement peu coûteux et facilement transportable, a été développé pour lutter contre les risques de piqûres et de contamination.
Il avait pour objectif de neutraliser les seringues usagées en isolant les aiguilles dans un conteneur d'où elles ne puissent pas ressortir ou être récupérées.*

Un tel système n'existant pas à l'heure actuelle, la valeur ajoutée de ce projet pour les ONG est très importante. En effet, le principe est simple et efficace : le designer a inventé un concept de couvercle à sens unique (fig.63), compatible avec toutes les ouvertures de bidons récupérables par les ONG, et non escamotable. Sur le goulot, on peut adapter un système de clip-ciseaux qui sectionne l'aiguille au ras de la seringue.

(fig.63)

*Une fois plein, le bidon part à l'incinérateur (fig.64), principe de cheminée pré-montée et livrée en palettes, développée également par l'élève.
Ce projet, dans lequel le designer recherche à présent les partenaires pour passer à la phase d'industrialisation, montre bien l'apport du design dans un domaine jusque là réservé au médecin ou à l'ingénieur.*

(fig.64)

STRATE COLLÈGE, qui présente une pédagogie différente, se positionne autrement vis-à-vis de l'industrie : si elle propose également aux entreprises des prestations très orientées sur le design de produits industriels, elle estime toutefois ne pas jouer sur le même pied d'égalité que les agences et les designers indépendants, contrairement à l'ENSCI (même si cette dernière ne fait pas de prospection à destination de l'industrie). L'école préfère orienter ses élèves vers des activités de recherche à moyen/long terme. La phase prospective est plus importante que l'industrialisation ou l'accompagnement du produit, car les jeunes designers travaillent à la découverte de nouvelles tendances industrielles, dans le cadre de partenariats industriels.

STRATE COLLÈGE : formation et partenariats pour une logique industrielle

STRATE COLLÈGE, qui forme des designers industriels, fait partie de ces établissements réellement tournés vers l'industrie. En effet, la vocation de l'école est de préparer les futurs designers à travailler de manière intégrée dans les entreprises. Cette orientation s'appuie sur deux axes majeurs : la pédagogie et l'immersion en entreprise.

La pédagogie est solide puisque l'école fait intervenir des designers issus d'entreprises telles que RENAULT, PSA, LAFUMA, MATRA COMUNICATION, LEGRAND... et des designers en agences également. Soutenue par des partenariats pédagogiques, STRATE COLLÈGE est membre depuis 1995 de l'International Association of Art & Design Independent Schools (AIAS), ce qui lui confère une forte vocation internationale, basée sur les échanges culturels avec d'autres écoles européennes. Mais le cursus n'est pas que professionnel et design, des matières comme les sciences humaines par exemple, tiennent une place importante dans la formation des designers.

Le deuxième grand volet de la formation STRATE COLLÈGE, c'est le partenariat industriel. Les étudiants interviennent en effet à la demande d'industriels, selon leur compétence première : le design produit. Mais il faut distinguer là une nette différence entre les agences de design et l'école : il ne s'agit en aucun cas de proposer une prestation telle que celle d'une agence, mais de réaliser en partenariat avec l'entreprise une activité de recherche pure sur de nouvelles tendances.

Bien souvent, le designer intégré gère le quotidien, l'innovation devenant de plus en plus importante et les temps de développements de produits de plus en plus courts. Il n'a pas le temps de mener une réflexion à moyen ou long terme. Cette démarche, éprouvée dans de nombreux programmes européens est ainsi à l'avantage de l'école comme de l'entreprise qui peut y déceler certaines évolutions de son secteur.

Avec une forte politique de stages (dont un stage ouvrier en première année pour la découverte du l'univers industriel), les designers mènent une réflexion constructive et réaliste, encadrés en cela par les entreprises qui les accueillent. Les exemples présentés ci-après montrent bien des interventions concrètes, dont le concept amène l'industriel à se poser de réelles questions d'évolutions de son métier. Les textes sont volontairement repris tels quel pour illustrer la démarche du designer dans son projet de fin d'études.

http://www.stratecollege.fr

Le " véhicule sécuritaire ",
de Pierre ICARD, diplômé 1997 *(fig.65 & 66)*

" En France, on ne recense pas moins de 8 400 tués et 85 000 blessés dans les accidents de la route. La prise de conscience des problèmes de sécurité est de plus en plus grande, tant de la part des constructeurs que des pouvoirs publics et des conducteurs eux-mêmes. D'ailleurs, pour ces derniers, l'argument de la sécurité est souvent majeur au moment du choix de la voiture dans laquelle ils vont circuler.
Le but de cette étude consiste à proposer la conception d'un véhicule sécuritaire, dont l'architecture novatrice vise à réduire les dommages, tant humains que matériels, engendrés par les accidents de la circulation. Le principe consiste à concevoir un habitacle indéformable " amarré " à un ensemble roulant (châssis, roues et moteur), pensé pour amortir les chocs et capable d'encaisser les déformations. "

(fig.65)

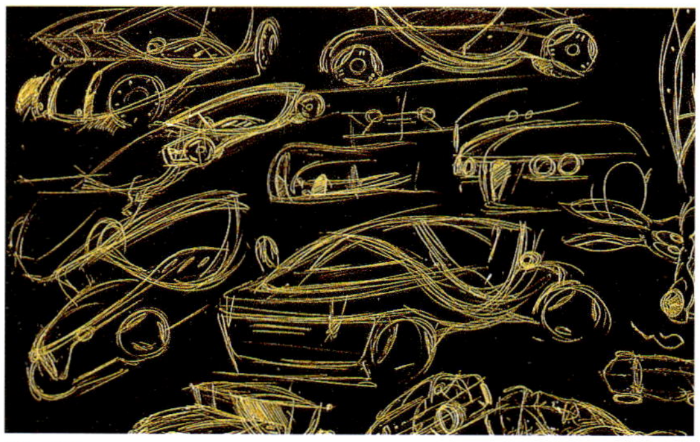

(fig.66)

" L'identité des émetteurs de musique ",
de Renaud MÉRIC de BELLEFON, diplômé 1997
(fig.67 & 68)

" Aujourd'hui, le son est l'oublié de notre civilisation. L'image est reine. Elle désigne, décrit, fascine ; instantanée, synoptique, on l'embrasse d'un seul coup d'oeil. Avec le son, il faut le temps... le temps qui est luxe pour l'homme pressé d'aujourd'hui.

Aussi le son se dilue-t-il souvent en ambiance, devient soupe voire pollution. Mais ce qui saute aux yeux à la préséance sur ce qui entend [...]. La revalorisation du son passe par une remise en question des diffuseurs sonores. La symbolique de la " boite noire " des chaînes hi-fi aujourd'hui n'exprime rien. Souvenons-nous du rôle visuel des premiers phonographes à pavillon, ou tout simplement du rôle de la forme et des matériaux dans chacun des instruments de musique.

L'étude porte sur une approche sémiotique de l'objet diffuseur sonore, exprimant entre autres les liens de communication des hommes entre eux. Forme humaine, totémique, reprenant le mythe d'Orphée. L'ensemble hi-fi proposé (à taille d'homme comme le montre l'échelle) utilise les nouvelles techniques de diffusion sonore CD, MiniDisc, et le tout nouveau DVD (Digital Vidéo Disc). "

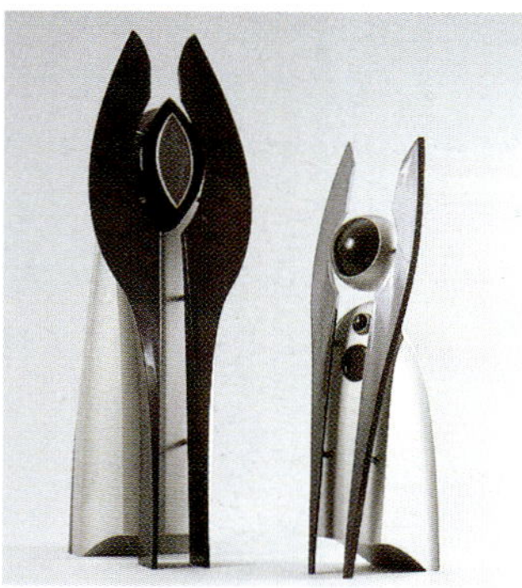

(fig.67)

(fig.68)

Ces écoles représentent aujourd'hui les deux principaux courants de pensées vis-à-vis de l'entreprise. Si chacune se détermine par rapport à ses partenariats, une chose les réunit : la réalité des contraintes industrielles inhérentes à tout projet, que ce soit un projet développé tout au long de l'année, ou un projet de fin d'études.

Au niveau de la formation, on se rend compte que les designers travaillent en fonction des impératifs de l'entreprise, en terme de problématiques de marchés, ou de gestion de production.

Là encore, la force du témoignage et de l'exemple est inévitable pour changer les mentalités. Le meilleur moyen reste que l'entreprise ayant recours au design, en véhicule elle-même l'intérêt et l'impact, en se basant sur le rehaussement de son image de marque et en communiquant sur sa propre réussite.

Cette prise de conscience des contraintes multiples doit être encore plus forte lorsqu'il s'agit de PME/PMI. Ces dernières ont en effet des moyens financiers moins élevés que les grands groupes, et créer un nouveau produit, renouveler une gamme ou changer d'identité visuelle, sont souvent synonymes de complications, notamment financières. Si les honoraires d'une agence de design représentent un coût ponctuel et prévisible, les modifications amenées par de nouveaux projets peuvent se répercuter de manière indirecte sur d'autres éléments de l'entreprise et faire grimper rapidement les investissements. En effet, le designer sait gérer une intervention précise et s'y limiter ; le problème vient du fait qu'un produit particulièrement innovant d'une PME, est incompatible avec une identité de marque vieillissante. A l'international, la cohérence globale d'une marque et de ses produits est déterminante aux yeux du consommateur.

Par ailleurs, la majorité des PME/PMI raisonnent (souvent par nécessité) à court terme. Ainsi, le retour sur investissement se doit d'être rapide, ce qui n'est pas toujours le cas avec le recours au design. Encore une fois, tout dépend du projet et de sa portée pour l'entreprise.

Dans ces conditions, le designer doit mesurer tous ces paramètres et convaincre le décisionnaire d'intégrer le design non seulement pour améliorer les performances de son entreprise, mais aussi pour se différencier, stratégie efficace et indispensable vis-à-vis de la concurrence. De son côté, l'entreprise doit prendre conscience du facteur de compétitivité que représente le design. Trop souvent, par méconnaissance, elle ne l'estime pas à sa juste valeur et ne fait pas suffisamment confiance au designer.

Créativité et innovation sont deux notions tellement liées que le constat s'impose de lui-même : ce sont les entreprises volontaires et fortement innovantes, sans distinction de taille et de capacité financière, qui utilisent le design de façon stratégique.

Ainsi, l'entreprise doit " jouer le jeu ", c'est-à-dire donner au designer tous les éléments nécessaires pour produire une analyse de qualité, le faire intervenir au-delà du cahier des charges et se faire à l'idée que le design fonctionne uniquement au sein de politiques d'entreprises dynamiques. Là encore, la force du témoignage et de l'exemple est inévitable pour changer les mentalités. Le meilleur moyen reste que l'entreprise ayant recours au design, en véhicule elle-même l'intérêt et l'impact, en se basant sur le rehaussement de son image de marque et en communiquant sur sa propre réussite.

Il ne faudrait pourtant pas, là non plus, conclure de manière hâtive que les grands groupes industriels ont tous compris l'intérêt du design. De même, bon nombre de PMI utilisent de façon complète le design sans éprouver de problèmes majeurs. Créativité et innovation sont deux notions tellement liées que le constat s'impose de lui-même : ce sont les entreprises volontaires et fortement innovantes, sans distinction de taille et de capacité financière, qui utilisent le design de façon stratégique.

LEGROS : mieux encadrer le designer pour réussir l'approche design

LEGROS (marque ELLA) est une PMI qui réalise un chiffre d'affaires de 19 millions de francs et emploie 24 personnes. Son activité repose sur le matériel médical de radiologie et ses produits accessoires. Le produit phare de la société est le négatoscope (voir ci-après), qui en fait le leader sur le marché français. L'entreprise a une vocation résolument internationale car elle réalise 40% de son chiffre d'affaires à l'export, en Europe mais également en Asie (Singapour), aux Etats-Unis - marché sur lequel l'entreprise est leader avec son modèle de mammoscope - et en Australie.

Pour faire face à une concurrence internationale marquée, LEGROS a d'abord cherché à se différencier en améliorant ses produits techniquement. Puis, afin de mieux intégrer cette innovation technologique, la PMI a décidé ensuite d'avoir recours au design, dans le but d'améliorer l'ergonomie et les fonctionnalités du négatoscope. Pour cela, l'entreprise a lancé un appel d'offres et l'agence FID a été retenue. Les travaux du designer ont, dans un premier temps, simplement porté sur l'esthétique du produit et des résultats satisfaisants n'ont pu être obtenus qu'après la prise en compte des fortes contraintes techniques inhérentes au négatoscope.

L'expérience de LEGROS montre ainsi la nécessité de faciliter la collaboration entre designers et industriels, en amont du produit. L'efficacité et la pertinence de l'approche design réalisée ne dépendaient que d'une implication forte des acteurs concernés par le projet. Ainsi, le responsable de la PMI et son collaborateur ont suivi de près la gestion du projet afin de canaliser les difficultés techniques rencontrées. Ce travail en équipe était d'autant plus important que ce projet design représentait - malgré l'aide financière apportée par le FRAC (Fonds Régional d'Aide au Conseil) - un investissement lourd pour cette PMI.

Aujourd'hui, LEGROS récolte les fruits de cette démarche innovante : une forte notoriété du négatoscope, une satisfaction accrue de la clientèle hospitalière et un capital-marque qui fait à l'heure actuelle de LEGROS une des références incontournables de ce marché. " Il n'y avait donc pas de droit à l'erreur pour cette opération design, dont les conséquences n'étaient plus une transformation ou amélioration mais une révolution " ; les propos des responsables de LEGROS expriment bien le rôle joué par le design dans la stratégie de l'entreprise.

Site Internet : http://www.ella-legros.com

Design produit du négatoscope ELLA QUAL'X

Au début des années 90, LEGROS fabriquait ses négatoscopes en tôle et depuis 30 ans, le produit n'avait pas subi d'importantes modifications. C'est face à ce constat et la volonté des dirigeants de la PMI d'innover avec ce produit, que les designers de l'agence FID sont intervenus.

La nouvelle version du négatoscope devait fortement évoluer : une luminosité élevée et homogène grâce à un contrôle de la surface de l'appareil (répondant à la norme DIN 6856), un contrôle qualité approfondi sur l'ensemble des composants du négatoscope (norme européenne) et la compatibilité électromagnétique de la gamme QUAL'X. Le rôle du designer dans ce projet était donc d'intégrer toutes ces fonctions au sein d'une ergonomie innovante, pour renforcer davantage le confort d'utilisation du consommateur et l'avancée technologique du produit.

Pour juger du résultat, il suffit de comparer la nouvelle et l'ancienne version du négatoscope (fig.69 & 70)... Design fonctionnel et solutions inventives : plusieurs teintes attrayantes, fil tendu qui permet de tenir les radios et un boîtier de commande intégré simple d'utilisation. Le négatoscope ELLA est donc devenu un produit d'un genre nouveau qui, mis en situation (fig.71), prend une place centrale dans l'environnement du client hospitalier.

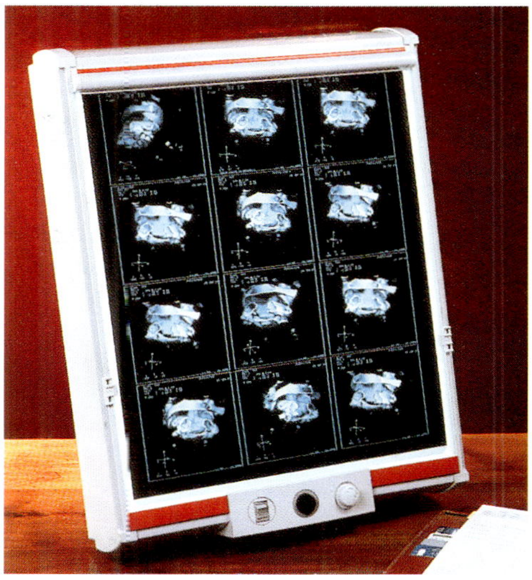
(fig.69)

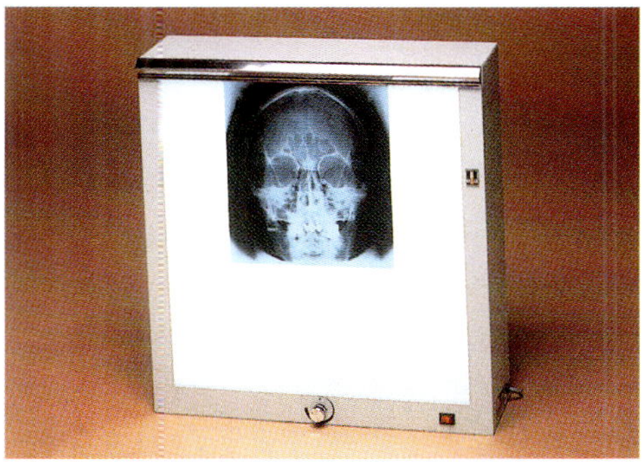
(fig.70)

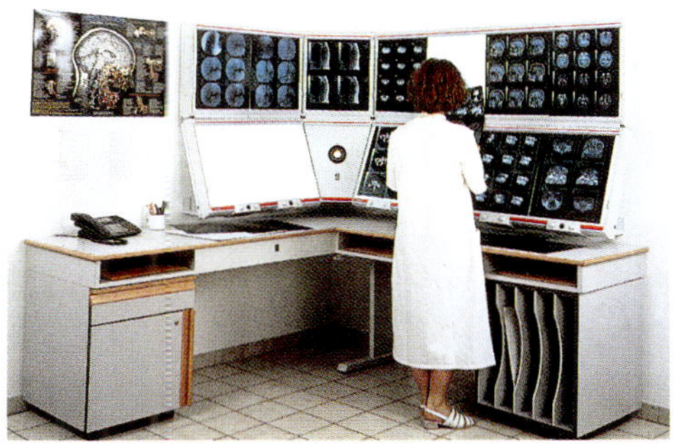
(fig.71)

Les échecs d'opérations design démontrent que bien souvent, une donnée du problème a été mise de côté.

La gestion du projet design doit être réellement conjointe et validée étape par étape : l'industriel et le designer ont leurs compétences propres, c'est une équipe qui doit fonctionner en process complet dès la phase de conception. Les échecs d'opérations design démontrent que bien souvent, une donnée a été mise de côté. Si la faute incombe au designer comme au client, elle met en valeur le fait qu'un aspect du projet a été oublié, ou du moins sous-estimé. Nous verrons plus loin que c'est justement l'association créativité/potentiel industriel, pleinement exploitée qui fait la force et la réussite d'un projet design. L'exemple des établissements LEGROS est à ce titre significatif, de l'inévitable besoin d'immersion du designer au sein de l'équipe chargée du projet.

2 . 4 Le design, une arme offensive sur les marchés internationaux

Le design représente indéniablement un facteur de compétitivité à de multiples niveaux lorsqu'il s'agit d'approcher de nouveaux marchés à l'international. Là encore, la façon de l'utiliser révèle la stratégie de l'entreprise ; les exemples qui suivent le montrent bien.

Avec la mondialisation des marchés, les entreprises doivent affronter des situations de concurrence accrues, dans lesquelles le consommateur agit comme un acteur central, objet de toutes les attentions et exigeant. Il attend des produits qu'il achète, qu'ils soient toujours plus fonctionnels et innovants, d'une qualité irréprochable , des services toujours plus complets, en accord avec ses attentes et ses spécificités culturelles. Mais il attend également de l'entreprise un message fort, auquel il puisse s'identifier. Ces caractéristiques générales, que l'on retrouve de manière unanime à l'export, sont autant de leviers sur lesquels le designer peut agir.

Dans un contexte très marqué par une concurrence directe toujours plus innovante, se différencier devient primordial. En ce sens, la créativité, le dynamisme et la cohérence de l'approche commerciale sont les facteurs essentiels de démarcation. A niveau de technologie et de qualité égales, c'est toujours la valeur ajoutée constituée par le confort d'usage, l'ergonomie, l'inventivité et l'esthétique qui font la différence. C'est précisément la vocation du designer de développer ces atouts concrets par son intervention sur le produit et le packaging, sur le graphisme, l'identité visuelle de son client industriel.

A niveau de technologie et de qualité égales, c'est toujours la valeur ajoutée constituée par le confort d'usage, l'ergonomie, l'inventivité et l'esthétique qui font la différence.

Par un profond travail sur l'esthétique et l'ergonomie, il permet au produit de révéler son potentiel en terme de technologie et de qualité, et d'une manière générale, de l'adapter aux attentes de l'utilisateur. Nous verrons plus loin que c'est justement ce rapport usager/objet qui est en jeu dans la conquête du consommateur. Le design, outil de dynamisme et de cohérence agit de fait sur le packaging pour valoriser l'offre de l'entreprise comme une réponse intelligente aux desiderata du marché.

Avec la mondialisation des marchés, les entreprises doivent affronter des situations de concurrence accrues, dans lesquelles le consommateur agit comme un acteur central, objet de toutes les attentions et exigeant. Il attend des produits qu'il achète, qu'ils soient toujours plus fonctionnels et innovants, d'une qualité irréprochable , des services toujours plus complets, en accord avec ses attentes et ses spécificités culturelles. Mais il attend également de l'entreprise un message fort, auquel il puisse s'identifier.

Le design revêt alors toute son importance lorsqu'il est offensif. Véritable arme commerciale, il permet à l'entreprise d'acquérir une dimension supérieure ou de maintenir, de mettre en avant un atout concurrentiel. S'il est sensibilisé suffisamment tôt sur les particularités de chaque marché sur lequel son client agit, le designer peut rendre son intervention stratégique et adapté, entre standardisation et personnalisation de l'offre.

Cette intégration est particulièrement à l'avantage de l'entreprise. En effet, celle-ci tente, tant que possible, de gérer des lancements internationaux, pour rationaliser la production et l'approche des marchés à conquérir. Dès lors, les spécificités culturelles doivent être prises en compte très en amont, afin que le designer puisse concevoir un projet suffisamment ouvert et évolutif pour intégrer ces attentes multiples, souvent éclectiques d'ailleurs. Il s'insère alors dans une stratégie globale qui consiste à préparer le meilleur lancment possible du produit, dans lequel la communication au consommateur devient elle-même stratégique. Et cette communication de l'entreprise, de son message, passe nécessairement par la gestion du capital marque.

2. 5 Gérer le capital marque dans l'approche de marchés étrangers : l'exemple de SMOBY

Communiquer à destination du consommateur est devenu déterminant, en raison de la difficulté toujours plus grande de le faire adhérer à un concept nouveau ou de le fidéliser à une marque et ses produits. Au-delà du langage commercial, qui vante les mérites du produit et le positionne comme une opportunité dont doit se saisir le consommateur, c'est la question du message culturel et social de l'entreprise et son image qui sont en cause. En effet, **le client a besoin de s'identifier à son produit et à l'entreprise qui le propose.** Cette dernière doit impérativement s'adresser à lui de manière très ciblée, parce qu'en définitive, l'image qu'elle véhicule est le premier facteur de conquête du consommateur.

Il ne suffit plus, comme nous l'avons dit, de posséder un niveau technologique élevé pour séduire, il faut non seulement le faire savoir, mais également savoir valoriser ce message. L'image joue un rôle déterminant dans cette optique ; au Japon par exemple, " le packaging, c'est le produit ". Ce postulat est lourd de sens, et montre tout l'intérêt d'accrocher le client dès le début et de le renseigner rapidement sur la marque. Si les consommateurs japonais sont particulièrement attentifs à cette notion d'image, il ne faut pas croire que cette exigence reste isolée au seul marché japonais. Bien au contraire, cette prédominance de l'image s'affirme, et en plus, elle ne s'arrête pas au graphisme du packaging.

L'image joue un rôle déterminant dans cette optique ; au Japon par exemple, " le packaging, c'est le produit ".

C'est l'ensemble des codes de l'entreprise qui doivent avoir pour fonction de séduire l'utilisateur, parce qu'une PME/PMI forme un tout, jusque dans son identité visuelle, marque, logo, documents d'édition et packaging inclus.

Le poids du visuel devient ainsi stratégique, parce qu'il introduit toujours une particularité de l'entreprise, une valeur ajoutée que ne possèdent pas forcément ses concurrents. Différentes stratégies peuvent être mises en place par le designer, car, dans le cadre d'un projet d'identité visuelle complet, il va d'abord chercher à faire ressortir cette particularité, et à l'exprimer graphiquement pour créer une cohérence globale de marque.

Savoir-faire, savoir-être et faire-savoir, tels sont les impératifs de l'industrie, toutes tailles d'entreprises confondues, dans l'approche internationale.

Savoir-faire, savoir-être et faire-savoir, tels sont les impératifs de l'industrie, toutes tailles d'entreprises confondues, dans l'approche internationale. Ces domaines sont tellement liés, qu'ils constituent une seule et même accroche exclusive à destination du consommateur. Des sociétés comme SMOBY, ont bien compris cette nécessité " **d'avoir du style** ". Pour ce qui est du numéro 1 du jouet français, cela passe par l'affirmation d'une identité empreinte de savoir-faire français, que le designer, intégré comme externe, s'attache à faire ressortir dans son travail quotidien.

SMOBY : le design pour affirmer une créativité forte et un style français

Le groupe SMOBY est le leader français dans le domaine du jouet, et possède une forte dimension internationale en réalisant 50% de son chiffre d'affaires en Europe. SMOBY propose des jouets qui accompagnent l'enfant dans toutes les étapes de son éveil. Pour cela, le groupe possède quatre marques : la marque LARDY (55 millions de F), pour des jouets d'éveil à bas prix, jusqu'à deux ans ; la marque ECOFFIER (120 millions de F), dédiée au premier âge avec des jouets d'imitation, des jeux de plages et de construction ; la marque MONNERET (230 millions de F), pour les garçons de 8 à 15 ans (jeux de stratégies et d'actions, billards, flippers, baby-foot...) et les filles de 3 à 6 ans (poupées), ainsi qu'une gamme de ballons d'été. Enfin, la marque phare, SMOBY (470 millions de F), qui propose des jeux d'imitation, artistiques et scientifiques, et des aires de jeux d'extérieur.

L'histoire du design intégré chez SMOBY remonte à 1973, date à laquelle l'entreprise intègre ses premiers designers. Aujourd'hui, la présence de l'outil design est très développée chez le fabricant, qui possède son service de designers intégrés (au nombre de 5), auquel s'ajoutent des graphistes, et une collaboration active avec une agence, AVANT PREMIÈRE.

Le groupe franchit d'ailleurs une nouvelle étape, puisqu'à la fin de l'année sera définitivement mis en place un GIE qui centralisera les services marketing, R&D, mécanique (l'entreprise fabrique ses propres moules plastiques), qualité, graphisme, design, ainsi qu'un chercheur en psychologie de l'enfant. Cette structure illustre le niveau d'intégration des designers dans la stratégie globale de la marque : impliqués très en amont du produit, les designers intégrés participent à l'industrialisation du produit (lourde notamment en plasturgie) et de la qualité.

SMOBY considère cette démarche comme primordiale, dans la mesure où le secteur du jouet connaît un effet de mode important dont le design doit s'imprégner en permanence. C'est pourquoi les designers interviennent exclusivement en design produit - pas moins de 50 nouvelles références par an, avec un taux de renouvellement annuel d'environ 30% - et très tôt dans la conception de nouveaux projets (temps de développement moyen autour de 2 ans). Pour suivre les tendances, les designers intégrés participent aux salons internationaux du jouet et en complément, le groupe fait intervenir AVANT PREMIÈRE, pour oxygéner davantage une forte créativité interne, et apporter un regard neuf sur les projets.

Au-delà du travail mené sur l'ergonomie (qui prend en compte la morphologie de l'enfant aux différents âges de son éveil), c'est le souci d'imposer un style SMOBY pour se différencier à l'international, qui motive l'action des designers : ce style se caractérise par le recours à des formes très rondes, maternelles et sécurisantes, des couleurs basiques, pour des jouets moyen et gros volumes - multifonctions et modulables - de conception française. Enfin, il y a aussi la volonté d'éveiller l'enfant au sens esthétique de l'objet, qui ajoute à cette spécificité du fabricant, l'amenant ainsi à privilégier un réelle politique de créativité.

Design produit de la MAISON ARBRE *(fig.72)*

Ce jouet SMOBY, lancé cet été, est l'une des dernières innovations fortes amenées par les designers intégrés. A l'origine, une problématique très concrète, qui était de rompre avec une image banalisée de la maison pour enfants. Après analyse et plusieurs ébauches, les designers ont proposé une maison en forme d'arbre : tous les enfants ont rêvé d'avoir une cabane dans les arbres...

Les designers se sont employés à restituer le maximum de réalisme pour cette maison d'environ 1,60 m de hauteur, en recréant une terrasse avec feuillages, donnant vraiment l'impression à l'enfant d'être perché dans un arbre. Les contraintes techniques de ce projet ont été gérées en interne, avec notamment l'utilisation du roto-moulage (SMOBY est le premier à avoir intégré ce procédé dans le domaine du jouet) pour un gros volume. En conclusion, une idée simple et bien conçue pour un produit, la MAISON ARBRE, qui est très vite devenu une référence phare de la marque SMOBY.

(fig.72)

Design produit du baby-foot LE PRO *(fig.73)*

La problématique de la marque MONNERET était de concevoir un baby-foot plus réaliste, auquel l'adolescent puisse mieux s'identifier. Il fallait donc imaginer un modèle qui se rapproche de ceux que l'on retrouve dans les bars, mais utilisant des matériaux plus modernes (en l'occurrence, bois et plastique rotomoulés) pour obtenir une image plus contemporaine. Le nouveau baby-foot devait également pouvoir se situer dans tous les pièces de la maison, et pas seulement la chambre de l'enfant.

Les designers de l'agence AVANT PREMIÈRE ont intégré toutes ces contraintes dans une recherche formelle et esthétique qui permette d'obtenir un baby-foot innovant, prévu pour début 1998.

(fig.73)

Design produit de la cuisine MA VRAIE CUISINE
(fig.74)

Ce jouet d'imitation SMOBY, prévu pour début 1998 également, manquait de réalisme. En effet, une étude et des tests menés avec des petites filles de 4 à 5 ans, en présence des designers, ont montré le besoin des enfants de s'identifier à leur maman et le souci du détail qui revenait continuellement, avec le principe d'une cuisine intégrée complète.

Les designers, grâce à ce regard d'enfants qui s'avère indispensable dans le domaine du jouet pour répondre à leurs attentes, ont travaillé à la conception d'une cuisine très réaliste, équipements électroménagers compris. Cette investigation a permis d'obtenir un concept renouvelé, et qui correspond désormais mieux aux préoccupations des enfants.

(fig.74)

Le capital marque, valorisé par une stratégie globale incluant produits, packaging et identité de marque, permet donc de renforcer et de justifier l'offre faite par l'entreprise au consommateur, et d'amener favorablement ce dernier à repérer la particularité de l'entreprise, l'élément constitutif de son identité, qui infléchira ou non sa décision d'achat.

Le capital marque, est valorisé par une stratégie globale incluant produits, packaging et identité de marque

2.6 Considérer d'abord les difficultés du marché à aborder : introduction au cas japonais

Les politiques préalables décrites précédemment permettent de favoriser l'insertion du design dans l'entreprise comme un outil stratégique, de rendre cet outil opérationnel et plus efficace, en l'associant à un niveau de décision et de gestion élevé.

Le design est une approche pertinente qui correspond à des besoins précis formulés par l'industriel. En ce sens, et nous l'avons établi clairement, le designer intervient pour une action défensive ou offensive sur un marché. C'est donc un outil de réaction rapide, et un vecteur adapté de réponse au consommateur, cible qu'il est difficile de cerner lorsque l'entreprise s'attaque à un nouveau marché, où la concurrence internationale est forte.

Une approche design, dans son rôle de prospection complémentaire à l'approche marketing, permet donc de positionner favorablement l'entreprise aux contraintes et impératifs qu'elle rencontre à l'export. Cette attitude du design par rapport au monde industriel est primordiale, parce qu'un produit ne se vend pas uniquement par son niveau d'innovation. Il en est de même pour le niveau de qualité et d'esthétique ; encore faut-il que le produit soit bien amené sur le marché, au bon moment, et de la meilleure manière possible.

Ainsi, l'entreprise doit d'abord considérer les contraintes qu'elle rencontre à l'export, ou auxquelles elle va devoir faire face. C'est seulement après cette étude, visant à établir un diagnostic, que l'entreprise et le designer peuvent déterminer en quoi une approche produit, packaging, identité visuelle ou autre, peut apporter une réponse aux difficultés rencontrées.

Il apparaît simple de rappeler ici ces préalables évidents à tout projet ; mais des exemples très concrets montrent que, si le design est un outil performant, c'est ce que nous verrons dans le chapitre suivant, il ne suffit pas nécessairement à réunir toutes les conditions indispensables à la réussite d'un projet à l'export. D'où l'importance du marketing dans cette optique, pour préparer le terrain à la fonction design, fonction stratégique qui donne des résultats.

2

Les résultats obtenus

L'intervention du designer amène une forte valeur ajoutée au client industriel et ce, à de multiples niveaux. Or, il faut être prudent dans l'estimation du poids du design dans le lancement d'un produit, la mise en place d'une identité visuelle ou encore une nouvelle architecture commerciale. Il n'est pas toujours simple d'isoler avec précision et objectivité les résultats qui incombent au design, du fait même de son action pluridisciplinaire, touchant tous les éléments de l'entreprise.

Le design est un outil stratégique qui optimise les approches, apprécié par le consommateur.

Cependant, il est possible d'évaluer des éléments tangibles, parce que les entreprises le montrent : le design donne des résultats. Au niveau externe comme interne, la fonction design est bel et bien un outil stratégique qui optimise les approches, apprécié par le consommateur.

De l'évaluation de la prestation design

Evaluer l'impact d'une prestation design est une démarche logique pour l'entreprise afin de déterminer la valeur ajoutée apportée par cette stratégie. Pour cela, plusieurs éléments tangibles permettent d'évaluer les résultats de l'outil design : volumes de ventes, marges nettes, post-tests de communication sur des points très précis, comparaison entre les prévisions et les résultats en terme de vente...

Le design doit être évalué selon deux axes : ce qui relève du travail sur le produit au sens large (produit et pack) et ce qui relève du travail sur la marque.

Cependant ces résultats, très clairs pour l'industriel, doivent être considérés avec précaution, et ce dans chacun des domaines dans lesquels le design joue un rôle actif : produit, packaging, identité visuelle et architecture commerciale notamment, sont des interventions délicates à évaluer concrètement, parce qu'elles relèvent de l'image et de la communication de l'entreprise à destination des consommateurs. Cette précaution doit être plus forte si le designer n'est intervenu que sur l'un des éléments de l'identité de marque de l'entreprise. En clair, le design doit être évalué selon deux axes : ce qui relève du travail sur le produit au sens large (produit et pack) et ce qui relève du travail sur la marque.

Il faut donc faire la part de l'évidence dans l'estimation d'une stratégie : il est des domaines où le designer s'impose, parce que l'entreprise cliente a besoin à un moment donné d'un " coup de jeune ", de cohérence dans ses gammes de produits, de revoir l'agencement de ses bureaux. Ces nécessités se comprennent de soi, car l'industriel ne peut rester sur une image figée et dépassée de son entreprise. Ainsi, on sait qu'il faut le faire, mais l'évaluer de manière chiffrée n'est pas toujours évident...

En revanche, il est possible à titre de validation, de vérifier que les éléments qui composent la société cliente (produits, packaging, identité, références culturelles et sociologiques, cadre de vie...) forment un tout cohérent qui soit vendeur auprès du consommateur (démarche marketing classique d'estimation par des sondages, des panels...).

Ainsi s'explique la difficulté de définir la notion de rentabilité du design : c'est un formidable outil de communication, de travail sur le produit et son esthétique, de valorisation de l'entreprise. Mais quantifier précisément la rentabilité de cet outil, qui correspond à un investissement parfois lourd pour l'entreprise, la question est plus délicate à traiter.

Il faut donc aborder cette question d'évaluation du design avec un certain recul. De plus, ces résultats ne sont pas toujours appréciables à court terme, car une politique d'identité visuelle nouvelle aura des effets sur les ventes, nécessairement, mais il n'est pas toujours évident de déterminer à quel niveau et au bout de quel délai. Ceci est d'autant plus vrai pour les marchés internationaux, où les contraintes sont démultipliées.

Cependant, on peut d'ores et déjà distinguer deux types d'effets pour l'entreprise : les effets externes, c'est-à-dire l'industrie face à son marché et sa position à l'export, et les effets internes à la société, l'influence du design sur le fonctionnement des différents services et dans la maîtrise des process et des savoir-faire.

Cependant, on peut d'ores et déjà distinguer deux types d'effets pour l'entreprise : les effets externes, c'est-à-dire l'industrie face à son marché et sa position à l'export, et les effets internes à la société, l'influence du design sur le fonctionnement des différents services et dans la maîtrise des process et des savoir-faire.

Effets externes pour l'entreprise

2. 1 Résultats sur les ventes : MOVILUTY, KONTRON INSTRUMENTS et COLSON

L'intégration de l'outil design produit un effet presque immédiat sur les ventes. Par son travail sur l'esthétique et l'ergonomie des produits, il permet une impulsion directe des ventes. C'est ce que l'on peut appeler la " réaction de surprise " des marchés.

L'approche design produit favorise en premier lieu les réflexes d'achats, d'impulsion. L'attrait du design, comme démarche d'esthétique, de qualité de matériaux et de finitions, constitue une valeur ajoutée appréciable, qui fait bien souvent la différence. Par son travail sur la fonction et l'usage, le design amène une convivialité accrue de l'objet pour un meilleur confort de l'utilisateur.

L'ensemble de ses facteurs permet donc un boom sur les chiffres des ventes. On peut noter à titre d'exemple, le cas de la société MOVILUTY, dont nous avons présenté l'originalité précédemment, qui a constaté un bond de 30% des ventes sur le Minyflex, après intervention de son designer sur l'habillage extérieur et la fonctionnalité du moteur.

L'agence GULLIVER est pour beaucoup dans la réussite de l'entreprise, et son développement international. En effet, la part du chiffre d'affaires de la PME à l'export augmente de manière constante (33% en mars 97, 36% en mai 97), ainsi que la liste des pays où elle présente avec sa gamme Movix : Grande-Bretagne, Italie, Suède, Pologne, Suisse, Singapour et des contacts aux Etats-Unis promettent une belle réussite à cette PME familiale et à ses produits innovants.

Par ailleurs, le design permet aussi une augmentation des ventes dans des secteurs de biens d'équipements plus délicats. Ainsi, l'exemple de KONTRON INSTRUMENTS illustre bien les résultats obtenus notamment grâce au design.

KONTRON INSTRUMENTS : le design, au service du produit, un poids commercial marqué

Le groupe KONTRON INSTRUMENTS, spécialisé dans l'Equipement médical, a remporté en janvier dernier le plus gros appel d'offres jamais lancé dans l'histoire du secteur de l'échographie. Le marché russe, devant l'obligation de renouveler ses appareils, avait lancé une offre d'achat internationale de plus de 600 machines au cours de l'année 1996. KONTRON INSTRUMENTS a enlevé la commande courant 97 avec son modèle d'échographe mobile, le SIGMA 210 (norme ISO 9001).

Le travail du designer a été l'un des éléments déterminants dans la réussite de cette affaire, car l'appareil, à niveau de qualité sensiblement équivalent par rapport à ses concurrents étrangers, était d'une conception tout à fait innovante.

L'agence PLAN CRÉATIF, partenaire régulier de l'entreprise, a travaillé sur la convivialité, l'intégration des fonctions du produit au sein d'une ergonomie agréable, destinée à rassurer les malades et à faciliter la technologie pour l'utilisateur. Une série d'observations dans le milieu hospitalier a permis d'optimiser l'usage du produit en assimilant les contraintes du personnel.

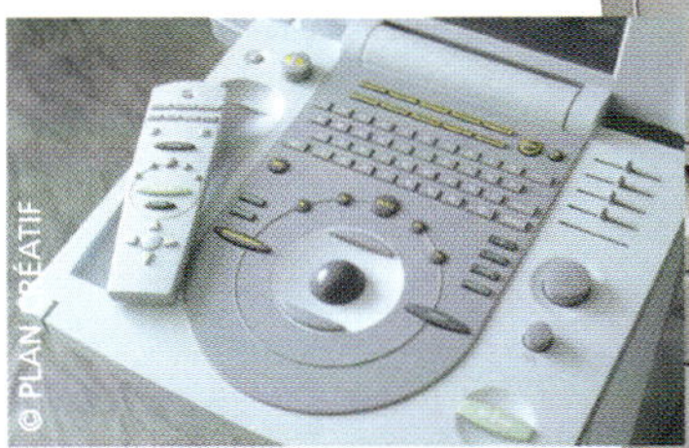

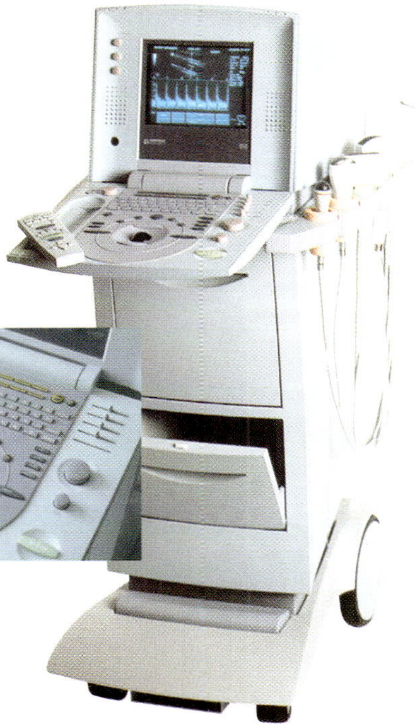

(fig.75)

Le SIGMA 210 et le SIGMA 110 : esthétique et diagnostic

Pendant très longtemps, les appareils médicaux ont été développés en faisant passer leurs caractéristiques techniques et leurs qualités utilisatrices fonctionnelles bien avant leur aspect esthétique ou rassurant.

La gamme SIGMA - SIGMA 210 sur socle (fig.75), SIGMA 110 (écran seul, fig.76) - a fourni à KONTRON INSTRUMENTS l'opportunité d'allier l'esthétique à la qualité diagnostique de ses appareils largement utilisés en obstétrique, au cours d'examens de contrôle routiniers.

Il était donc important que, dans sa recherche du confort utilisateur et son souci de rassurer toujours plus le patient, KONTRON INSTRUMENTS se tourne pour conseiller ses ingénieurs et consultants, vers des professionnels du design qui soient dotés d'une expérience industrielle forte.

L'agence PLAN CRÉATIF a donc été retenue pour travailler sur l'ergonomie de la gamme, de sorte à intégrer la technologie de l'échographe mobile SIGMA 210 & 110, au sein d'une ergonomie privilégiant le confort d'utilisation et l'accès facilité aux fonctions de l'appareil. Seule l'investigation menée par l'agence dans le milieu hospitalier a permis d'apporter des solutions pratiques à l'utilisateur.

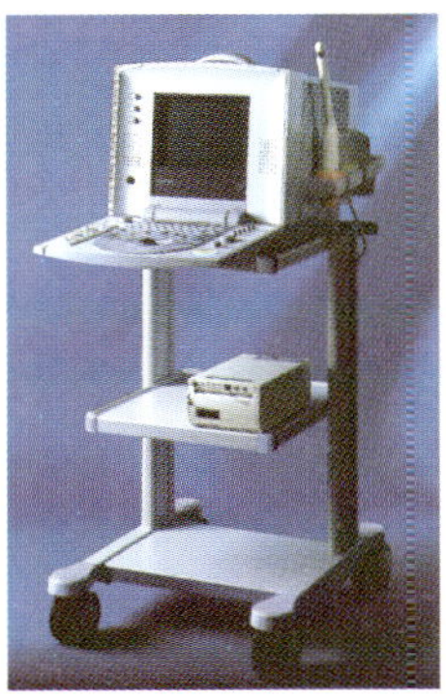

(fig.76)

Un autre exemple qui met en valeur le résultat particulièrement tangible du design, c'est le cas de COLSON, PME spécialisée dans la fabrication de petit matériel médical (instruments de mesure pour le médecin notamment), sur lequel nous reviendrons plus en détail. Cette entreprise a fait appel aux services de l'agence CENT DEGRÉS en 1988, pour une intervention sur un packaging. Depuis, la collaboration entre COLSON et l'agence (intervenant en design global) a porté ses fruits : le chiffres d'affaires est passé de 9 à 47 millions de Francs entre 1989 et 1994, pour un budget design passant de 100 000 à 650 000 Francs dans la même période.

Le chiffres d'affaires de COLSON est passé de 9 à 47 millions de Francs entre 1989 et 1994, pour un budget design passant de 100 000 à 650 000 Francs dans la même période.

En terme de profits, le design a eu des effets majeurs pour l'entreprise : l'excédent brut d'exploitation a été multiplié par 10 entre 89 et 94 pour le seul tensiomètre COLSON (détaillé plus loin).

Ainsi, les exemples ne manquent pas pour montrer, de manière précise et selon les cas d'entreprises, les résultats générés par la présence du design dans l'industrie. En revanche, il est difficile d'isoler des règles générales ayant trait à l'impact du design, le principe et la force de cet outil étant de répondre précisément à des contextes industriels particuliers, aussi divers que variés.

2 . 2 Un outil de différenciation international : l'exemple de ROSSIGNOL

Le design est un moyen concret de différenciation et de développement de l'image de marque par l'attribution au produit, grâce à plusieurs outils : packaging, charte graphique, codes couleurs, et tout le travail effectué sur le produit...

Le design est un moyen concret de différenciation et de développement de l'image de marque par l'attribution au produit, grâce à plusieurs outils : packaging, charte graphique, codes couleurs, et tout le travail effectué sur le produit...

La différenciation par le produit reste un atout de taille sur des marchés à forte compétitivité. Le secteur du sport illustre bien cette situation de concurrence très forte, surtout dans des domaines très particuliers où la pratique du sport est médiatisée, ce qui crée chez le consommateur le besoin de s'identifier à la marque. Le graphisme et la qualité des produits deviennent primordiaux dans la décision d'achat, au même titre d'ailleurs que la provenance de l'article et l'identité de la marque qui s'y réfère. Là aussi, le message porteur de l'entreprise est décisif pour valoriser un style de vie par la pratique, dans lequel l'utilisateur se retrouve.

L'exemple de ROSSIGNOL est là encore significatif : l'entreprise, qui figure parmi les premières marques mondiales de skis, a su jouer cette carte de la différenciation et imposer son style comme une référence.

Les skieurs et les produits qui leurs sont destinés se répartissent en deux grands groupes :

• les skis compétition et performants, développés pour la vitesse et la précision, sont destinés aux coureurs et skieurs experts ;

• les skis de loisir, développés pour le confort, la facilité et une grande variété de conditions d'utilisation, sont orientés vers des skieurs recherchant plus le plaisir que la performance.

Le jaune est ainsi devenu la couleur repère de la marque ROSSIGNOL, accompagné de sigles et logos communiquant les concepts produits.

Pour les skis compétition, fort médiatisés, le code couleur est très important et fait l'objet d'un travail de fond particulier. Le jaune est ainsi devenu la couleur repère de la marque ROSSIGNOL, accompagné de sigles et logos communiquant les concepts produits.

Ces codes renforcent l'identification produit et son attribution à la marque. Un travail graphique en profondeur permet de compléter le message sur les caractéristiques du produit et sa séduction. Plusieurs rendez-vous, présentation au staff international de ROSSIGNOL, suivis d'ajustements successifs ont abouti à l'acceptation et la commercialisation du produit.

Le succès des skis de compétition souligne l'importance du design intégré dans la stratégie de communication de la marque. Les décisions sont prises après observations et études très en amont. Aujourd'hui, le jaune, c'est ROSSIGNOL ! Ce travail d'équipe par anticipation est nécessaire pour que le design soit un véritable outil de stratégie de marché.

La marque possède un poids significatif à l'international qui lui permet de compter avec un capital confiance fort dans l'approche des marchés internationaux. Cette image volontairement différente de la concurrence fait vendre et l'entreprise connaît aujourd'hui des difficultés moindres à l'entrée de nouveaux marchés. ROSSIGNOL fait vendre et les adaptations à réaliser pour chaque pays sont très réduites.

Aujourd'hui, ROSSIGNOL est donc une marque forte. Cela suffit pour gérer l'impact sur le marché et l'innovation, même pour des marchés spécifiques, dont les attentes ne sont pas les mêmes. Ainsi, le marché japonais par exemple, généralement réfractaire à la couleur jaune, s'est laissé convaincre par ROSSIGNOL.

Si ROSSIGNOL illustre le cas d'un secteur à part, il met bien en valeur la stratégie adoptée à l'international, et l'attrait de la différenciation dans la conquête des marchés, associée à une image de marque forte et omniprésente.

La stratégie de communication sur la marque, c'est l'une des compétences du designer, qui va rechercher à valoriser une démarche qualité et novatrice générale.

2.3 Un levier de communication fort sur la marque : l'exemple de FACOM

Le design peut permettre de révéler un potentiel marque fort, permettant l'identification immédiate des produits. Véritable outil de communication, le design devient alors un argument marketing et commercial fort pour l'entreprise, grâce à une méthodologie précise d'intervention sur l'image de marque, les produits et leur conditionnement.

En effet, que recherche le client industriel qui fait appel à un designer pour un lifting de sa marque ? C'est favoriser le style des produits et l'image globale de l'entreprise, au point que le consommateur se dise : " j'ai acheté un ROSSIGNOL ", et non plus j'ai acheté une paire de skis, pour reprendre ce cas de biens de consommation. En terme d'approche du consommateur et de réponse à ses attentes, c'est un virage complet qui est pris. L'utilisateur, parce qu'il se reconnaît dans la marque, ou qu'il a le sentiment d'avoir acheté ou investi dans un équipement de haute qualité, exclusif, est valorisé et fidélisé dans son acte.

C'est notamment le cas de FACOM, leader européen de l'outillage à main, dont la clientèle est composée de professionnels, mais également de particuliers. En conséquence, l'entreprise a compris depuis longtemps l'intérêt du design dans la conquête de l'utilisateur, qui recherche dans l'acquisition de ses outils, le meilleur.

Le design, un provocateur d'innovation et de communication des produits FACOM

Les produits FACOM se démarquent de leurs concurrents par leur qualité, leur innovation et leur " signature ", avec une offre très complète d'outils qui a installé la marque au rang des références incontournables. En effet, la marque a toujours construit ses produits autour de trois valeurs fondamentales, qui sont la qualité, l'ergonomie et le design.

Le leitmotiv se résume à cette phrase : " qu'à dix mètres on lise l'intelligence du produit et la personnalité de la marque sans les avoir encore comprises ". Le design constitue donc un fort vecteur d'image et en même temps un levier d'intégration et de maîtrise des nouvelles technologies. Cela implique de placer l'outil design très en amont du produit.

De ce fait, FACOM a toujours utilisé le design, et bien avant que le terme soit à la mode. La société a toujours pensé que le " beau " était le meilleur vecteur de communication de la marque sur un secteur où la concurrence est forte, notamment à l'échelon européen.

Pour avoir une signature forte de ses produits, il faut créer plusieurs contraintes, tant au niveau de la conception qu'au niveau de la communication. A ce titre, l'ensemble des produits FACOM montre une cohérence dans l'apparence et l'esthétique des produits ; chaque élément de communication (produits, conditionnement, plaquettes, catalogues) est conçu en application d'une charte graphique très précise.

Cette charte est peu à peu devenue l'illustration de l'esprit FACOM, garantissant ainsi une excellente identification de l'entreprise auprès des utilisateurs et par rapport aux autres marques.

Les camions FACOM sont nés de cette idée, assurant la distribution et la représentation de la marque sur ses principaux marchés (Europe, Amérique du Sud, Japon...). Ambassadeurs de l'entreprise, ils font donc des démonstrations là où les produits se vendent. C'est une initiative unique en son genre dans laquelle le design a joué un rôle significatif.

Pourtant, la société ne s'en tient pas à une approche design packaging ou identité visuelle - mettant notamment l'accent sur trois couleurs, le blanc, le rouge et le noir - mais applique une politique de design produit chaque fois que cela se révèle nécessaire. Ainsi, pour un modèle de scie innovant, la FACOM 601, il était nécessaire de repenser la prise main complète du nouveau modèle. C'est le designer qui a apporté une innovation réelle, en proposant une scie avec une prise en main moulée, basée sur l'injection plastique.

Site internet : http://www.facom.fr
ou http://www.facom-tools.com

(fig.77)

Design produit de la FACOM 601 *(fig.77)*

La FACOM 601, conçue par Jean-Claude Neyton, designer industriel, se veut la première monture de scie " tous-terrains-tous-temps " destinée aux travaux de maintenance et d'installation, en extérieur comme en intérieur. L'objectif était pour FACOM de concevoir une scie bénéficiant d'une prise en main optimale, plus pratique et moins lourde, réduisant ainsi l'effort produit par l'utilisateur, pour un sciage plus efficace.

La FACOM 601, par sa conception et sa technologie de fabrication présente de réelles innovations qui en font un produit aussi performant qu'attractif. L'originalité de la conception réside dans le principe de l'archet contre cintré, c'est-à-dire dont la concavité s'oppose à la flexion engendrée par la tension de la lame. Ce concept, proche de l'arc ou de l'archet du violon, permet une meilleure tenue dans le temps de la découpe.

La monture reçoit sur la partie métallique, une coque intégrale en résine composite pour le confort d'utilisation, la résistance aux chocs, la tenue et l'insensibilité thermique. L'ergonomie développée conjointement par le designer et les techniciens de FACOM, prend ainsi en compte l'ensemble des contraintes du professionnel et de l'amateur exigeant. FACOM s'inscrit avec ce produit dans une logique d'innovation compétitive qui en fait aujourd'hui le n°1 européen de l'outillage à main.

Facom 601 : Janus de l'Industrie 1995 (décerné par l'IFD)
Prix de la Presse Industrielle 1995
Point Rouge du Design Zentrum Nordrhein Westfalen (Essen) 1995

(fig.78)

(fig.79)

Le cliquet CDX

FACOM est connu aujourd'hui pour son fameux cliquet à douilles, décliné en deux tailles : 1/2" ISO pour le grand modèle, puissant avec un couple de serrage maximal, et 3/8" ISO, léger et maniable.

Cependant, malgré cette offre complète de FACOM, le contexte d'utilisation de ces outils évolue : la compacité des moteurs est toujours plus forte, et d'une manière plus générale l'environnement des professionnels. Ainsi, dans le but de s'adapter aux nouveaux besoins des consommateurs, les équipes de FACOM et le designer Jean-Claude Neyton, ont cherché à allier les qualités des deux cliquets, 1/2" et 3/8", pour une utilisation plus sûre : compacité, puissance et sécurité étaient les motivations de cettecollaboration entre designers et techniciens. Le pari est réussi pour FACOM qui a inventé le CDX (fig.78 & 79), premier système à entraînement compact hautes performances : un cliquet de la taille du 3/8" avec la puissance du 1/2".

Le cliquet CDX assure une accessibilité maximale (tête du cliquet réduite de 40% par rapport au 1/2", -25% pour la hauteur des douilles), une légèreté accrue (+30%), et une puissance égale au 1/2". Mais au-delà de ces performances significatives, FACOM innove, en créant un système inédit de verrouillage rapide (pression sur la tête du cliquet) qui empêche la douille de se décrocher, accident qui entraîne habituellement des dommages sérieux sur un moteur par exemple. De même, la tête de la douille, carrée selon les normes ISO pour s'imbriquer dans le cliquet, est transformée pour limiter les pressions exercées au moment du serrage. Ainsi, la nouvelle tête (compatibilité ISO actuelle), en croix, possède tous les atouts pour devenir la nouvelle norme internationale de rigueur.
Le CDX, produit innovant au sein d'un design fonctionnel (poignée plus pratique, travail complet sur le conditionnement, (fig.80), montre que l'association technologie et design fonctionne au mieux : FACOM a conçu un produit d'un genre nouveau, en réponse inventive aux contraintes des consommateurs.

CDX : Prix d'innovation AUTO-MECHANIKA Francfort 96
Janus de l'Industrie, session de juin 1997

(fig.80)

2 . 4 Une optimisation du service au client : les exemples de BUTAGAZ et LEGRAND

Avec l'ouverture des marchés, les entreprises se trouvent en contexte de compétition permanente. Ce constat à l'international est renforcé par le fait que le consommateur est exigeant et qu'il attend des produits " bien faits et beaux ", aboutis techniquement et esthétiques, mais également en terme de services. En effet, cette notion de services est devenue avec le temps un avantage comparatif pris en compte comme un plus essentiel et incontournable de l'offre commerciale. Dans ce contexte, le service au client devient stratégique et la méthodologie du designer est centrée sur ce besoin. Pour séduire le consommateur, il faut d'abord le comprendre et lui proposer le meilleur. Mais au-delà de ces impératifs, c'est le confort d'utilisation et le rapport à l'objet qui caractérise le service au client : la convivialité, la perception sensible du produit et son esthétique deviennent des facteurs d'achat à ne pas négliger.

Ce constat à l'international est renforcé par le fait que le consommateur est exigeant et qu'il attend des produits " bien faits et beaux ", aboutis techniquement et esthétiques, mais également en terme de services.

Dans le cadre d'une approche produit, il est clair que le designer peut apporter une réponse pertinente à cette " obligation de séduire " : le design dans son approche ergonomique et fonctionnelle, est un moyen d'optimiser le service rendu. Des entreprises comme BUTAGAZ et LEGRAND ont bien compris cette nécessité et cherchent à utiliser le design comme un vecteur d'intégration d'innovations fonctionnelles.

Dans le cadre d'une approche produit, il est clair que le designer peut apporter une réponse pertinente à cette "obligation de séduire" : le design dans son approche ergonomique et fonctionnelle, est un moyen d'optimiser le service rendu.

BUTAGAZ : design et innovation au service du client

L'entreprise BUTAGAZ, filiale du groupe SHELL, est leader sur le marché français des GPL avec 30% de parts de marchés. Doté du premier réseau commercial de France avec 42 000 points de vente, BUTAGAZ a toujours mené une forte politique d'innovation, qui lui a permis d'améliorer au fil des années la qualité du service rendu au client.

On peut noter plusieurs avancées majeures qui illustrent cette démarche innovante à l'égard du consommateur, parmi lesquelles le développement en 1993, en partenariat avec GAZINOX, du premier tuyau GPL sans date de péremption en acier inoxydable. Le tuyau GAZINOX est en effet une avancée significative dans ce domaine, les autres flexibles existant sur le marché comportent une date de péremption. En 1994 le c'est le produit MASTER CLIP, système de raccord inédit appliqué aux bouteilles de butane 13 kg (voir ci-après).

BUTAGAZ, soucieuse d'une politique constante d'innovation et d'amélioration de la qualité de ses produits, intègre donc le design comme un outil permettant de valoriser des produits fiables, comme en témoigne le MASTER CLIP. Le design permet donc de renforcer ces impératifs de fiabilité et d'innovation fonctionnelle, en agissant sur l'ergonomie du produit, pour un confort accru de l'utilisateur final et une plus grande sécurité.

Design produit du MASTER CLIP

Le MASTER CLIP est un raccordement rapide, avec fonction détente 28 mbar intégrée, pour gaz butane stocké en bouteille de 13 kg de fabrication française. Il permet l'alimentation en butane gazeux de tous les appareils domestiques de cuisson et de chauffage.

Le procédé MASTER CLIP (fig.81 & 82) répond à un besoin constaté chez les consommateurs en 1994, date du lancement du produit sur le marché : 34% des utilisateurs jugeaient le raccordement difficile à faire, nécessitant l'utilisation d'outils et l'aide d'un proche ou d'un intervenant extérieur. De plus, 11% d'entre eux craignaient encore une fuite après branchement. BUTAGAZ a donc inventé un système de fermeture inédit, sans équivalent à l'heure actuelle sur le marché : le produit présente une grande simplicité de mise en œuvre (raccordement facile à réaliser), qui ne nécessite aucun outil. Le principe de verrouillage permet au consommateur d'être certain de la bonne connexion à la bouteille, grâce à un clip sonore qui se déclenche après rotation complète du dispositif ; le système est puissant et fiable, avec une sécurité enfants pour le déverrouillage.

L'agence design retenue pour cette intervention produit a été DAMON DESIGN. Son objectif et sa stratégie ont été d'imaginer - tant sur le plan de la perception par l'utilisateur que sur le plan technique - une architecture générale agréable et ergonomique, qui permette d'intégrer les fonctions souhaitées, en privilégiant la sécurité et la facilité d'utilisation. L'analyse a par ailleurs porté sur le comportement et la gestuelle des utilisateurs devant les premières propositions design du produit.

La gamme MASTER CLIP se compose de trois modèles : le MASTER CLIP B01 et B11, vendu avec le tuyau GAZINOX (1,25 m et 1,5 m) et le MASTER CLIP B04, avec une tétine amovible pour adapter le produit aux différents types de flexibles GPL existant sur le marché français. Les deux produits sont proposés dans un packaging (fig. 83 & 84) conçu en cohérence avec la charte graphique BUTAGAZ.

Le MASTER CLIP comportera donc un bouton supplémentaire. Mais au lieu d'adapter simplement le produit, BUTAGAZ a choisi de revoir complètement le design du produit. La nouvelle version sera commercialisée en juillet 98, sous des formes plus douces et souples.

(fig.81)

(fig.82)

(fig.83)

(fig.84)

MASTER CLIP B01 : Oscar du Design 1994 (catégorie Design de Produit Grand Public) décerné par le Nouvel Economiste

(A noter que, selon la réglementation en vigueur à partir du 1er juillet 1998 sur les normes de sécurité, BUTAGAZ est obligée de revoir la coque et de rajouter un système d'obturation automatique en cas de sectionnement ou d'arrachement du tuyau).

LEGRAND s'inscrit dans la même politique que BUTAGAZ, en ayant recours au design pour réaliser des produits esthétiques mais surtout mieux conçus, avec ce souci de toujours apporter plus de fonctionnalité et de service à un utilisateur qui a aussi des attentes en terme de sécurité et de confort d'installation.

LEGRAND : le design pour mieux répondre aux attentes des utilisateurs

Le design chez LEGRAND est un outil majeur dans la conception des produits. Le design produit est une fonction intégrée très présente au sein de l'entreprise, puisque chaque entité (appareillage, protection, courants faibles, coffrets et armoires, composants de câblage...) possède sa propres structure design en interne.

Intégrés très en amont au niveau du développement de nouveaux produits comme pour le renouvellement et l'extension de gammes déjà existantes, les designers participent à la réflexion stratégique, associés en cela au service marketing et aux bureaux d'études. Depuis la recherche de concepts avec le marketing, et de fonctionnalités avec les utilisateurs, le design accompagne le nouveau projet jusqu'à son industrialisation.

LEGRAND a depuis longtemps intégré la notion de design dans ses produits, parce que l'esthétique et l'ergonomie constituent des facteurs de décision pour l'utilisateur. Mais il faut entendre cette nouvelle attente du client non pas comme le souci d'approvisionner un appareil ayant simplement un style, mais comme un service à part entière en termes de confort, de convivialité et de solutions techniques tant à l'installation qu'à l'utilisation.

L'entreprise a bien compris cette évolution et a recours au designer pour développer la fonctionnalité des produits, au sein d'une ergonomie pratique et attrayante. D'ailleurs, le leitmotiv de LEGRAND, c'est " l'électricité en toute simplicité ". Cette motivation se traduit concrètement par la recherche de solutions inventives, pour favoriser le confort du client (distributeurs, installateurs et utilisateurs des équipements électriques). Dans cette optique, le designer procède à une analyse ergonomique intégrant les gestes de l'utilisateur dans son travail, à laquelle s'ajoute une réflexion sur l'esthétique, pour valoriser à la fois l'innovation fonctionnelle des gammes et le résultat final.

Cette démarche esthétique s'inscrit dans le cadre d'une charte graphique, intégrant les codes graphiques de la marque et de ses produits. LEGRAND a également recours à des agences de design, partenaires réguliers de l'entreprise, pour optimiser cette stratégie de différenciation. Les designers externes interviennent dans de nombreux projets importants, apportant ainsi une créativité extérieure qui enrichit des gammes à forte identité.

Design produit du tranformateur LEGRAND

LEGRAND est leader sur le marché français dans le domaine du transformateur. Dans les années 90, l'analyse marketing a démontré la nécessité de faire évoluer ce produit de manière forte, vers plus d'identité, de confort et de solutions pratiques pour le client.

Le nouveau transformateur présente donc des innovations lourdes, imposant l'utilisation de pièces plastiques. De même, le circuit magnétique, traditionnellement vertical, est à présent mis à plat (partie noire, fig.85), principe qui optimise le montage en fabrication ainsi que le refroidissement de la structure bobinée.

De même, un nouveau de marquage laser a été employé (nécessitant l'investissement d'un équipement spécial). L'entreprise est partie d'un constat simple : les étiquettes comportant les données techniques se décollaient ; le fait de graver ces données à même le boîtier permet désormais une lecture optimale tout au long de la durée de vie de l'appareil. Cela permet en outre de simplifier la fabrication dans une même gamme de produits similaires avec des marquages différents pour chaque modèle.

Dans le même esprit, beaucoup de fonctionnalités ont été revues avec le souci de répondre aux attentes de l'utilisateur : la fixation désormais assurée par un système de clipsage ; le raccordement simplifié, qui permet une connexion plus rapide et efficace ; enfin, pour optimiser le gain de place et faciliter l'intégration de l'appareil dans le coffret ou l'armoire électrique, les composants du transformateur sont agencés par juxtaposition.

Ainsi ces innovations fonctionnelles ont été initiées par l'équipe design, pour obtenir un résultat que les spécialistes de LEGRAND qualifient de révolution en matière d'alimentation. Et il est vrai que le résultat parle de lui-même ; il suffit là encore de comparer la précédente version avec la nouvelle (fig.85 et 86)... L'esthétique du nouveau transformateur est le fruit d'une collaboration de l'entreprise avec l'agence CHRISTOPHE LAPRÉE DESIGN.

L'approche design du nouveau transformateur LEGRAND a rempli ses objectifs, donnant une identité marquée à toute une gamme de produits, alimentation et alimentation électronique (fig.87), d'un nouveau genre, signature de ses réelles qualités techniques et fonctionnelles.

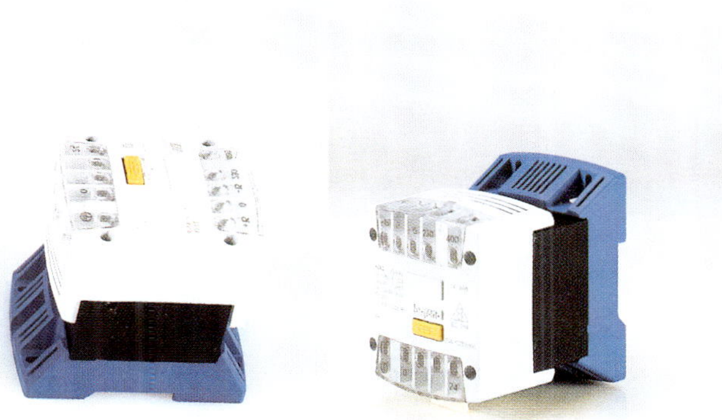

(fig.85)

(fig.86)

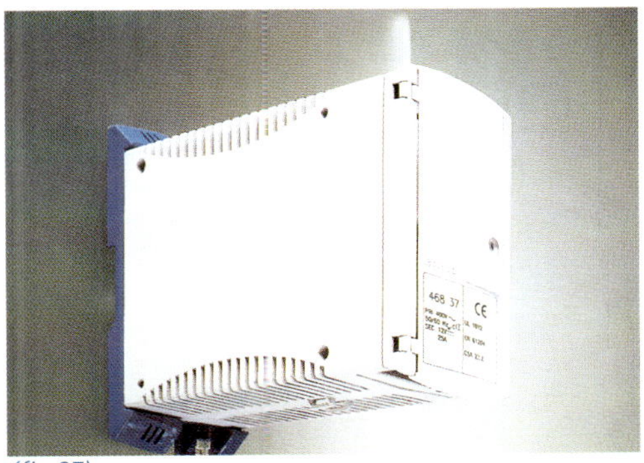

(fig.87)

2. 5 L'enjeu de la cohérence et d'une communication globale : les exemples de COLSON, MAJORETTE et de l'agence MBD DESIGN

Communiquer vis-à-vis du consommateur implique de se préoccuper très tôt d'un plan de communication par le design, intégrant différents éléments : image des produits, des packagings et de l'entreprise, sans oublier la promotion qui peut être faite autour (PLV, stands pour d'éventuels salons, édition...). Dès lors, la réelle motivation d'une communication globale réside dans la cohérence et le dynamisme qui ressort d'une gestion structurée et travaillée de la marque et de ses attenants. Le designer, parce qu'il sait intervenir sur chacun de ces éléments, ou parce qu'il préconise une intervention de design global à destination de la PME/PMI, est un partenaire particulièrement efficace.

La réelle motivation d'une communication globale réside dans la cohérence et le dynamisme qui ressort d'une gestion structurée et travaillée de la marque et de ses attenants.

Posséder une image forte, cohérente et dynamique est d'autant plus important sur des marchés internationaux, où la concurrence est plus atomisée, contexte dans lequel le consommateur est plus sensible à des repères forts et séduisants.

Vis-à-vis d'une clientèle hétéroclite, distributeurs, professionnels et grand public, ce souci de cohérence et d'image forte et dynamique - deux notions que l'on retrouve encore une fois - est impératif et décisif pour remporter des parts de marchés. Ceci est d'autant plus vrai pour des marchés internationaux, où la concurrence est plus atomisée, contexte dans lequel le consommateur est plus sensible à des repères forts et séduisants. Pour cela, l'entreprise doit élargir son offre, la segmenter en fonction des attentes et besoins cernés. Elle doit structurer sa proposition autour de la notion de gamme: des produits réunis en famille et en gammes, elles-mêmes construites en référence à la marque. Ceci implique de gérer la cohérence de ces sous-ensembles, de les hiérarchiser en créant une dynamique.

C'est le cas de deux sociétés, COLSON et MAJORETTE, qui ont intégré à des niveaux différents le design, dans le but de mieux couvrir leur marché : comme un vecteur de communication globale, mais également comme une volonté de rationaliser et clarifier l'offre faite au consommateur.

COLSON, le design global pour valoriser l'entreprise et ses produits

L'entreprise COLSON, fondée en 1847, est spécialisée dans le diagnostic médical du généraliste (instruments de mesure). La PME avait jusqu'alors toujours communiqué sur les qualités strictement fonctionnelles de ses produits, et c'est en 1988 qu'elle prend conscience de la nécessité d'évoluer, en faisant d'abord intervenir l'agence CENT DEGRÉS sur un projet de packaging.

Or, les designers diagnostiquent au-delà du simple positionnement packaging, un problème d'identité plus structurel de l'entreprise, et le besoin impératif de se différencier. En effet, l'environnement médical, peu rassurant pour le patient et terne pour le médecin, doit être mis en valeur par des équipements attrayants et gais, qui créent la confiance et rapprochent le praticien et le malade.

Cette tendance qui s'affirme constitue un virage complet pour COLSON qui confie à l'équipe de CENT DEGRÉS la mission de créer la nouvelle identité de la marque. Produits et éléments de communication sont retravaillés et harmonisés sur 5 ans, selon une charte graphique créée pour imposer une image globale innovante et esthétique.

Pour se différencier, les produits intègrent désormais de nouvelles couleurs plus attractives et sont plus fonctionnels et adaptés aux attentes de la clientèle ; l'ensemble de l'identité visuelle (logo, brochures, papeterie, environnement commercial, et packaging) a été pensé pour donner une image plus dynamique et moderne.

Les designers, intégrés en amont pour une réflexion stratégique, sont aujourd'hui des partenaires à part entière : ils assurent la gestion des projets dès la définition du cahier des charges, avec le président et son équipe marketing et technique, et assimilent les contraintes industrielles pour proposer des solutions clés en main. En conception et renouvellement de produits, il y a eu transfert de compétences, CENT DEGRÉS ayant proposé le choix de nouveaux matériaux et de nouveaux sous-traitants.

Les résultats de cette communication globale appuyée par des produits repensés, parlent d'eux-mêmes : COLSON offre des produits de haute qualité, mieux aboutis techniquement et ergonomiques, qui renforcent le poids de la marque auprès des distributeurs (impact visuel fort) ; le chiffre d'affaires a été multiplié par 5 entre 1989 et 1994.

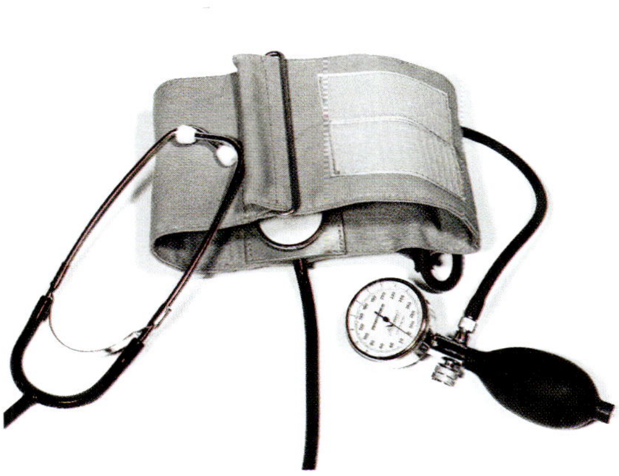

(fig.88)

Design produit du Tensiomètre manopoire DELTA
(fig.88 & 89)

Le tensiomètre manopoire permet de mesurer la tension artérielle. L'ancien modèle souffrait, au-delà d'une image vieillissante (fig.88), de faiblesses techniques (risque d'erreur de mesure et de surpression) et d'un manque de convivialité, qui ont motivé l'intervention de l'agence CENT DEGRÉS en 1991. Pour pallier au côté peu pratique, lourd et inconfortable du tensiomètre, les designers ont préconisé le recours à des matériaux plus légers et ont mené parallèlement une analyse de la valeur : le recours au plastique et l'invention d'un nouveau procédé de décompression à retenue (gâchette DELTA SYSTEM, normes CE et ISO), ont permis d'abaisser le coût de revient du produit, en passant de 29 pièces en métal à 7 en plastique moulé (- 30% du coût de fabrication).

L'instrument est désormais ambidextre, plus pratique, les efforts des designers ayant porté sur la prise en main et la lisibilité du résultat : verre bombé, aiguille lumineuse, poire plus douce, gâchette sensible et brassards interchangeables et adaptés à toutes les morphologies ; toutes ces nouvelles fonctionnalités font du tensiomètre un appareil précis et fonctionnel. Elles s'inscrivent dans une ergonomie et une esthétique plus gaie avec des couleurs plus chaudes pour répondre notamment à une clientèle féminine croissante, permettant également de contenter gauchers et droitiers, grâce à une gâchette centrée. La qualité et les performances techniques ont été améliorées dans un projet où l'agence design a joué le rôle complet de maître d'oeuvre.

Tensiomètre DELTA : Grand Prix du Design Français en 1991

(fig.89)

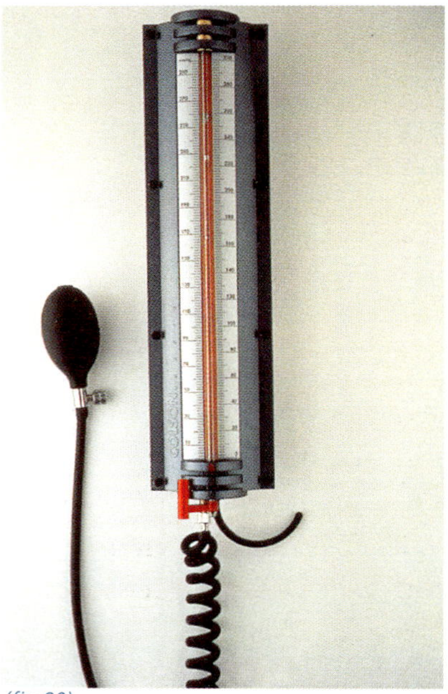

(fig.90)

Design produit du Tensiomètre à mercure KAPPA
(fig.90)

Repensé en 1992 par l'équipe de CENT DEGRÉS, ce tensiomètre est également une référence très utilisée par les généralistes. Pourtant, l'ancien modèle était peu fonctionnel et présentait une lecture difficile.

Les solutions développées par l'agence ont été de concevoir un tensiomètre en plusieurs versions (mural, sur pied, et en fixation rail avec une prise universelle), présentant de nouvelles fonctionnalités ; une meilleure lecture tout d'abord : le tensiomètre est orientable, possède un système de filtres d'air du baromètre, qui évite au mercure d'être pollué et de fait moins précis, et propose une graduation plus claire. Ensuite, le nouveau tensiomètre est plus confortable d'utilisation, grâce à des tuyaux plus courts et la possibilité par exemple de pouvoir raccrocher le brassard après mesure.

(fig.91)

Design Packaging de la gamme de brassards *(fig.91)*

Ce fut l'un des premiers projets sur lesquels l'agence a été amenée à intervenir. Après une étude qui a démontré le manque d'identité et de présence visuelle chez les distributeurs, une charte graphique a été créée pour renforcer le poids de la marque en jouant la carte de la différenciation.

Les packagings innovants des brassards (en plusieurs tailles, pour s'adapter à chaque patient), reprennent les nouveaux codes graphiques, mettant ainsi en valeur la marque dans un environnement attrayant et facilement repérable.

L'exemple de cette PMI représente l'un des cas les plus complets d'intervention du design dans l'industrie, pour une entreprise qui a parié sur l'impact du design, dans sa fonction de vecteur de communication. Auprès des distributeurs de la marque, la surprise et la démarcation vis-à-vis de la concurrence ont été fortes, et continuent de positionner COLSON comme une référence innovante et créative.

La surprise et la démarcation vis-à-vis de la concurrence positionnent COLSON comme une référence innovante et créative.

MAJORETTE est un autre exemple de gestion de la marque au sein d'une communication globale, qui diffère dans la façon de faire intervenir le designer. Mais la problématique était différente : ayant de très nombreuses références, distribuées en grandes surfaces, il fallait d'une part démarquer le fabricant de ses concurrents sur le linéaire, et d'autre part, renforcer la cohérence d'une offre fournie et multiple. L'enjeu était de taille, sachant que l'impact visuel d'un packaging et le message qu'il délivre au consommateur, sont déterminants.

MAJORETTE : le design pour recentrer et fédérer les produits et les éléments de la marque

La société MAJORETTE est leader de la voiture miniature en France et s'est imposée comme une référence dans ce domaine du jouet. Elle possède une forte dimension internationale, exportant ses produits dans toute l'Europe, en Asie, (Japon) et aux Etats-Unis, où l'entreprise est très présente. Spécialisée dans le jouet d'imitation, MAJORETTE ne fait appel au design que pour des problèmes liés aux packagings et à son image de marque, ses produits faisant plus souvent l'objet de reproductions de modèles existant, que d'inventions créées de toutes pièces. C'est d'ailleurs pour cette raison que la marque est appréciée des enfants, pour le niveau de réalisme atteint dans les voitures miniatures.

La marque possède un grand nombre de références et les gammes ne posaient que peu de repères. MAJORETTE a donc réagi en faisant intervenir une agence de design, DRAGON ROUGE, sur son identité visuelle, avec un poids tout particulier du packaging, inhérent à une offre grand public. Le but était d'obtenir une cohérence générale pour mieux fédérer les gammes et produits autour d'une image forte.

(fig.92)

(fig.93)

(fig.94)

Identité visuelle de MAJORETTE

DRAGON ROUGE est intervenue en 1996 à la demande de l'entreprise pour la redéfinition complète de l'identité de la marque ; MAJORETTE avait une image globale qui nécessitait d'être actualisée et recentrée : le nombre de références (plus de 800 produits) constituait un linéaire confus et saturé, en raison de nombreux formats et de graphismes diffus. Enfin il fallait poser des repères pour les parents, perdus dans les nombreuses nouveautés et la profusion d'images différentes, et pour les enfants, pour les aider dans leurs choix.

L'agence a donc préconisé la mise en place d'une charte graphique, qui répond à deux attentes fortes du marché : d'une part, un besoin de clarification de l'offre sur le linéaire pour rassurer l'adulte dérouté sur ce qu'il achète et sur le plaisir qu'il procurera à l'enfant ; d'autre part, la nécessité de privilégier l'image, principal outil de communication des enfants, pour nourrir leur imaginaire.

Les objectifs de ce projet pour les packagings ont été d'actualiser l'identité visuelle de la marque MAJORETTE (logo, fig.92), notamment à travers son système d'application (crosse tricolore et code couleur rouge), optimiser la visibilité en linéaire ainsi que la compréhension de l'offre produits par les parents, et enfin de développer l'attrait de l'offre MAJORETTE pour les enfants.

Ainsi, l'identité visuelle réaffirme la valeur centrale de la marque, le savoir-faire des véhicules miniatures, associée à des codes de l'univers automobile des adultes (spécificités de la typographie, contour métal en forme de véhicule et introduction du métal et de la couleur noire). Ensuite, DRAGON ROUGE a crée une cohérence générale sur la quasi-totalité des références, en reprenant les codes graphiques définis (fig.93 & 94). Enfin, le design des packagings a été retravaillé pour mettre en valeur le produit (la voiture) et adhérer aux imaginaires de références des enfants (décors chahutés et bruyants, "effets réalistes"...).

Le résultat de ce vaste projet est d'avoir fédéré la grande diversité de la gamme de produits MAJORETTE sous une nouvelle image, aux évocations techniques et mécaniques de l'univers de la marque. En linéaire, l'impact a été décuplé, pour renforcer le poids du fabricant auprès des consommateurs.

Communication et cohérence sont donc aujourd'hui deux dominantes de la pratique du design. L'agence MBD Design l'a bien compris et ces deux objectifs constituent pour elle des axes de travail permanents. L'objectif de communication se retrouve par le recours à l'outil informatique, qui permet de concevoir de manière réaliste des projets d'envergure, de les mettre en situation ; l'objectif de cohérence se retrouve lui par le design, dans la clarté des messages distinguant l'entreprise de sa concurrence, et affirmant la personnalité des produits.

Communication et cohérence sont donc aujourd'hui deux dominantes de la pratique du design.

MBD Design : cohérence et communication dans l'approche de l'industrie

MBD Design collabore avec des industriels de tous secteurs. Avec des entreprises de toutes tailles, de la PMI (SOTRALU, DELTA DORE...) à la grande entreprise (SNCF, SCHLUMBERGER...), MBD Design est sans cesse confrontée aux composantes du management, dans la diversité des approches du design. Grâce à cette ouverture sur l'industrie, MBD Design s'est bâtie des connaissances légitimes dans plusieurs domaines de prédilections : produit, packaging, graphisme, environnement et aménagement d'espaces. Vingt ans de pratique ont permis à l'agence de développer des compétences notamment dans le packaging alimentaire, le matériel ferroviaire et les espaces d'expositions.

Dès l'origine, MBD Design a décidé de créer des liens de proximité avec les entreprises en leur offrant l'essentiel des actions design dont elles ont besoin. MBD Design est donc apte à répondre à une problématique qui porte à la fois sur les fonctionnalités et l'ergonomie d'un produit, son identité visuelle, ses codes de reconnaissance graphique... Cet ordre de compétences tient à l'organisation de l'agence.

Pour satisfaire précisément la demande de leurs clients, les entreprises ont besoin d'élargir et d'enrichir leur offre, et de communiquer de manière globale. En conséquence, l'agence privilégie dans leur approche la cohérence à tous les niveaux (identité de marque au travers des gammes, identification claire des familles de produits et enfin faciliter la lecture du produit dans sa famille) et la communication du projet grâce à l'image de synthèse.

Les exemples présentés (TIGEX et ALCATEL), bien que sans référence technique commune, illustrent bien cette exigence de cohérence dans la segmentation et la diversification de l'offre ; les cas de la RATP et d'ANF INDUSTRIE (tramway de Montpellier) illustre quant à eux l'intérêt de l'outil informatique dans la conceptualisation de nouveaux projets, surtout lorsque la communication sur le projet devient une nécessité, aussi bien en interne de l'entreprise qu'auprès des leaders d'opinions.

E-mail : MBD_DESIGN@compuserve.com

(fig.95)

Design produit pour TIGEX *(fig.95)*

En 1990, TIGEX décide d'une politique de différenciation et d'innovation. Pour ne pas succomber à la guerre des prix, elle choisit de se doter d'une gamme de produits attrayante. Après une première étude sur les biberons, la marque va s'appuyer sur le design pour concrétiser cette nouvelle politique, par un langage formel original, qui détermine l'identité de plus de 100 produits.

Confiée à l'agence MBD Design, la création de cette nouvelle expression énonce une sensation de bien-être physique et psychologique ; elle s'inspire des formes du monde aquatique, de l'idée de fluidité, de mouvement, et renvoie à la sensualité, aux résonances maternelles. L'innovation produit est fondée sur l'analyse marketing et comportementale des besoins ou insatisfactions de différents publics : médical (hospitalier, pédiatres et crèches), des mamans, des bébés et de la distribution.

Un exemple : l'étanchéité de la tétine. Le système antigoutte a donc été élaboré afin de préparer le mélange et transporter le biberon sans occasionner de fuite. Un brevet international a été déposé. Autre exemple : comment apprendre au bébé à tenir son biberon ? Une poignée amovible a été mise au point afin d'équiper tous les biberons, quelle que soit leur taille, tout en préservant la facilité d'entretien.

Le biberon est donc une innovation forte de la marque TIGEX, qui conçoit ses produits en se basant sur le comportement de l'enfant, tout en posant des repères clairs et séduisants pour les parents.

TIGEX Finaliste du Prix Européen du Design 1997

Design produit pour ALCATEL *(fig.96)*

Premier industriel à introduire le design dans la conception d'une pompe primaire mécanique dans les années 60, ALCATEL n'a cessé depuis de développer des produits destinés aux applications les plus exigeantes de la haute technologie du vide. Une remise en forme intégrée à l'image institutionnelle du groupe Alcatel s'imposait pour clarifier l'image de l'offre, renforcer la présence, l'impact, la signature des produits du vide ALCATEL. Le programme est ambitieux ; démarré en juin 94, il porte en 1997 sur 5 grandes familles de produits, soit au total une centaine de références. Thème prédominant de l'étude design : la cohérence vis-à-vis de l'image institutionnelle d'Alcatel, cohérence des familles de produits entre elles. Cette vision intègre également les éléments périphériques des produits : le système d'exposition et les packaging.

(fig.96)

Projets ferroviaires MBD Design

L'agence travaille beaucoup dans le domaine des transports collectifs et met en œuvre les nouveaux outils d'image de synthèse et d'animation. Les projets présentés ici sont celui du MS 2000 pour la RATP (fig.97) et celui du tramway de Montpellier pour ANF INDUSTRIE (fig.98).

Ces réalisations montrent des conceptions mises en situations de manière très réaliste qui font de l'outil informatique un formidable média de communication mais également un outil de validation incomparable.

(fig.97)

(fig.98)

2 . 6 Faire évoluer le rapport objet/utilisateur : les cas de SCHNEIDER ELECTRICS

Ceci amène l'utilisateur a préférer des produits qui parlent d'eux-mêmes, simples mais complets et aboutis.

Le service au client est une attente forte du consommateur, lié au produit lui-même : confort d'utilisation, sécurité, fonctionnalités ; ces attentes obligent l'entreprise à trouver sans cesse de nouvelles solutions. Mais en définitive, c'est une relation personnelle à l'objet que l'utilisateur recherche, relation qui fait que le produit est convivial, confortable dans son usage, et séduisant.

Mais en définitive, c'est une relation personnelle à l'objet que l'utilisateur recherche, relation qui fait que le produit est convivial, confortable dans son usage, et séduisant.

Avec l'émergence des technologies et l'avancée du progrès, la technique éloigne ; ceci amène l'utilisateur a préférer des produits qui parlent d'eux-mêmes, simples mais complets et aboutis. Cette relation objet/usage est la préoccupation principale de plusieurs entreprises, agissant dans des secteurs très différents, et des agences de design. L'exemple de SCHNEIDER cette mentalité. Il faut comprendre également cette approche non pas comme une démarche "fonctionnaliste" mais plutôt comme le souci omniprésent d'obtenir une cohérence qui guide l'utilisateur.

SCHNEIDER ELECTRICS : faire évoluer la relation au produit par le design

SCHNEIDER ELECTRICS est leader mondial dans la fourniture et l'alimentation d'installations électriques. Le groupe SCHNEIDER, qui réunit entre 50 et 60 marques, comporte pour la filière électrique quatre grandes marques spécialisées : MERLIN GERIN (énergie), MODICON (automatismes), TELEMECANIQUE (contrôle industriel), et enfin SQUARE D (distribution électrique).

Le design chez SCHNEIDER ELECTRICS remonte il y a 35 ans avec la marque MERLIN GERIN. Depuis, la fonction design a pris une place sans cesse grandissante, pour constituer aujourd'hui un centre de design industriel pour l'ensemble des marques. Cette structure est composée de 10 designers intégrés, auxquels s'ajoutent des designers indépendants et des agences qui interviennent régulièrement et qui connaissent bien l'entreprise.

Le centre de design a donc pour mission d'intervenir pour chacune des marques, en conception de produits et diversification (design avancé géré par les agences), mais également en renouvellement et montée en gammes.

L'intérêt de cette organisation réside dans le fait qu'elle réunisse tous les profils de designers, les créatifs internes ayant permis de mieux intégrer les prestataires extérieurs, au sein d'un process qui possède une réelle culture industrielle.

Mais le design ne s'arrête pas aux produits, puisque SCHNEIDER ELECTRICS prévoit une nouvelle charte graphique au début de l'année prochaine. Cette approche graphique est gérée par le service d'expression des marques, dont le but est simple : créer une cohérence globale tout en capitalisant sur le poids de chaque marque. Il s'agit d'une démarche primordiale pour l'entreprise, parce que les lancements sont mondiaux et la standardisation forte. Dès lors, l'identité de chaque marque joue un rôle décisif.

L'objectif du centre de design est de créer un style SCHNEIDER ELECTRICS, en réaction à une certaine banalisation technologique. Pour cela, les designers privilégient constamment une valorisation du savoir-faire de l'entreprise, une lecture cohérente des produits et une ergonomie claire et fonctionnelle. Dans cette optique, le centre de design intègre très tôt les impératifs de qualité et de production (analyse de la valeur menée depuis le début) de l'entreprise.

Dans ce secteur d'activité, les exigences de l'utilisateur sont tellement fortes que la qualité est indispensable, mais qui obligent aussi de savoir intervenir sur d'autres domaines. Ces autres solutions, c'est d'abord la prise en compte dès la conception, des attentes de l'installateur, mais également de ses gestes quotidiens. L'utilisateur recherche l'esthétique, le confort et la sécurité du câblage. SCHNEIDER ELECTRICS privilégie donc une démarche de création avec un leitmotiv, l'innovation fonctionnelle, pour changer le rapport objet/usage, en allant " vers des produits amis " pour reprendre la devise de l'entreprise.

(fig.99)

Design produit de la gamme de disjoncteurs COMPACT NS *(fig.99)*

Les designers ont mené une étude de 3 et 4 ans sur le renouvellement de la gamme de disjoncteurs de puissance de MERLIN GERIN. La dernière génération de disjoncteurs remontait en effet en 1975.
La gamme, qui avait connu jusqu'alors un grand succès, devait répondre aux attentes du marché, en terme de diminution des volumes, d'intégration des nouvelles technologies, pour un confort d'utilisation accru.

Le travail réalisé par l'équipe de designers internes s'est traduit par une créativité forte qui a permis de définir très tôt la morphologie du produit et les codes graphiques. Cette approche a abouti à une gamme mieux perçue par l'utilisateur, avec une meilleure cohérence et une mise en oeuvre de l'installation accrue.

Les designers ont géré le projet depuis la conception jusqu'à la commercialisation en 1995, qui a fait l'objet d'un lancement mondial (produit intégrant toutes les caractéristiques techniques des marchés visés).

Janus de l'industrie en 1996, décerné par l'Institut Français du Design

Design produit de la gamme de variateurs ALTIVAR *(fig.100)*

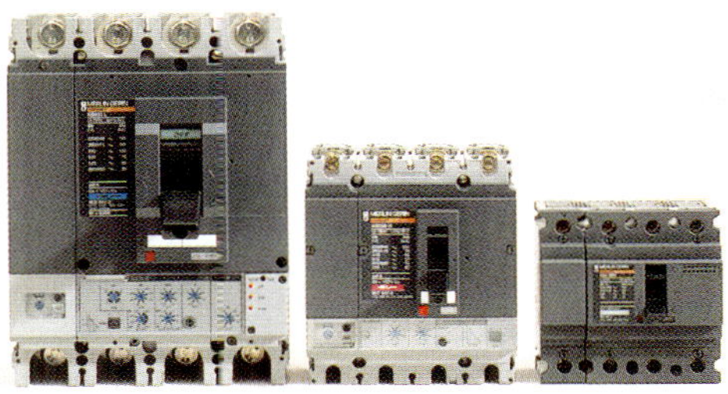

(fig.100)

ALTIVAR, pour la marque TELEMECANIQUE, est née en 1996 du besoin d'actualiser cette gamme de variateurs de vitesse. Une étude d'un an, menée par les designers, a porté sur les contraintes d'installation, principalement le poids de l'équipement, la lisibilité et la manipulation du variateur par l'installateur. Il fallait enfin que le produit soit compatible avec les nombreuses applications liées à son usage.

Les designers ont complètement revu le produit, passant du métal à l'injection plastique pour la fabrication de la structure. Ensuite, ils ont réalisé un important travail sur l'accès aux fonctionnalités et le confort d'installation de l'appareil. Le nouveau variateur adopte désormais des formes plus arrondies, avec des couleurs plus claires qui posent des repères pour l'utilisateur.

L'exemple de SCHNEIDER ELECTRICS montre donc la volonté de faire évoluer le rapport de l'utilisateur à l'objet. En l'occurrence, c'est pour le fabricant le souci d'en finir avec une image contraignante du système électrique.

2 . 7 Retour sur investissement

Le design est un facteur économique, agissant concrètement sur les résultats d'une entreprise. Il apparaît, à la lumière des cas présentés comme un atout indispensable à tout lancement, même si ses effets sont parfois difficilement évaluables, surtout si l'on parle d'image, domaine dans lequel il faut rester prudent en termes de résultats.

En conséquence, il est délicat d'estimer le retour sur investissement, même si dans des cas comme COLSON, KONTRON INSTRUMENTS, ou encore MOVILUTY, ce ratio est simple à isoler des autres facteurs de compétitivité. En effet,il est difficile de déterminer exactement la durée du retour sur investissement, et l'établir en règle générale, car l'entreprise n'arrive pas toujours à identifier les coûts propres au design, en dehors de la rémunération du designer ou des honoraires perçus par les agences de design et les indépendants.

Pourtant, il est possible de déterminer un ratio moyen de retour sur investissement sur des projets design produit et design packaging, en se basant sur l'estimation des managers, à considérer cependant avec précaution car la mesure reste relativement approximative (données collectées auprès d'un échantillon de 672 PMI françaises étude DARPMI).

Chiffres DARPMI/1995

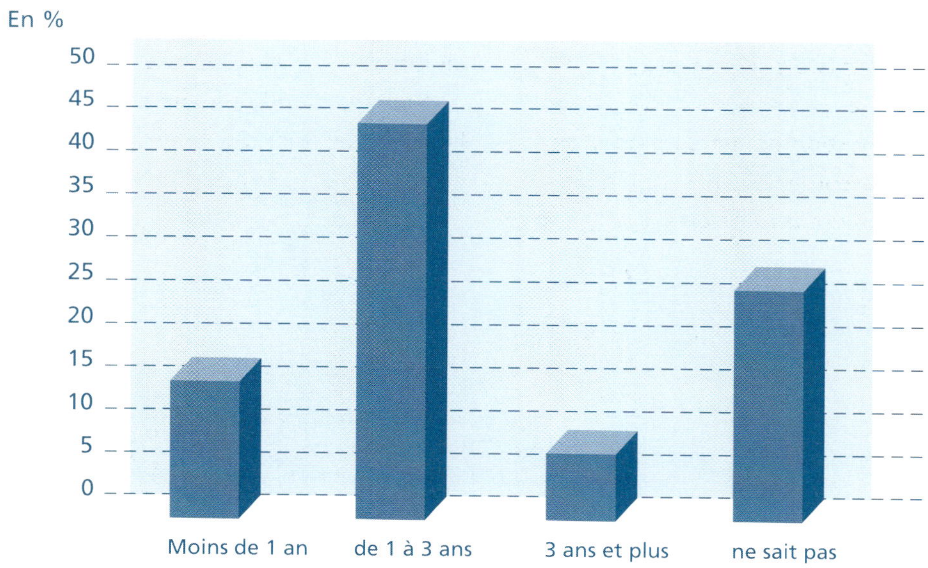

Fig.101 : Le retour sur investissement en design produit dans les PMI

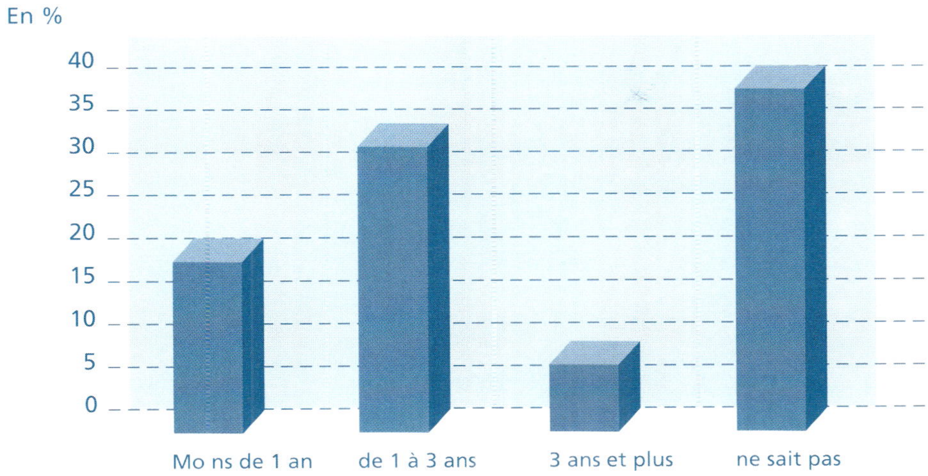

Fig.102 : Le retour sur investissement en design packaging dans les PMI

La grande majorité des entreprises sollicitées s'accorde à dire que la moyenne de retour sur investissement se situe autour de 16 mois.

2. 8 Atout à l'export

Pour toutes les raisons évoquées ci-dessus, et les résultats obtenus dans les différents champs d'act on du design, cet outil constitue un atout ce premier plan dans l'approche des marchés internationaux.

Sous-estimer les impératifs d'ergonomie, de créativité, de packaging, d'identité et de gestion de marque, pour ne leur accorder qu'une importance mineure est une erreur stratégique.

Sous-estimer les impératifs d'ergonomie, de créativité, de packaging, d'identité et de gestion de marque, pour ne leur accorder qu'une importance mineure est une erreur stratégique.

Dès lors, il apparaît évident que le designer, parce qu'il maîtrise ces différentes stratégies grâce à des méthodologies ciblées, représente un partenaire particulièrement adapté aux besoins de l'industrie dans le cadre d'un processus à l'export.

Le design permet donc, par la multiplicité de ses domaines de compétences, de mettre en valeur le potentiel d'un produit et de l'entreprise sur des marchés toujours plus compétitifs.

Effets induits

3. 1 Une incitation à l'innovation

Le design génère également des effets interne, des effets induits qui créent une dynamique au sein de l'entreprise. Plusieurs effets doivent être soulignés, notamment que le design incite à innover, de par sa portée créative dans l'entreprise et ses produits. La gestion d'une innovation, créative, fonctionnelle ou en terme concept, ne peut pas rester cantonnée à un seul produit ou une seule gamme, mais doit s'appliquer à l'ensemble de la production, faute de quoi le client industriel risque de perdre l'harmonie générale de son offre, ou d'en dévaloriser une partie qui paraîtra vieille ou obsolète en regard de la nouveauté amenée par le designer.

Une stratégie design, même si elle est ciblée sur un seul objet, d'un packaging ou d'une identité visuelle, affecte donc l'ensemble de l'entreprise. Pour conserver la cohérence d'une ligne ou tout simplement de l'image de marque, il faut penser à décliner l'innovation et la créativité apportées par le design, sur l'ensemble des éléments de communication, produits compris.

Ceci implique parfois de modifier l'appareil de production, avec la nécessité de gérer l'innovation sur une période donnée, pratique de la veille technologique que connaît bien le designer, parce qu'elle permet de mieux gérer une stratégie de création par rapport aux attentes du marché. De plus, lorsqu'un projet est mené à bien, l'expérience est en général renouvelée par les industriels, au vu des résultats obtenus, et on le comprend...

Bien souvent, l'intervention du design contribue à mettre en place une politique de R&D et/ou de recherche créative plus importante dans les PMI. Un projet design vient valoriser une entreprise et son offre innovante, de qualité et adaptée aux besoins de l'utilisateur. En ce sens, le designer va dynamiser chacune de ces composantes du produit, à plus forte raison que le transfert de compétences entre designers et entreprises n'est pas rare.

Avoir des produits bien conçus et esthétiques, ou une identité visuelle qui met en valeur l'avancée technologique et le dynamisme d'une entreprise, cela motive et oblige cette dernière à toujours faire mieux.

3. 2 Une optimisation de la production

L'entreprise conduite à intégrer une stratégie design au sein de sa logique de production en vient à pratiquer, ou renforcer du moins, la pratique de l'analyse de la valeur. C'est également l'une des compétences de certaines agences de design et des designers intégrés. Immergé de façon permanente dans l'industrie, le designer connaît bien les différents outils de production. Maîtrisant les matériaux et les techniques, il est donc apte à mener une étude d'analyse de la valeur.

L'analyse de la valeur permet d'étudier de manière approfondie un process de production, en déterminant le coût de fabrication d'un produit et les domaines dans lesquels les dépenses peuvent être réduites. Elle permet de gérer des impératifs de coût de revient (bilans prévisionnels souvent mis en valeur dans le cadre d'un projet de nouveau produit), et d'optimiser ainsi les ressources dégagées pour l'industrialisation, pour accroître la rentabilité globale. Dans ce type d'études, on retrouve également l'analyse de la valeur d'usage, menée par le designer, qui consiste à regrouper et classer en priorités les services attendus d'un produit.

Ces démarches viennent accentuer une compétence des designers appréciée par les industriels : dans un projet de design produit ou packaging, le designer est capable de préconiser des solutions techniques, parce qu'il maîtrise certaines techniques de matériaux et qu'il suit en général le projet jusqu'à son industrialisation.

Ce savoir-faire industriel rend vraiment le projet abouti techniquement, mais également optimisé sur le plan des coûts de production. L'un n'empêchant pas l'autre, le designer - s'il revendique une réelle capacité de bureau d'études parce qu'il est très orienté sur l'étude de certains secteurs - peut mener une analyse de la valeur d'usage indépendamment de l'intégration d'une démarche design.

Le designer est capable de préconiser des solutions techniques, parce qu'il maîtrise certaines techniques de matériaux et qu'il suit en général le projet jusqu'à son industrialisation.

Les entreprises innovantes trouvent là le moyen d'avoir recours à un designer produit (ce sont souvent les agences ayant une sensibilité au design de produits qui pratiquent l'analyse de la valeur) pour des approches complémentaires.

Le design joue donc un rôle d'optimisation immédiate de la production, ce qui a pour effet direct de diminuer le coût de revient et maximiser ainsi les profits. Selon la stratégie adoptée à l'export, les marges des fabricants deviennent d'ailleurs un enjeu important, surtout dans l'optique d'une pénétration de nouveaux marchés.

Le designer montre une fois de plus qu'il a un rôle à jouer dans cette stratégie, à plus forte raison que l'analyse de la valeur et le travail de créativité peuvent être menés de front. L'intérêt principal de cette démarche est d'obtenir, avant production, un produit ou un packaging qui soit optimisé en fonction des ressources de la PMI. Par extension, cette technique, en gagnant sur les coûts facilite également une différenciation par les prix, en diminuant les marges de l'entreprise.

Cette nécessité de gérer des contraintes de production, le designer, qui possède une forte culture industrielle, l'intègre de manière systématique, parce qu'elle est très vite devenue stratégique.

S'il s'agit d'une agence externe, on parlera plus facilement d'analyse de la valeur, car cette technique relève encore souvent d'une prestation externe. S'il s'agit en revanche d'un designer intégré, il devra gérer des budgets qui tiennent compte du coûts de revient, sauf si l'entreprise pratique par ailleurs une politique systématique d'analyse de la valeur menée par d'autres services. Mais dans tous les cas, le designer est un acteur de l'entreprise à de multiples niveaux, et concourt à ce titre à l'optimisation des ressources de l'entreprise pour le compte de laquelle il intervient.

3. 3 L'intégration de nouvelles techniques

On peut retenir que le design fait avancer la PME/PMI dans deux principaux aspects : l'aspect technologique et la communication à destination du consommateur.

L'intervention du designer amène l'entreprise à évoluer. Dans son rôle d'interface entre l'objet et l'utilisateur, le design tient une place importante auprès de son client industriel qui innove dans bien desdomaines.

On peut retenir que le design fait avancer la PME/PMI dans deux principaux aspects : l'aspect technologique et la communication à destination du consommateur. Pour le premier, nous l'avons vu, le designer possède une forte culture industrielle qui peut l'amener à apporter de nouvelles solutions technologiques pour l'industriel, principalement dans le cadre de projets de design produit et packaging. En terme d'ingénierie technique, mécanique, la fonction design est riche d'améliorations. Ce constat va dans le sens des prestations des designers ayant une forte sensibilité produit ou des agences qui se positionnent en design global.

Mais au-delà, c'est l'ensemble du message au consommateur qui évolue par le recours et l'intégration du design. L'industrie doit proposer une offre qui réponde aux attentes de l'utilisateur, attentes qui touchent de nombreux aspects : adaptabilité, culturels, psychologique, comme le montre le schéma suivant.

En terme d'ingénierie technique, mécanique, le design est riche d'améliorations. Ce constat va dans le sens des prestations des designers ayant une forte sensibilité produit ou des agences qui se positionnent en design global.

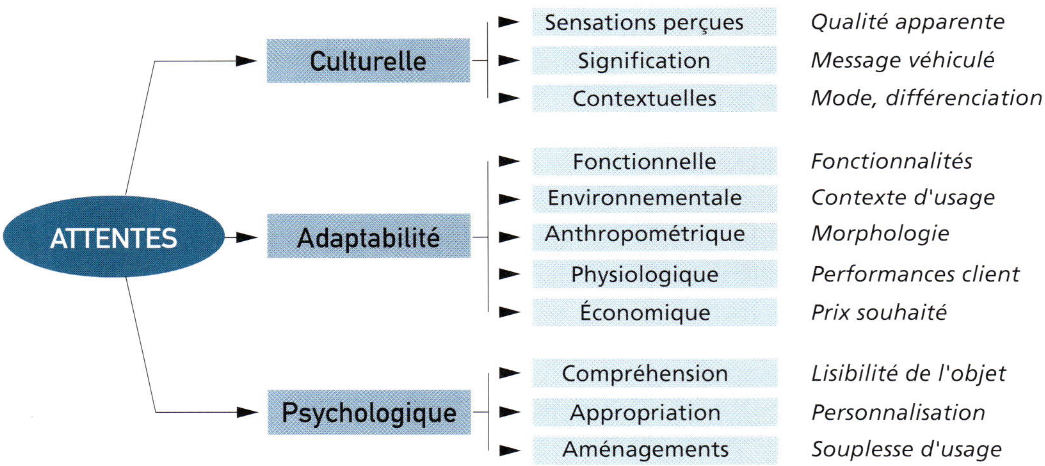

Fig.103 : Les besoins de l'utilisateur *Source : DGSI/1997*

Le designer, par une approche ergonomique poussée, intègre l'ensemble de ces facteurs dans une approche que l'on qualifie **d'ingénierie anthropocentrée**. Cette approche a pour objectif de prendre en compte tous ces facteurs humains au niveau du processus de conception. Elle a pour objet l'analyse et la définition des perceptions et du comportement liés à un produit et à son utilisation.

Au-delà de l'ergonomie, c'est une analyse qui comprend une démarche plus large de compréhension du consommateur, en termes de psychologie, de sociologie et de physiologie.

Dans le même esprit de construire un message à destination du consommateur, la sémiologie, c'est-à-dire l'étude des signes et symboles référents à un concept que l'on souhaite faire passer, est de plus en plus intégrée par les designers. En définitive cette technique, au même titre que les autres, concourt à faire du produit, de son image, et en filigrane celle de l'entreprise, **une offre à laquelle l'utilisateur adhère.**

Il est d'ailleurs important de souligner cette notion d'adhésion, parce que le client n'est plus passif dans son choix, mais devient séduit ou non - et de fait fidélisé ou pas - à une marque. Dès lors, toutes les expressions sensibles émanant d'une entreprise deviennent en terme de communication, stratégiques.

Avec l'importance des valeurs de l'entreprise, qui entrent en ligne de compte dans la décision d'achat, les qualités recherchées dans un produit vont aujourd'hui plus loin que le niveau technologique.

Cette technique, au même titre que les autres, concourt à faire du produit, de son image, et en filigrane celle de l'entreprise, une offre à laquelle l'utilisateur adhère.

Ainsi, à niveau de qualité égale, le toucher, la sensation de confort, le bruit (le claquement sourd d'une portière de véhicule, par exemple, qui symbole le luxe et la fiabilité), et d'une manière générale l'appréciation par les sens d'un objet, font la différence. En effet, l'esthétique générée par une approche design n'est pas exclusive : le choix des matériaux et la mise en valeur des fonctionnalités le sont tout autant.

On parle ainsi de design sonore et d'ergonomie cognitive. Ces techniques constituent des stratégies à par entière, qui forment naturellement un tout, la participation du design dans le produit et son action dans l'entreprise pouvant être très variées.

3 - 4 Autres effets

Le design produit d'autres effets internes à l'entreprise, qu'il est intéressant de souligner parce qu'ils correspondent à une amélioration générale, certes plus indirecte, mais néanmoins bien présente.

Tout d'abord, le design motive les équipes commerciales, dynamisées par un produit esthétique, innovant, en référence à une entreprise communicante. Ce sont autant d'arguments commerciaux qu'elles peuvent faire valoir par rapport à la concurrence.

Cette notion de patrimoine culturel véhiculé par l'image devient de plus en plus forte pour un consommateur en recherche de valeurs.

Ensuite, l'intervention régulière du design fait évoluer d'une manière générale la créativité et la culture de l'entreprise, qui change parfois complètement de " visage ". Cette notion de patrimoine culturel véhiculé par l'image devient de plus en plus forte pour un consommateur en recherche de valeurs. Elle facilite en outre cette capacité d'appropriation de l'utilisateur, mais également de la part de l'entreprise et de ses différentes équipes.

Conclusion partielle

Le design, une activité de conseil qui participe à la stratégie globale de l'entreprise

Le design est un outil de développement international de l'entreprise, car les méthodologies mises en place par les designers apportent des résultats concrets, aussi bien en terme d'amélioration du service au client ou de dialogue objet/utilisateur, en terme de communication de marque, qu'en tant que levier d'innovation et de qualité. Le design obtient également des effets concrets en interne, comme celui de dynamiser l'entreprise à différents niveaux.

Cependant, pour faire du design un moyen pertinent de pénétration de marchés, des conditions préalables sont requises ; ce cadre favorable au design doit être instauré conjointement, par les professionnels du design et les industriels.

Le rôle des pouvoirs publics, et des institutions qui en dépendent, est de promouvoir le design auprès des entreprises, parce que cette démarche correspond à un besoin d'aide et d'information. Il en est de même pour les organismes professionnels et de promotion qui doivent, en marge d'événements attendus, jouer un rôle d'orientation des entreprises vers les designers. Cette tendance est amorcée, à charge pour les dirigeants de PMI de se tourner vers les institutionnels.

Le design est donc un outil stratégique primordial à l'export, milieu de compétition accrue et de marques imposantes. Cette fonction y révèle sa pleine compétence à communiquer les qualités de l'entreprise dynamique, participant ainsi à l'élaboration d'une stratégie commerciale et marketing adaptée.

Il faut donc retenir de ces cas d'entreprises, des politiques volontaristes à l'origine de la réussite de projets design. Dans cette optique, le designer est réellement un acteur de l'industrie, qu'il connaît bien pour travailler de manière pluridisciplinaire dans différents secteurs. C'est donc l'interface entre l'entreprise et son marché, parce que son métier l'amène à transcrire visuellement les attentes des consommateurs. Le travail de conception qui débute tout projet est donc décisif, pour comprendre et s'adapter aux contraintes rencontrées par un utilisateur qui, au-delà d'un produit innovant de qualité, recherche à adhérer à un style, à un usage. La créativité est par essence la meilleure réponse que l'entreprise peut apporter en ce sens.

Le design à l'export vers le Japon, illustration d'un atout concurrentie

éel à l'international

Le design est donc un atout majeur à l'export. C'est une stratégie qu'il faut appliquer très en amont d'un projet portant sur le produit comme sur l'entreprise. A l'international, ceci est d'autant plus important que le design est un levier de communication adapté et créatif, à destination d'un consommateur qui possède ses propres spécificités.

C'est le cas du Japon : marché difficile d'accès, où l'entreprise exportatrice rencontre toutes les contraintes de commerce international, qu'elles soient culturelles, juridiques ou économiques. Voilà pourquoi le cas du marché japonais est instructif : le consommateur est exigeant, peut-être plus qu'ailleurs. Il possède ses propres particularités et les moyens de répondre à ses attentes sont nombreux, directs et indirects.

Le design, fait partie de ces moyens. C'est même un atout concurrentiel fort, la créativité étant pour les consommateurs japonais, un impératif qui compte autant que la qualité ou l'avancée technologique. Le Japon est l'exemple même du marché où les entreprises s'affrontent sur les produits concurrents, mais aussi sur les questions de notoriété et d'image de marque.

1

Un marché spécifique

Le Japon représente aujourd'hui un marché attractif. Le fort pouvoir d'achat de sa population, ainsi que son statut de porte ouverte sur l'Asie, attirent de nombreuses entreprises européennes. Toutefois, si le Japon commence à ouvrir ses frontières sous la pression internationale, il reste de nombreux obstacles à surmonter pour pénétrer ce marché.

Le Japon, un marché spécifique où le design est véritablement une donnée culturelle profonde et indispensable pour la conquête de ce qui reste encore aujourd'hui une place forte pour l'industrie française.

C'est un marché particulièrement difficile, où l'entreprise doit mettre tout en ouvre pour s'adapter au consommateur. Dans ce contexte, le design n'est pas un petit plus esthétique pour l'utilisateur japonais, c'est l'une de ses préoccupations premières, qui lui indique le niveau de qualité atteint par l'entreprise, en terme de technologie mais aussi en terme de maturité d'offre.

Le Japon, un marché spécifique où le design est véritablement une donnée culturelle profonde et indispensable pour la conquête de ce qui reste encore aujourd'hui une place forte pour l'industrie française.

Les contraintes à l'export

1 . 1 Les principales barrières normatives

Contrairement aux idées reçues, il n'existe pas de barrières tarifaires élevées au Japon. En effet, les taxes à l'importation, qui font traditionnellement peur aux entreprises étrangères, ont chuté pour atteindre un niveau à présent acceptable. Aujourd'hui, par exemple, les taxes à la consommation sont de l'ordre de 5% (avril 97), ce qui est finalement peu par rapport aux pays d'Europe.

En revanche, le système normatif reste très contraignant. On peut constater qu'il règne une certaine opacité de l'ensemble des règles japonaises à l'export. Il n'existe pas d'interlocuteur public unique préposé à la gestion de l'intégralité de ces règles, mais une multiplicité d'acteurs aux champs de compétences flous.

Le Protection Council, l'Economy Planning Agency, le National Police Agency sont autant d'organismes ayant leur système de vérification et leurs procédures propres. L'homologation par l'ensemble de ces intervenants est longue, et nécessite la constitution de nombreux dossiers. Ainsi, il n'est pas rare que les délais administratifs se comptent en années entières.

De plus, le MITI (Ministry of Industry and International Trade) veille au respect des réglementations concernant la sécurité, les normes et l'étiquetage de nombreux produits de consommation, en application de plusieurs conventions, telles que la Consumer Goods Safety Act, et de l'Electrical Products. De même, la normalisation japonaise pour les produits alimentaires est appliquée conformément au Standardization and Proper Representation of Quality for Agriculture and Forestry Products Act et au Better Nutrition Act.

En dehors des produits alimentaires - cas spécifique s'il en est - le MITI est très attentif à l'application des normes aux produits électriques et industriels par l'apposition (en cas de contrôle satisfaisant...) du label Japan Industrial Standards (JIS).

Face à cette situation, il est difficile pour les entreprises étrangères de tenir compte de l'ensemble de la législation (décrets, règlements ou lois) régissant l'exportation de leurs produits.

Mais cet état, correspondant à un protectionnisme administratif important, évolue.

C'est pour cette raison que les autorités japonaises sont peu à peu contraintes de reconnaître les règles internationales, notamment sur la qualité (norme ISO 9000). Cette ouverture aux normes étrangères ajoute un peu plus à la complexité du système.

L'exportateur doit donc rechercher la totalité des normes applicables à ses produits. En France, cette recherche peut s'effectuer par le recours aux documents de l'AFNOR, au système NOREX et aux ressources des syndicats professionnels.

Conformément aux accords du GATT, le Japon a mis en place deux centres de renseignements (le JETRO et le Bureau des Affaires Economiques) chargés d'éclairer les exportateurs étrangers sur les problèmes les plus fréquemment rencontrés.

Il serait cependant trop long d'énumérer les normes relatives aux secteurs ciblés, les dispositions en vigueur étant généralement liées à la compatibilité technique des produits étrangers avec les lois japonaises. Dans ce contexte, on saisit les difficultés techniques vis-à-vis des exportateurs étrangers vers le Japon, situation face à laquelle l'entreprise doit arriver armée et prête à faire des efforts importants pour obtenir droit de cité.

1 . 2 Autres grands problèmes structurels

D'une manière générale, il faut s'attendre à rencontrer des difficultés pour tout ce qui relève de l'exportation de produits qui touchent de près ou de loin l'hygiène et la santé des japonais.

Le ministère de la Santé, très soucieux du bien-être des consommateurs japonais, vérifie méticuleusement l'importation des biens étrangers dans ce domaine : les commissions qui examinent les produits (en général plusieurs fois) ne rendent qu'un jugement mitigé sur leur bonne conformité, sans aucune recommandation particulière.

Quoi qu'il en soit, cela nécessite du temps, de la patience et finalement un surcoût pour les démarches entreprises. Le secteur de l'équipement médical est, dans ce contexte, particulièrement concerné par ces examens.

De même, les commissions demandent tous les renseignements possibles et imaginables à l'entreprise souhaitant pénétrer le marché, ce qui est incompatible avec les impératifs de confidentialité que revêt l'entrée sur le marché japonais, face à une concurrence locale très compétitive. C'est d'autant plus vrai que le système de propriété industrielle est particulier. N'étant pas signataire de la convention de Madrid, le Japon ne reconnaît pas l'enregistrement international des marques.

Pour les exportateurs, il est donc nécessaire de déposer un dossier national pour éviter toute copie. Ce dépôt devra être fait, pour éviter tout détournement, en japonais et dans tous les secteurs concernés de près ou de loin par le produit (par exemple pour un vêtement : textile, articles de mode...)

1 . 3 Le fonctionnement du marché Japonais

Le mode de fonctionnement interne, et en particulier les circuits de distribution, représente un autre aspect spécifique du marché japonais. Le système japonais est unique en son genre, avec deux principaux acteurs :

• **Les "sogo-sosha"**, sociétés de commerce réputées pour leur efficacité notamment dans l'acheminement des produits, l'approvisionnement de leurs circuits et leurs implantations. Ces distributeurs coûtent cher, avec une marge atteignant parfois 50%, mais ce sont également les plus puissants et connus sur le marché japonais.

• **Les distributeurs professionnels**, dont c'est l'unique activité, sont très efficaces, car très bien implantés et flexibles sur les réseaux de province, mais dont les marges sont plus raisonnables et la fidélité plus sûre.

Parallèlement, quelques nouveaux canaux de distributions spécifiques se développent au Japon à l'avantage, semble-t-il, des entreprises étrangères :

• **les "home centers"** s'adressent aux jeunes couples contraints de vivre en périphérie des grandes métropoles japonaises. Ils sont situés hors des zones urbaines, ce qui leur permet de disposer de grands espaces de stockage, tout en réduisant les coûts. Les prix pratiqués sont également une incitation sérieuse pour toute clientèle aux revenus modestes. L'approvisionnement de ces magasins s'effectue généralement auprès des grossistes. Les marges pratiquées diffèrent selon les produits (40% pour des produits à faible rotation et 10% en période de promotion). Par exemple, Camping Gaz est distribué par l'intermédiaire des home centers : cet exemple de réussite illustre le choix d'un réseau adapté pour la distribution de certains biens de consommation durables.

• **la vente par correspondance** continue à se développer, car elle représente une forme adaptée en temps de crise. Les raisons du développement de ce type de vente sont les suivantes :

➤ augmentation de la population féminine active (cherchant à éviter la perte de temps inutile) ;

➤ densité urbaine (qui ne facilite pas les déplacements) ;

➤ vieillissement de la population (difficultés du 3ème âge pour les déplacements) ;

➤ réduction des coûts par l'élimination d'intermédiaires ;

➤ délais de livraison toujours plus courts : DAMART, avec un CA de 3 500 millions de yens en 1994, est le meilleur exemple de réussite de ce mode de distribution.

A ces modes de distribution s'ajoute le problème des flux tendus. Les japonais n'ont pas de place pour stocker, et il n'existe pas de réelles grandes surfaces. Les approvisionnements se succèdent donc, parfois à un rythme très soutenu.

Il faut par conséquent souligner l'importance d'un packaging de qualité qui, en plus d'intégrer les spécificités de la clientèle, doit tenir compte d'un taux de manutention élevé, d'une individualisation de la consommation et d'une adaptation générale à ces types de distribution.

1 . 4 Le consommateur Japonais : attentes et évolutions

Cependant, certaines spécificités reviennent invariablement dans le comportement d'achat généralement constaté : qualité et écoute, packaging et individualisation, valeurs morales et design sont les éléments indispensables pris en compte avec vigilance dans le choix d'un produit.

Il est bien sûr impossible de dresser le "portrait-robot" du consommateur japonais, car ses attentes diffèrent selon les produits et les secteurs. Cependant, certaines spécificités reviennent invariablement dans le comportement d'achat généralement constaté : qualité et écoute, packaging et individualisation, valeurs morales et design sont les éléments indispensables pris en compte avec vigilance dans le choix d'un produit.

Qualité et écoute

La qualité est l'une de ces caractéristiques. Quelque soit le type de bien consommé, elle est déterminante, et doit faire l'objet d'un soin tout particulier auprès des producteurs. Le "zéro défaut" est la condition indispensable, avant toute autre considération du consommateur. Cette attention particulière au niveau de qualité, on la retrouve au niveau **du produit et de sa finition, mais aussi au niveau de son packaging et de la communication de l'entreprise.** En ce sens, le consommateur japonais considère l'offre qui lui est faite comme un ensemble, dans lequel l'entreprise doit valoriser les efforts qu'elle fait pour contenter l'utilisateur, sous tous les aspects possibles.

Dans le même esprit, l'écoute du client est un point incontournable. Les modifications de produits, en réponse aux attentes de clients, doivent être couramment pratiquées, ce qui implique notamment une grande flexibilité de la production. La prise en compte des avis que le client formule, reste de première importance. A cet égard, les tests consommateurs constituent une démarche très appréciée.

Packaging et individualisation

Le packaging est aussi un point fort du produit. Il est aussi important que le produit lui-même, et doit être à la fois esthétique et fonctionnel. **Invariablement, le principe revient : "le packaging, c'est le produit".** Cette tendance est très clairement affirmée au Japon, et doit faire l'objet de toutes les attentions dans le lancement d'un produit.

A titre d'exemple, une bouteille d'eau minérale avec une étiquette déchirée ne quittera jamais son linéaire. Le consommateur aura l'impression que le produit a mal été conçu, est de mauvaise qualité. De même, il n'est pas rare qu'un produit et son packaging soient déballés et étudiés dans le magasin, alors que la décision d'achat n'a pas encore été prise. De plus, ce qui est vrai pour les biens de consommation l'est aussi pour les biens d'équipements. Modes d'emploi, brochures et plaquettes doivent être sérieusement travaillés pour valoriser tant que possible le produit et ses qualités techniques. Ainsi, par exemple, dans le domaine médical, les présentations d'appareils doivent expliquer de manière claire - et jusque dans le moindre détail - le produit et ses fonctionnalités.

Par le mode de distribution en place au Japon (la plupart du temps des commerces de proximité), il est nécessaire de privilégier l'individualisation des parts. Les offres familiales, telles qu'elles existent en France par exemple, ne sont pas exportables sur le territoire japonais. Les produits se vendent à l'unité, en réponse au manque général de place. Les courses s'effectuent plusieurs fois par semaine avec, pour chaque passage en magasin, un volume d'achat limité. Cette pratique a toutefois tendance à s'atténuer, car les japonais essaient de stocker en plus grande quantité.

Cette particularité oblige donc une grande ponctualité dans la livraison, car la clientèle japonaise est très peu fidélisée ; un retard équivaut à la perte d'un client. Dans le système actuel, une offre familiale correspond à un grave manque d'attention et d'écoute du consommateur japonais.

Modes et valeurs

Les japonais prêtent une grande attention à la mode. En effet, les comportements d'achat sont assez volatiles, montrant un engouement marqué pour les produits nouveaux. En marge de ces effets de mode, qui ont tendance à s'atténuer depuis la crise, les japonais recherchent au travers de produits un style de vie. Posséder un sac VUITTON reste au Japon la marque de l'appartenance à une certaine classe sociale. Cette notion d'appropriation et d'identification est si forte que les entreprises n'ayant pas d'identité de marque limitent sérieusement leurs chances de séduire le consommateur japonais.

Le message véhiculé et le patrimoine culturel de l'entreprise comptent beaucoup. Ce sont des arguments commerciaux majeurs.

Dans cette optique, le message véhiculé et le patrimoine culturel de l'entreprise comptent beaucoup. Ce sont des arguments commerciaux majeurs, et pas uniquement dans les domaines du luxe, de l'agro-alimentaire et des cosmétiques où les produits français sont très bien représentés au Japon. Il en est de même pour l'ensemble des secteurs industriels, qui doivent véhiculer une image dynamique et structurée de leur savoir-faire.

Ces facteurs doivent être compris par les entreprises françaises désireuses de vendre au Japon, car le marché offre un potentiel de développement très fort, même si une période d'adaptation à ce système spécifique reste contraignante.

L'esthétique n'est pas considérée comme la touche finale apportée en dernier lieu à un produit mais comme la nécessaire valorisation d'un concept créatif et cohérent.

Le design : une donnée culturelle au Japon

Au début des années 90, le MITI a déclaré le design comme une priorité industrielle nationale à soutenir. Cette action des pouvoirs publics japonais illustre le fait que le design a toujours été très présent dans l'industrie japonaise. C'est même une donnée culturelle très forte. La créativité et la nouveauté sont deux attentes qui prédominent chez le consommateur japonais.

L'esthétique n'est pas considérée comme la touche finale apportée en dernier lieu à un produit mais comme la nécessaire valorisation d'un concept créatif et cohérent. A tel point qu'un produit n'ayant pas fait l'objet d'une approche design en termes d'esthétique et d'ergonomie, est **considéré comme non achevé.** Dans ce contexte, la créativité est la raison d'être du produit, et avec elle la nouveauté qui légitime l'intérêt de l'utilisateur. Mais il ne faut pas entendre cette recherche comme un besoin de "gadget" ; c'est réellement la nécessité d'avoir des objets qui innovent dans leurs conceptions, dans leurs usages, et en terme de progrès.

Ainsi, l'aspect extérieur traduit le niveau de compétences atteint par l'entreprise et la maturité de son offre, d'une manière générale. Dès lors, le design devient un atout concurrentiel majeur, que les entreprises étrangères doivent faire valoir en priorité. Les distributeurs japonais par exemple, sont très sensibles à ces notions et "accepteront" - le terme n'est pas trop fort - de prendre des produits étrangers qui apportent une vraie valeur ajoutée à leur palette de produits proposés.

Evolutions récentes

L'éclatement de la bulle spéculative et la crise traversée par le pays au début de la décennie ont changé les habitudes de consommation des japonais. Le prix, qui a longtemps été considéré comme un facteur secondaire dans le processus d'achat, est devenu l'un des premiers critères retenus lors de tout choix. Le consommateur prête désormais davantage attention au rapport qualité/prix.

Cette situation a facilité l'accès au système de distribution pour les entreprises étrangères. Les consommateurs, lassés de payer 3 à 5 fois plus cher les produits importés, veulent une réduction des coûts.

L'insouciance de la période de la bulle a fait place au "gekiyasu boom" : la course aux prix les plus bas (différence de 30% pour un même produit).

En conclusion, l'entreprise étrangère qui souhaite exporter au Japon doit s'attendre à des demandes très variées du consommateur. **La différenciation par la qualité et l'innovation, les valeurs et le design deviennent essentielles dans la réussite.** Dans un pays où l'utilisateur est l'unique décideur, les solutions créatives et inventives sont les seuls leviers de séduction.

La présence française sur le marché

L'image et l'aspect extérieur sont des facteurs déterminants de la communication des entreprises vers les consommateurs japonais. Dès lors, on peut se demander si la France, vue par les japonais, représente un plus à revendiquer, en termes de créativité, de savoir-faire industriel et de savoir-vivre par les entreprises françaises présentes sur le marché.

Une étude portant précisément sur ces questions d'image de la France au Japon, a été commandée par le ministère de l'Industrie, la Chambre de Commerce Française du Japon, le Service Economique et Commercial de l'Ambassade de France au Japon et enfin l'association de l'Année de la France au Japon (qui prépare une grande campagne de promotion de la France au Japon en 1998). Cette enquête a été menée auprès de cadres professionnels, de professeurs et d'étudiants en université et auprès d'un panel représentatif de la population japonaise.

Cette étude est intéressante pour comprendre le poids de l'image de la France, parce qu'elle s'appuie sur le vécu et les évocations qui font la notoriété de notre pays aux yeux des japonais.

2 . 1 L'image de la France au Japon : constat d'une présence mitigée

L'image de la France au Japon peut se résumer en plusieurs thèmes importants où la France est perçue notamment comme un pays de savoir-vivre, de créativité, mais également comme un pays accusant un retard technologique non négligeable.

Le savoir-vivre français

La population japonaise possède une forte cohésion sociale et culturelle. Par conséquent, la préférence nationale joue dans les décisions d'achats, et la nationalité d'un produit est un facteur important. La provenance d'un produit étranger est un critère essentiel pour les japonais, car elle représente une référence culturelle légitimant l'entreprise.

Par ailleurs, l'ouverture du marché et la crise permettent l'entrée de nouveaux produits. Il est primordial, pour les entreprises françaises, de mieux connaître l'image de la France au Japon, car elle conditionne la plupart des attitudes et des réflexes d'achats.

La France est largement reconnue comme un modèle à part entière, dans des domaines tels que la mode, le savoir-vivre, ou encore pour son patrimoine culturel et historique. Cette image est renforcée par l'industrie française du luxe. Ce constat se retrouve au niveau des échanges commerciaux France/Japon. La part du luxe dans ces échanges est forte : vins, alcools et

Il est primordial, pour les entreprises françaises, de mieux connaître l'image de la France au Japon, car elle conditionne la plupart des attitudes et des réflexes d'achats.

spiritueux, agro-alimentaire, articles de mode, maroquinerie et autres articles de cuir, parfums et cosmétiques... Ces produits sont en effet très demandés par les japonais.

L'industrie du luxe joue donc la carte de la culture française et entend résumer le savoir-vivre à la française. Ce positionnement est apprécié au Japon, comme en témoigne la présence depuis plus de 30 ans du groupe LVMH à Tokyo.

Le consommateur considère donc la marque, le message communiqué par l'entreprise et son histoire, comme des valeurs fondamentales, aussi importantes que les caractéristiques du produit en lui-même. Modèle authentique, la France bénéficie donc d'un a priori favorable, sur lequel les entreprises françaises peuvent compter. Cependant les entreprises françaises, d'une manière générale, sont considérées comme peu compréhensives des attentes du consommateur japonais, qui leur reproche notamment de mal communiquer à son égard.

L'image de la France au Japon, c'est l'histoire d'une présence culturelle forte, grâce à nos marques ; modèle de bien-être, de production de biens de consommation de qualité, cette étiquette s'impose même au détriment de notre savoir-faire technologique, moins bien perçu par les consommateurs et décisionnaires japonais.

La créativité, une qualité française

Selon l'étude, les japonais voient les français comme des gens créatifs et à la mode, bien avant l'Italie et l'Allemagne. Seuls les Etats-Unis font mieux dans ce domaine. On retrouve le côté esthétique et artistique qui caractérise la France art, culture, mode et créativité. Le cour de l'image française se résume à ces valeurs.

Les japonais voient les français comme des gens créatifs et à la mode, bien avant l'Italie et l'Allemagne.

En revanche, les français sont jugés peu dynamiques et manquent de flexibilité. Cet aspect se retrouve dans l'image technologique de la France.

Un déficit d'image technologique

Parallèlement, il semble que l'image de la France soit moins associée à un pays de technologies de pointe. Modifier cette vision des choses représente un réel challenge, aussi bien pour les entreprises de produits "hi-tech", que pour les pouvoirs publics qui ont institué plusieurs campagnes de promotion telles que **"Hi-tech, Hi-touch : France"**, dans le cadre de la campagne "le Japon c'est possible", et "ENSEMBLE" , et au niveau européen **"Gateway to Japan"**.

La campagne française, lancée par le ministère de l'Industrie en 1992, à pour objectif principal de promouvoir la présence française sur le marché japonais. Le programme a donc un double objectif :

- Promouvoir l'opportunité japonaise auprès des entreprises françaises et stimuler leur intérêt pour ce marché à fort potentiel ("le Japon c'est possible") ;
- Sensibiliser les japonais à la variété et à la qualité des produits industriels français.

Cette campagne se caractérise par la réalisation d'études de marché, de séminaires et d'activités d'informations en France. En ce sens, le JETRO, organisme japonais dépendant du MITI travaille en collaboration avec le CFCE, pour conseiller les entreprises françaises à l'export vers le Japon. De même, le Poste d'Expansion Economique de Tokyo et la Chambre de Commerce Française au Japon (CCFJ) sont associés à cette campagne.

Cette opération a porté spécifiquement sur certains secteurs de l'économie, où notre potentiel paraissait insuffisamment exploité. Un programme reprenant les mêmes modalités au niveau européen a été créé : "Gateway to Japan", même si ce dernier ne se préoccupe pas directement des questions d'image de la France au Japon.

Ce déficit d'image technologique est pourtant assez surprenant, lorsque que l'on sait que la France est le premier fournisseur du Japon pour les hélicoptères civils et les services nucléaires. Le problème vient du fait que 70% des japonais l'ignorent, comme ils ignorent également notre rôle dans des programmes tels qu'Ariane ou Airbus.

En effet, les compétences sont reconnues au niveau européen : les japonais considèrent l'Europe comme un pôle technologique, mais ils ont apparemment plus de mal à distinguer la participation française.

Il faut donc mettre en avant les compétences de notre industrie lourde et le savoir-faire technologique français. Nous restons malgré tout très présents au Japon dans ce domaine, par le biais de grands groupes tels que la COGEMA, AIR LIQUIDE, FRANCE TELECOM, THOMSON...

En conclusion, on peut souligner que ce contexte particulier oblige les entreprises françaises à faire preuve de créativité et d'innovation, et de savoir communiquer de manière valorisante et dynamique cette démarche importante et cohérente.

Nous verrons plus loin que tous ces facteurs sont déterminants à intégrer dans le cadre de l'export vers le Japon, et que le design joue un rôle majeur dans la compréhension et l'adéquation de l'offre aux attentes du consommateur.

2 . 2 Approche sectorielle

Notre enquête présente l'utilisation du design comme un atout, au travers notamment de secteurs précis, constatant de particularités qui illustrent l'ensemble de l'approche du marché japonais.

Ces secteurs sont l'automobile, le jouet, le sport, l'outillage/matériel électrique et l'équipement médical. Ils représentent des domaines où **le design joue un rôle actif** et pour certains, des potentialités de développement fortes au Japon, comme le sport, le jouet et l'équipement médical.

Le secteur du jouet

Le marché du jouet est particulièrement développé au Japon : on l'estime à 20 milliards de francs au prix de gros, soit 40 milliards de francs au détail, jeux vidéos non compris.

Le Japon compte plus de 21 millions d'enfants de 14 ans et moins, pour lesquels les parents consacrent en moyenne 2 000 F par an (contre 1 700 F en France) à l'achat de jouets. Ces chiffres en font le marché le plus attractif du monde, après les Etats-Unis toutefois. On obtient donc la répartition suivante :

Les importations japonaises sont, dans ce domaine, en constante augmentation, même s'il faut en retrancher les produits réalisés par des filiales japonaises en Chine. La part des européens dans ces importations reste faible, malgré le poids international marqué de la France dans ce secteur.

Face à ce constat, il est nécessaire de distinguer la spécificité de l'offre française. **Le jeu français est essentiellement éducatif et à fort aspect pédagogique.** La France possède un savoir-faire reconnu dans ce domaine.

Or, l'industrie du jouet japonais ne dispose pas d'une offre correspondant à ce positionnement, préférant, la plupart du temps, des produits dérivés basés sur les dessins animés locaux. Avec une demande locale forte, **la France a donc une carte à jouer dans ce domaine.**

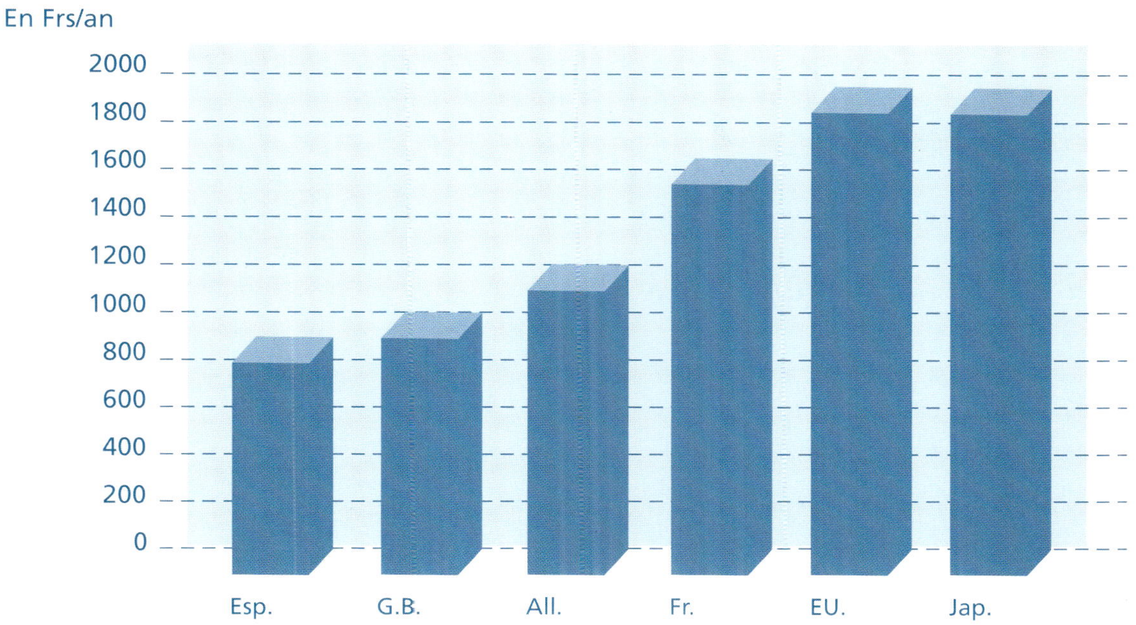

Chiffres SESSI/1995

Fig.104 : La consommation moyenne annuelle de jouets par pays en 1995

L'industrie automobile

Le territoire japonais a longtemps été fermé à toute importation étrangère. Ces barrières, principalement tarifaires, ont progressivement été éliminées durant ces dernières années. De même, les barrières normatives ont peu à peu été simplifiées pour faciliter l'entrée de voitures importées.

Les marques françaises sont peu présentes sur ce marché, en raison d'une politique d'investissements généralement modérée, qui tient principalement à une concurrence japonaise (asiatique d'une manière générale) et internationale forte. Par ailleurs, les standards japonais ont longtemps été contraignants pour les marques étrangères, et de fait, dissuasifs. Le Japon ne semble donc pas attirer particulièrement les grands constructeurs français.

Le Japon est devenu, depuis plusieurs années, un marché très demandeur en termes d'innovation et de qualité des produits commercialisés.

Il faut cependant pondérer ce constat, par l'ouverture croissante du Japon à la concurrence internationale. Mais au niveau européen, seule l'industrie automobile allemande tire son épingle du jeu, dont la position sur le marché japonais se renforce très nettement par le biais de grands constructeurs tels que Mercedes, BMW ou encore Porsche.

L'exemple allemand est révélateur : tous ces grands constructeurs ont réussi à pénétrer le marché japonais et obtenir des résultats parce que leurs hauts de gamme représentent une certaine conception de la réussite personnelle, un standard de qualité ; les modèles allemands, d'esthétique fluide et robuste, ont su inspirer la confiance chez les consommateurs japonais.

Dès lors, on comprend l'importance de l'image et des valeurs communiquées au Japon. Le produit doit parler, peut-être encore plus fortement dans l'automobile qu'ailleurs, et privilégier en conséquence un design qui mette en valeur les qualités techniques de la voiture. De même, l'impact culturel est majeur sur ce type de produits. L'identification et l'appropriation de la marque sont très fortes dans l'automobile, symbolisant le niveau social et une qualité de vie élevée.

Les modèles allemands, d'esthétique fluide et robuste, ont su inspirer la confiance chez les consommateurs japonais.

Le Sport

Le domaine du sport représente plus de 9% de nos exportations de biens de consommation vers le Japon. Une croissance constante des exportations françaises sur ce marché depuis le milieu des années 80 en fait un marché porteur.

Le Japon est devenu, depuis plusieurs années, un marché très demandeur en termes d'innovation et de qualité des produits commercialisés. La crise japonaise a récemment accru la compétition dans ce secteur, car le volume d'achats est en régression depuis 1993.

Avec plusieurs marques fortes, la France a su assurer et consolider sa présence, notamment dans des domaines particuliers tels que les sports d'hiver et les équipements de randonnées. Dans ces créneaux, la France, dont les japonais connaissent bien la tradition montagnarde, est reconnue tant au niveau du savoir-faire acquis dans les grandes rencontres sportives internationales par les marques françaises, qu'au niveau du savoir-vivre mis en valeur par le tourisme français.

L'équipement médical

L'équipement médical européen est une branche présente depuis plusieurs décennies au Japon. Les plus gros investissements en ce domaine étant pour la plupart occidentaux, le Japon a beaucoup importé dans ce secteur.

L'amélioration du système de protection sociale japonais, parallèlement à l'augmentation des dépenses de santé, a favorisé une implantation efficace des entreprises étrangères sur ce marché.

La France, avec une production nationale destinée pour une grande partie à l'export (42%), est présente sur les grands marchés internationaux, et notamment au Japon. Cette présence s'explique par le haut niveau d'innovation et de qualité que les entreprises françaises proposent face à la concurrence internationale.

Les barrières à l'export sur ce marché sont plus faibles depuis la création de l'EBC Medical Equipment Committee, chargé de travailler à la diminution des droits tarifaires dans ce secteur.

Toutefois, la recherche d'une réduction des dépenses de santé fait de ce secteur une branche très concurrentielle, où l'offre est soigneusement évaluée et l'argument prix longuement étudié.

L'outillage et le matériel électrique

L'outillage et le matériel électrique représentent des secteurs intéressants sur le marché japonais. En effet, ce secteur, même s'il ne représente qu'une faible part de nos exportations vers le Japon, est en constante progression (+ 6% sur les neuf premiers mois de 1996) alors que l'ensemble du marché national régresse (-1% prévue pour la même année).

De plus, le secteur de l'outillage présente une utilisation intéressante du design, avec notamment l'entrée sur le marché japonais de fabricants français grâce à la mise en avant d'innovations fortes.

La France, avec une production nationale destinée pour une grande partie à l'export (42%), est présente sur les grands marchés internationaux, et notamment au Japon. Cette présence s'explique par le haut niveau d'innovation et de qualité que les entreprises françaises proposent face à la concurrence internationale.

2 . 3 Communiquer au Japon : une stratégie primordiale

La communication au Japon : véhiculer la crédibilité de l'entreprise et les valeurs de ses produits. En un mot, créer la confiance chez le consommateur japonais.

L'image de la France au Japon est clairement établie : pays du savoir-vivre, de la culture, les entreprises françaises possèdent un crédit d'image significatif qu'il faut savoir utiliser à bon escient.

La communication de l'entreprise doit, par ailleurs, être basée sur deux axes principaux : véhiculer la crédibilité de l'entreprise et les valeurs de ses produits. En un mot, créer la confiance chez le consommateur japonais. Il reste très sensible aux valeurs de l'entreprise et au message que celle-ci véhicule. Il tient en effet à se reconnaître dans le produit qu'il acquiert, et il faut également préciser que la dimension sociale de l'entreprise est beaucoup plus développée au Japon. L'entreprise est certes là-bas un acteur économique, mais un cadre de vie à part entière qui propose aussi une action sociale. Cette dimension humaine doit se retrouver dans l'offre faite au consommateur, qui doit allier tradition et modernité.

Ces deux notions sont le cour de la vie sociale japonaise. Les entreprises étrangères doivent intégrer cet état de fait et communiquer sur leur savoir-faire dynamique, mais aussi cohérent, en référence à une tradition qui justifie sa maîtrise des techniques et son niveau de compétences.

La cohérence de l'offre est le maître mot de cette communication, tant au niveau du message délivré, qu'au niveau des leviers de communication de l'entreprise.

Au-delà donc de l'authenticité recherchée, l'envergure internationale est un facteur essentiel sur lequel il faut communiquer. Pour le consommateur japonais, elle est synonyme de qualité de produits et de sérieux.
Cette attention portée à l'entreprise en elle-même, est tout à l'avantage de la firme étrangère, à plus forte raison que le consommateur japonais respecte la différence.

L'entreprise française doit d'abord véhiculer sa dimension internationale. L'appartenance au pays d'origine doit être présentée comme un "plus", évoquant ses valeurs. L'expérience a démontré qu'il faut **éviter absolument l'écueil de la "japonisation"**, c'est-à-dire de vouloir paraître japonais, au niveau de la communication du produit et de l'entreprise. Au contraire, quand cela constitue une différenciation face à la concurrence, le patrimoine culturel doit être affirmé.

Revendiquer son origine française - sans pour autant en faire une prétention démesurée, l'humilité et la simplicité restant au Japon des vertus - reste malgré tout un complément utile à la stratégie de l'entreprise ; cette attitude est valable pour tous les secteurs de l'industrie, dont certains s'en font d'ailleurs un argument commercial primordial, notamment dans le domaine du luxe et du sport. Le cadre de vie reste un vecteur de communication fort, sur lequel les entreprises doivent s'appuyer pour sensibiliser les japonais à leurs offres.

Dans ce contexte, communiquer au Japon est une stratégie primordiale. Le message, qu'il soit culturel, technologique ou correspondant à la mode, doit être valorisé par l'image de l'entreprise et de ses produits. La cohérence de l'offre est le maître mot de cette communication, tant au niveau du message délivré, qu'au niveau des leviers de communication de l'entreprise : produits, packaging, identité visuelle et environnement doivent représenter un ensemble très étudié et stylisé.

En ce sens, **le design devient un outil stratégique** pour prédisposer favorablement l'entreprise étrangère face aux attentes du consommateur japonais.

2

Le design, une stratégie compétitive

Le marché japonais est un marché difficile d'accès pour les entreprises étrangères. Les contraintes qui surgissent à l'export sont à la fois économiques, juridiques et culturelles. En effet, le fonctionnement du marché - spécifique s'il en est - reste prohibitif pour les entreprises peu préparées ; mais au-delà, c'est le consommateur, centre de toutes les attentions, qui est difficile à cerner. Ses desiderata sont multiples, parmi lesquelles le design, qui agit comme une réponse esthétique et ergonomique à une réelle attente de produits beaux et bien faits.

Or, le design est justement un atout concurrentiel marqué, parce qu'il répond à ce besoin, mais également parce qu'il permet de structurer sur de nombreux aspects l'offre de l'entreprise, comme une invitation globale à l'attention du consommateur japonais.

Marque, différenciation et innovation : Les clés de la réussite

1 . 1 Le besoin des entreprises

L'accès au marché japonais implique de persuader deux acteurs : les distributeurs et les consommateurs finaux. L'entreprise étrangère qui souhaite s'implanter, doit convaincre ces derniers de la valeur ajoutée que représente son produit. Ceci est particulièrement vrai pour le distributeur local, car de lui dépend la bonne représentation - en un mot la survie - et le lancement du produit au Japon.

Les clients japonais doivent, de leur côté, être à la fois séduits et étonnés par le nouveau produit.

L'entreprise doit donc véhiculer un message fort, dans lequel le consommateur japonais est susceptible de se reconnaître. Crédibilité, confiance dans la marque et dimension internationale, telles sont les conditions d'une présence durable au Japon.

Un produit à forte innovation est donc le meilleur moyen pour se positionner sur le marché japonais, mais cela ne suffit pas : l'ergonomie, la fonctionnalité et le service rendu au client sont tout aussi importants. Encore une fois, et c'est peut-être plus vrai au Japon, il faut savoir innover, mais aussi amener favorablement cette innovation sur le marché.En marge de ces qualités, l'entreprise doit donc véhiculer un message fort, dans lequel le consommateur japonais est susceptible de se reconnaître. Crédibilité, confiance dans la marque et dimension internationale, telles sont les conditions d'une présence durable au Japon.

Le design a un rôle précis à jouer pour chacun de ces aspects, d'autant qu'il intervient à un niveau résolument stratégique pour la firme étrangère. Outil d'adaptation, le design permet à l'entreprise d'être flexible et réceptive aux exigences du marché.

Nous verrons en ce sens que l'entreprise étrangère a besoin de considérer dans son approche à deux degrés différents, qui forment un ensemble : le produit d'une part, et l'entreprise en tant que référence d'autre part. Dans cette optique, le designer est un interlocuteur privilégié de l'industrie, parce qu'il a la capacité de gérer ces deux variables dans le cadre de projets créatifs et novateurs.

1 . 2 Standardisation et personnalisation

L'internationalisation des marchés oblige les entreprises à prévoir une production non plus sur un plan national, mais sur un plan mondial, en réaction à des lancements de produits qui deviennent internationaux. Les produits doivent donc répondre aux normes internationales, mais surtout correspondre aux attentes d'une cible la plus large possible et très souvent hétérogène.

Cette standardisation de la production doit être conditionnée par l'intégration le plus en amont possible du designer. Les objets doivent faire appel à des valeurs universelles, utilisant la forme comme un outil de communication vers l'utilisateur. De même, l'identité visuelle constitue la présentation de l'entreprise, un média permettant une compréhension immédiate et sans frontières des valeurs véhiculées.

Il est parfois nécessaire de retravailler les produits ou les campagnes de promotion en fonction des différents marchés. Ces travaux d'adaptation sont souvent réalisés par des agences de design locales, au fait des contraintes locales.

Face à cette standardisation des produits, souvent associée à une globalisation de la communication, des personnalisations sont obligatoires, notamment lorsque la cible visée est trop spécifique et différente des autres pays concernés par le lancement.

En effet, il est parfois nécessaire de retravailler les produits ou les campagnes de promotion en fonction des différents marchés. Ces travaux d'adaptation sont souvent réalisés par des agences de design locales, au fait des contraintes locales. On peut noter, pour le cas japonais, le travail sur les couleurs (du vif au pastel, selon le type de produits). De même, la morphologie de la population est prise en compte (tailles de vêtements, poignées d'appareillages...) ainsi que des données contextuelles plus générales, telles que les variations saisonnières.

Le poids des usages est très variable et au Japon, les consommateurs vivent des relations à l'objet qui sont très différentes des habitudes occidentales.

Le client japonais attend en effet de l'entreprise qu'elle porte une attention particulière à ses attentes, d'où une personnalisation de l'offre presque quasiment systématique. En témoigne par exemple l'individualisation des parts dans l'agro-alimentaire. De même, le poids des usages est très variable et au Japon, les consommateurs vivent des relations à l'objet qui sont très différentes des habitudes occidentales.

Par exemple, dans le domaine du verre, nous avons en occident une appréhension presque banalisée, fonctionnaliste, du verre de table : un simple contenant qui vient orner une table dressée s'il est décoratif. Mais au Japon, le verre est de forme très différente, répondant à une utilisation spécifique : la gastronomie est bien sûr typique, mais l'accompagnement des plats ne se fait pas de la même manière au Japon, même pour la gastronomie occidentale. Le verre n'est plus un simple objet : la matière et la forme possède toute son importance, son usage est très codifié, et le verre est un objet d'art à part entière. La démarche n'est donc pas la même pour l'entreprise qui souhaite exporter au Japon.

Cet exemple illustre le poids de la culture et des mœurs dans le dialogue de l'utilisateur au produit, relation dans laquelle le design joue un rôle déterminant, toujours dans sa fonction d'interface entre l'homme et l'objet.

1 . 3 Mettre en place une communication forte grâce au design

Exporter au Japon, c'est d'abord communiquer. En ce sens, l'entreprise étrangère doit véhiculer ses valeurs, son patrimoine culturel et ses qualités par des leviers de communication qui attirent le consommateur japonais : un produit novateur, un packaging et une identité visuelle communicatifs.

Ainsi, la gestion du visuel est un élément de poids, incontournable dans une stratégie commerciale et marketing. **Le design, sans pour autant apporter une solution à toutes les contraintes liées au marché japonais, constitue un outil d'adaptation adéquat.**

Les méthodes employées par le designer permettent une communication adaptée au besoin identifié de l'utilisateur, grâce à la gestion du projet design qui intègre tous les paramètres du comportement du consommateur ciblé.

1 . 4 Du besoin de créativité des entreprises étrangères

Face à des consommateurs "néophytes" et sensibilisés au design sous tous ses aspects, l'entreprise étrangère doit apporter une réponse créative en cohérence avec ces impératifs.

Vis-à-vis du consommateur japonais, se différencier est primordial pour susciter l'intérêt. Le poids de la marque, la nouveauté et la créativité sont réellement les leviers qui permettent à l'entreprise de se démarquer et d'attirer un consommateur exigeant ayant ses particularités propres.

Dès lors, la créativité maîtrisée, au sens large du terme, devient un puissant atout dans la compétition locale, face à une demande qui recherche toujours la valeur ajoutée dans un produit et ce, à tous les niveaux : produit, packaging, identité de marque.

Les clés de la réussite au Japon sont nombreuses et difficilement toujours identifiables, mais ce qui est sûr, c'est ce besoin omniprésent de créativité à tous les échelons de l'entreprise. Ainsi, le design, par une approche méthodologique pertinente, est un outil de communication qui, loin de finaliser une approche produit ou identité visuelle, est inhérent à toute présence sur le sol japonais. Face à des consommateurs "néophytes"et sensibilisés au design sous tous ses aspects, l'entreprise étrangère doit apporter une réponse créative en cohérence avec ces impératifs.

Le design, un outil pertinent et adapté

Les designers, et en particulier ceux qui travaillent de près ou loin avec des entreprises agissant sur le marché japonais, ont une méthodologie adaptée à l'approche d'un consommateur qu'ils connaissent de mieux en mieux. Ainsi, ils ont la capacité à aider les entreprises françaises dans le choix de leur stratégie de pénétration du marché japonais.

Dans l'optique de lancer un produit au Japon, l'entreprise doit considérer deux variables dans le choix de sa stratégie : le produit lui-même bien sûr et son packaging.

Dans l'optique de lancer un produit au Japon, l'entreprise doit considérer deux variables dans le choix de sa stratégie : le produit lui-même bien sûr et son packaging (ou éléments de communication d'une manière générale), étudiés en termes de qualité, d'innovation et d'impact créatif sur le marché, mais également l'entreprise, son image de marque et même son environnement.

Le design permet donc d'intégrer les attentes du consommateur japonais, et de mettre en adéquation l'offre de l'entreprise, dans son ensemble, avec les demandes identifiées du marché.

2 . 1 Le travail sur le produit

Le produit doit présenter des caractéristiques ergonomiques, esthétiques et usuelles marquées. Le manque de place au Japon est une contrainte majeure dans la création de produits, car il faut prendre en compte les volumes et adapter la fonctionnalité en conséquence. De même, le travail sur la couleur et le matériau est important, les japonais étant très sensibles aux composants et à la sobriété générale des produits, et cela, sans compter certaines couleurs ou matières qui ont leur propre signification.

Les japonais accordent également une attention particulière au packaging, faisant partie intégrante de l'offre proposée. Le conditionnement doit, comme en Europe, "protéger ce qu'il vend et vendre ce qu'il protège", d'autant qu'il existe au Japon, une réelle et incontournable culture de l'emballage qui en fait un objet symbolique. La tradition du paquet cadeau, très importante et cérémonieuse au Japon, illustre par exemple l'importance du packaging, respecté au même titre que le produit.

Le design agit donc comme un révélateur du dynamisme de l'entreprise, des qualités conceptuelles du produit.

Dans l'approche produit et packaging (ou, pour les biens d'équipements lourds, la communication institutionnelle et les documents d'édition), le design agit donc comme un révélateur du dynamisme de l'entreprise, des qualités conceptuelles du produit. Mais il faut entendre le produit au Japon non pas comme un but en soi, mais plutôt comme un moyen de réaliser un objectif personnel, comme le montre le schéma suivant :

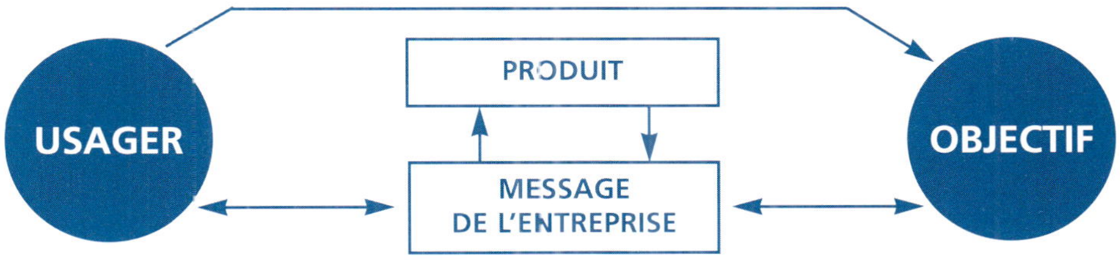

Fig.105 : L'usage réel correspond à un accomplissement personnel

Cette relation à l'objet est généralement constatée et ce, quel que soit l'utilisateur. Mais au Japon, **cet objectif personnel est disproportionné** par rapport au produit et à l'entreprise. Il est très important pour le consommateur japonais de pouvoir accomplir un objectif.

Cette attitude fait partie d'un tout, au même titre d'ailleurs que la dimension sociale et humaine de l'entreprise japonaise.

2 . 2 Le travail sur l'entreprise

La plupart des entreprises exportatrices travaillent leur identité visuelle, parce qu'**elle correspond, au même titre que le produit, à un facteur de compétitivité marqué.** Elaboration d'une charte graphique, nouveau logo, modification des plaquettes... constituent des éléments de communication incontournables.

Le design, comme révélateur graphique des valeurs de l'entreprise, est une arme offensive sur ce marché.

Cette gestion de l'image doit être prise en charge très en amont, car le consommateur japonais a besoin en premier lieu de repères sur l'entreprise. De nature curieuse, il cherche à comprendre le produit dans son ensemble et ce qui légitime l'entreprise dans son action.

L'identité visuelle est donc un facteur important dans la différenciation de l'entreprise et la gestion du capital marque. Le design, comme révélateur graphique des valeurs de l'entreprise, est une arme offensive sur ce marché.

2 . 3 Les exemples de DESGRIPPES GOBÉ & ASSOCIATES et CARRÉ NOIR

DESGRIPPES GOBÉ & ASSOCIATES et CARRÉ NOIR sont deux agences de design implantées au Japon. Elles font partie des agences qui travaillent avec une clientèle internationale agissant sur le marché japonais. Leur connaissance des consommateurs japonais leur ont notamment permis d'adapter leurs techniques de travail aux contraintes locales rencontrées.

D'une manière générale, les agences ayant une clientèle orientée vers le Japon, ont été obligées très tôt de chercher à intégrer la dimension culturelle du marché japonais. En témoigne l'enquête réalisée récemment sur l'image de la France au Japon, dont nous avons parlé précédemment, le consommateur japonais est très sensible aux questions d'image véhiculées, et sa perception de l'offre française est très orientée. Gérer l'impact visuel, en comprenant le comportement d'achat du client japonais, réclame une immersion complète du designer et une forte expérience du terrain.

DESGRIPPES GOBÉ & ASSOCIATES, une agence résolument internationale

L'agence DESGRIPPES GOBÉ & ASSOCIATES a une activité très diversifiée puisqu'elle gère la communication par le design (produit, packaging et identité visuelle) de marques telles que COCA-COLA, BOUCHERON, UNILEVER, NESTLÉ, le CRÉDIT AGRICOLE ou encore la POSTE et DANONE.

Avec un chiffre d'affaires de 120 millions de francs par an, généré par un effectif de plus de 150 personnes, la société DESGRIPPES GOBÉ & ASSOCIATES est présente dans les trois grandes zones commerciales mondiales que sont l'Europe (dont 80 salariés en France), l'Asie et les Etats-Unis.

Grâce à cette dimension internationale marquée, l'agence présente une clientèle variée, allant du grand groupe international à la PME/PMI innovatrice et tournée vers l'export. Son intervention consiste en l'utilisation du design en tant qu'outil stratégique de communication, en préconisant le développement de produits à image forte et personnalisée.

DESGRIPPES GOBÉ & ASSOCIATES s'est positionnée depuis longtemps comme une agence spécialisée dans la gestion de l'image de marques d'entreprises (produits ou services), par une approche pluridisciplinaire, portant sur la marque, ses produits, son packaging, ou sa présence dans un espace commercial.

A l'international, l'agence a mis en place une optimisation structurée du travail, selon la zone dans laquelle elle est présente. Cette répartition des compétences vient de la nécessité d'être implanté sur les secteurs porteurs. Ainsi, DESGRIPPES GOBÉ & ASSOCIATES justifie d'une triple présence, en Europe (Paris, auquel s'ajoutent Lyon et Budapest depuis octobre 1996), pour les cosmétiques et d'autres produits tels que DANONE ; aux Etats-Unis (New York), pour le multimédia et l'architecture commerciale ; et l'Asie, avec le Japon (Tokyo), la Corée du Sud (Séoul) et à Taïpeï, depuis l'année dernière.

En ce qui concerne la clientèle japonaise, il fallait non seulement être présent sur place, mais assimiler les particularités de la culture japonaise, pour comprendre le fonctionnement et la façon de traiter les affaires avec la clientèle locale. Cette démarche est d'ailleurs généralisée à tous les pays dans lesquels l'agence est présente.

A présent, DESGRIPPES GOBÉ & ASSOCIATES, grâce à un management qui maîtrise les spécificités culturelles de chaque clientèle, vend son expérience internationale avant de vendre sa référence européenne et française.

Site Internet : http://www.dga.com

***Identité visuelle pour TECHNAL** (fig.106)*

L'agence est intervenue à la demande de la société TECHNAL, une PMI spécialisée dans la fabrication de profilés aluminium, pour concevoir une nouvelle identité visuelle qui témoigne de l'histoire de l'entreprise et de sa culture par une relecture contemporaine de l'ancien logo : structure carrée noire et coupe stylisée bleue d'un profilé, signes d'une politique d'image haut de gamme qui renforce le caractère esthétique et technologique des produits.

Fidèle à sa culture, mais plus moderne et plus intemporel, plue ouvert et plus international, le nouveau logo TECHNAL reflète ainsi davantage les valeurs de l'entreprise aujourd'hui. La mise en place de la charte graphique, en 1995, de la marque TECHNAL a permis à DESGRIPPES GOBÉ & ASSOCIATES de développer une identité visuelle complète, déclinée à toutes les composantes de l'entreprise : siège social mais aussi réseau de revendeurs, moyens d'édition...

Design Packaging pour COCA-COLA *(fig.107)*

En 1997, l'agence fait évoluer le packaging de la gamme COCA-COLA classique. Après avoir été mis en marché test pendant les Jeux Olympiques d'Atlanta et en y remportant un vif succès, la nouvelle présentation est progressivement introduite sur les différents marchés du monde entier. L'agence travaille depuis deux ans avec COCA-COLA, notamment sur un programme de présence de marque qui a trouvé des applications pendant les Jeux d'Atlanta, le Tour de France, la Coupe du Monde de Football...

Dans le but de remettre en avant les codes essentiels de la marque, DESGRIPPES GOBÉ & ASSOCIATES a rassemblé certains de ces symboles dans le rond "Always" qui apparaît très grand sur le nouveau packaging, accompagné de la traditionnelle bouteille. La typographie du célèbre logo reste inchangée, ainsi que la couleur rouge dominante ; en revanche, le ruban blanc sous le logo disparaît.

(fig.106)

(fig.107)

(fig.108)

Design global pour BOUCHERON *(fig.108)*

DESGRIPPES GOBÉ & ASSOCIATES est intervenu auprès du joaillier BOUCHERON pour repositionner dans un premier temps l'identité de la marque, puis pour créer la première ligne de parfum féminin en 1988. L'extrait de parfum est construit comme une vraie bague-bijou. L'agence a également créé la PLV et tous les éléments de lancement.

Il faut ajouter la création en 1989 de la ligne LES BAINS PRECIEUX ainsi que le POUDRIER en continuité avec l'univers du parfum et du style BOUCHERON : du bleu, de l'or, des godrons. Après le succès mondial de la gamme féminine, la ligne BOUCHERON pour homme est créée en 1991, gamme complète de parfum et de soin.

En 1994, la marque étant maintenant bien implantée sur le marché du parfum, elle décide de créer la ligne féminine JAIPUR - parfum bracelet, symbole d'un savoir-faire artisanal centenaire à la frontière du monde de la parfumerie et de la joaillerie. Enfin DESGRIPPES GOBÉ & ASSOCIATES crée la même année les catalogues Bijoux, Montres et Haute Joaillerie.

L'agence CARRÉ NOIR fait également partie de ces agences qui ont cherché à comprendre et s'adapter à la culture japonaise, afin de mieux répondre aux problématiques d'entreprises étrangères particulièrement délicates sur ce marché.

CARRÉ NOIR : le Japon, une priorité pour l'agence

CARRÉ NOIR, fondée en 1973, a été la première agence spécialisée dans le design en France. Elle emploie 130 personnes dans des activités telles que le packaging, l'identité visuelle, l'édition et l'architecture commerciale. A signaler que depuis 1994, Carré Noir possède son département multimédia, pour la création de sites Internet. L'agence est ainsi intervenue pour des entreprises comme PEUGEOT, AIR FRANCE et MICHELIN.

CARRÉ NOIR travaille dans tous les secteurs industriels, pour une clientèle renouvelée chaque année d'environ 140 sociétés (PMI et grands groupes). Elle possède également une dimension internationale forte, avec des bureaux implantés à Londres, Turin, Bruxelles et Tokyo, auxquels s'ajoutent des partenariats pour Varsovie, Hongkong et New York.

CARRÉ NOIR est installée au Japon depuis 1981, après avoir gagné un concours de packaging. Travaillant à l'heure actuelle uniquement avec des entreprises japonaises, telles que HONDA, DENTSO, SHISEIDO, TOBU, SAITAMA BANK ou encore MATSUDA, son implantation s'est effectuée par étapes. L'agence a depuis peu renforcé sa position sur le marché japonais : CARRÉ NOIR était présent au Japon par le biais d'un bureau de représentation jusqu'en 1995, et a signé une joint-venture depuis.

Le Japon est devenu l'une des priorités de l'agence. CARRÉ NOIR propose une vision originale et spécifique de son approche, avec une bonne connaissance du marché japonais.

Site Internet : http://www.carrenoir.com

(fig.109)

***Design Environnement pour TAG HEUER** (fig.109)*

L'agence CARRÉ NOIR est intervenue en 1997 auprès de l'entreprise TAG HEUER, connue pour sa présence active dans le monde de la Formule 1. TAG HEUER souhaitait créer une plate-forme qui suive les grands prix de F1, destinée à assurer la promotion de la marque sur les stands pendant la saison de course.

Face à cette problématique, l'agence a proposé une architecture de stand facilement démontable et transportable, qui soit valorisante pour l'entreprise, communiquant sur la précision et la technologie de l'entreprise. Cette approche a été d'autant mieux acceptée par TAG HEUER, que CARRÉ NOIR maîtrisait bien l'univers graphique de la marque : en 1996, l'agence avait en effet travaillé sur l'édition d'une brochure luxueuse de présentation. Le résultat : une présence forte et remarquée sur le site, très gratifiante pour le sponsor.

Identité visuelle de LAFARGE *(fig.110 & 111)*

LAFARGE est une entreprise à vocation résolument internationale, puisqu'elle est présente dans plus de 60 pays avec de nombreuses filiales, réparties dans les différentes activités du groupe. Cette position fait sa force et en même temps sa faiblesse, en termes d'image à l'international. L'entreprise, consciente de ce manque de cohérence globale, décide donc de consulter CARRÉ NOIR en 1996, pour la redéfinition complète de son identité visuelle et le recentrage du groupe autour du nom LAFARGE.

Après analyse de l'ensemble des identifiants de la marque, l'agence décide de mettre en place une nouvelle charte graphique qui intègre les changements apportés : abandon de l'ancien nom Les Ciments LAFARGE-COPPÉE, au profit d'une identité plus fédératrice, LAFARGE ; le nouveau logo devient évolutif et rassurant (prédominance du nom LAFARGE avec possibilité d'intégration sous-jacente de l'activité). Le graphisme complet est revu sur l'ensemble des moyens de communication du groupe : brochures, courriers, articles, avec une prédominance pour le vert, rappelant la notion de l'environnement, de l'habitat, utilité finale des produits LAFARGE.

(fig.110 - 111)

FRANCE	LAFARGE FONDU INTERNATIONAL	LAFARGE FONDU INTERNATIONAL
ALLEMAGNE	LAFARGE TONERDEZEMENT	LAFARGE TONERDEZEMENT
AUTRICHE	LAFARGE KALZIUM ALUMINATE	LAFARGE KALZIUM ALUMINATE
BENELUX	LAFARGE FONDU BENELUX	LAFARGE FONDU BENELUX
GRANDE BRETAGNE	LAFARGE SPECIAL CEMENTS	LAFARGE SPECIAL CEMENTS
ITALIE	LAFARGE ALLUMINOSO ITALIA	LAFARGE ALLUMINOSO ITALIA

(fig.112)

Design produit et packaging pour KAO *(fig.112)*

C'est pour un projet ambitieux que le groupe japonais KAO retient la candidature de l'agence en 1997 : la définition complète d'une nouvelle gamme de produits de protection de la peau, destinée au marché japonais, pour une clientèle jeune. Il fallait donc sensibiliser les consommateurs sur le sérieux de la marque, et en même temps communiquer sur l'aspect jeune et nouveau du produit pour séduire.

CARRÉ NOIR Tokyo a donc décidé de concevoir une ligne graphique complète réunissant toutes ces contraintes, en créant une gamme attrayante, à commencer par le nom, SOFINA, et pour le produit FACEBALANCE.

On retrouve la crédibilité du packaging, aux lignes strictes et au graphisme bicolore (jaune et bleu) et un design de flacon moderne et esthétique. L'identité visuelle englobe produit et packaging dans un esprit dynamique de sérieux et de compétences, rassurant le consommateur japonais sur les cosmétiques. Pour obtenir ce résultat, la filiale japonaise de CARRÉ NOIR a mené l'ensemble de front, produit, packaging et image de la gamme, afin d'obtenir une meilleure cohérence générale.

L'efficacité du design au Japon

3 . 1 Le design : un outil de compréhension des marchés : l'exemple de LECTRA SYSTEMES

L'intervention du design en amont, au niveau de la conception de produits notamment, est un élément de la stratégie de l'entreprise. Par une méthodologie de plus en plus orientée vers l'étude de l'utilisateur vers lequel l'entreprise destine son offre, le designer constitue un intervenant permettant d'aider le client industriel à mieux comprendre et appréhender son marché.

Le designer constitue un intervenant permettant d'aider le client industriel à mieux comprendre et appréhender son marché.

Le design s'impose aujourd'hui comme un outil d'aide au marketing stratégique, tant les techniques utilisées et les contraintes à prendre en compte dans l'élaboration d'un projet produit, packaging ou identité visuelle, sont connexes aux méthodes d'approches marketing classiques. Dans le cadre d'un lancement de produit, notamment à l'international, le designer doit en effet analyser de manière exhaustive les paramètres entrant dans la décision d'achat du consommateur ciblé.

On peut classer ces critères selon cinq groupes de paramètres, comme le montre le schéma suivant :

- les facteurs culturels
- les facteurs harmoniques
- les facteurs fonctionnels
- les facteurs sociaux
- les facteurs historiques et technologiques

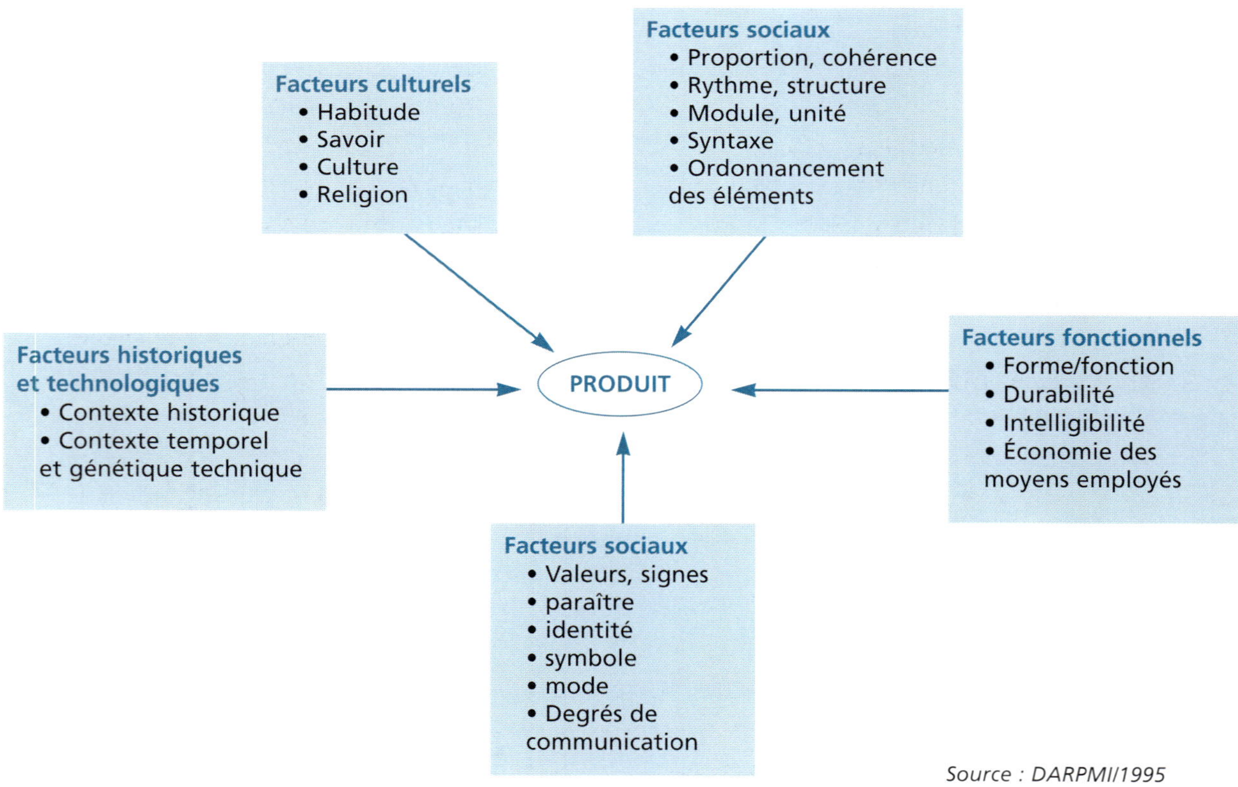

Source : DARPMI/1995

Fig.113 : Les facteurs entrant dans l'élaboration d'un produit

Le design, parce qu'il est associé à un niveau décisionnel fort, est donc un outil d'assimilation et d'analyse pertinente des contraintes du marché. Il n'a pas vocation à se substituer au marketing, mais de le compléter, par une transcription concrète, en termes d'ergonomie, d'esthétique ou de graphismes, des caractéristiques du marché : une gestion du visuel.

Ce schéma illustre l'intérêt du recours au design pour l'approche d'un marché tel que le Japon : les spécificités culturelles, sociales et harmoniques sont fortes et leur prise en compte dans le design produit leur accorde une place significative.

En effet, le bon positionnement du produit et la communication qui l'entoure, dépendent en premier lieu de la compréhension du consommateur japonais, au niveau de sa décision d'achat et de sa mentalité.

Le design, parce qu'il est associé à un niveau décisionnel fort, est donc un outil d'assimilation et d'analyse pertinente des contraintes du marché. Il n'a pas vocation à se substituer au marketing, mais de le compléter, par une transcription concrète, en termes d'ergonomie, d'esthétique ou de graphismes, des caractéristiques du marché : une gestion du visuel.

Cette gestion doit faire l'objet d'une attention permanente, parce que les questions d'image sont dans ce contexte réellement stratégiques.

Ainsi, lorsqu'il s'agit de concevoir une stratégie marketing et commerciale adaptée aux contraintes japonaises et aux leviers de communication propres à l'entreprise, le designer s'impose comme un interlocuteur inévitable. Le produit, le packaging et l'identité globale de marque sont les facteurs qui vont ou non créer la confiance chez le consommateur, confiance qu'il est nécessaire de capter afin de le fidéliser.

Dans cette démarche de compréhension des marchés, l'exemple de LECTRA SYSTÈMES, dont nous avons vu l'originalité dans l'organisation de son process design, est révélateur d'utiliser le design pour véhiculer une image et un message adapté en fonction des attentes du consommateur.

LECTRA SYSTÈMES : le design, pour répondre aux attentes du marché japonais

LECTRA SYSTÈMES est spécialisée dans les logiciels CAO et FAO, et les machines de découpe (couteaux, laser et jet d'eau) pour des secteurs variés, tels que les domaines de la confection, la découpe cuir et tissus techniques et l'ameublement. Disposant d'une forte dimension internationale avec de nombreuses filiales, l'entreprise est très présente au Japon, avec deux filiales à Osaka et à Tokyo.

LECTRA SYSTÈMES fait appel à deux agences extérieures, ABSOLUT DESIGN et l'agences DESIGNERS ASSOCIÉS, pour plusieurs raisons. L'entreprise a toujours souhaité affirmer un style qu'elle juge stratégique, dans le lancement de nouvelles gammes notamment. Les agences apportent une ouverture et une créativité dans les projets mis en place, et disposent de compétences spécifiques appréciées, en termes d'ergonomie, de gestion de projets avec le recours à la 3D et la CAO.

Enfin, ces deux agences sont des partenaires à part entière de LECTRA SYSTÈMES, grâce à une collaboration à long terme et une forte réactivité dans les projets développés.

Au Japon, l'entreprise est en position de leader et compte des clients tels que TOYOTA et MITSUBISHI, pour la commande de machines de découpe. Le design est intégré très en amont pour gérer, dès les premières étapes de conception, les contraintes spécifiques des différents marchés ciblés (culture, image, attentes en matière d'ergonomie et d'esthétique, normes...). En effet, LECTRA SYSTÈMES privilégie les lancements internationaux, malgré une personnalisation dans le cas de certaines commandes importantes, pour lesquelles l'entreprise adapte sa production de machines aux attentes du commanditaire.

Concernant les produits CAO et FAO de la marque, le design joue un rôle important de travail sur l'ergonomie, avec comme leitmotiv la convivialité et la sécurité. En termes de graphisme et d'esthétique, le designer cherche à effacer tant que possible la technologie pour simplifier l'utilisation, et met en avant les performances et les innovations fonctionnelles du produit.

Cette démarche profonde d'intégration du design correspond à une attente forte de la clientèle japonaise, qui ne conçoit pas une machine aboutie et de qualité sans une recherche esthétique marquée. De plus, le design a pour but de valoriser l'image de marque globale, pour mieux affirmer le sérieux et la crédibilité du fabricant.

Les contraintes rencontrées par LECTRA SYSTÈMES sur ce marché sont tout d'abord le systèmes normatif, auquel il a été difficile de s'adapter, et la traduction des logiciels et de l'ensemble des documents de présentation en japonais. Cependant, l'entreprise récolte aujourd'hui les fruits de ses efforts, puisqu'elle fait figure de référence dans son domaine, suivie en cela par ses concurrents, qui se décident à renforcer leur démarche design.

Site internet : http://www.lectra.com

Design produit de la table à dessin GRAPHIC INSTINCT

LECTRA SYSTÈMES a développé en 1993 un concept de table à dessiner (fig.114), destiné aux designers et stylistes. Le principe est simple : remplacer la traditionnelle feuille de papier et le crayon, par un écran tactile et un stylo qui permettent de profiter de l'informatique pour gérer de nouvelles créations. Cette solution offre un gain de temps appréciable grâce à un rendu réaliste des techniques de dessin classiques, déclinables en différentes simulations.

L'esthétique et l'ergonomie globale ont été définies en interne avec le concours de l'agence ABSOLUT DESIGN, qui s'est penchée plus particulièrement sur le stylo (fig.115). Il fallait que ce dernier intègre l'ensemble des fonctions du logiciel, permettant d'utiliser les différentes techniques de dessin (feutre, pastel, gouache...), au sein d'une ergonomie qui propose une prise en main optimale.

De même, il était nécessaire que ce stylo soit facilement accessible et pratique ; l'agence a donc conçu un socle sur lequel repose l'instrument.

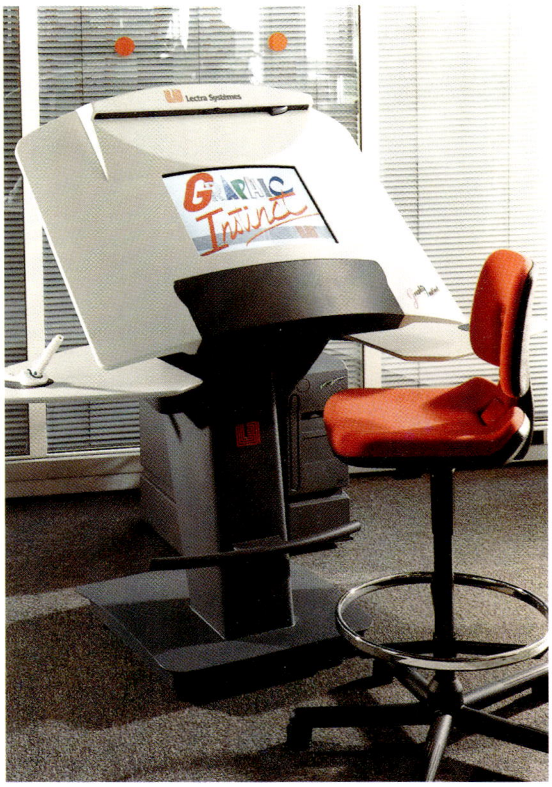

(fig.114)

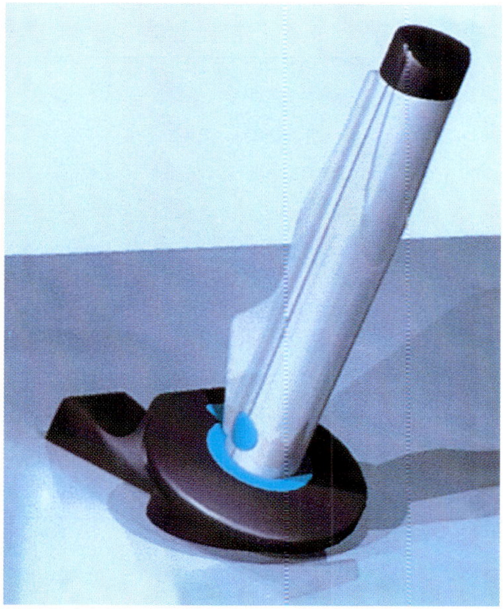

(fig.115)

Design produit de la machine de découpe VECTOR 2500 *(fig.116)*

La machine de découpe VECTOR 2500 fait partie de la gamme de découpeurs VECTOR (2500, 5000 et 7000). En 1992, LECTRA SYSTÈMES a fait intervenir en complément de ses études l'agence DESIGNERS ASSOCIÉS, pour la définition de l'ergonomie et de l'esthétique du VECTOR 7000. Cette machine permet de gérer en temps réel la découpe de tous types de matériaux utilisés en conception, au moyen d'un poste de pilotage intégré. Le travail accompli a ensuite été décliné en interne sur le 2500 et le 5000.

La principale difficulté de ce projet était de simplifier le recours aux différentes fonctionnalités, tout en privilégiant la sécurité et la convivialité de la machine, en réponse aux attentes des utilisateurs. De plus, il fallait concevoir une ligne graphique et une ergonomie en cohérence avec les autres produits de la gamme.

(fig.116)

3 . 2 Prendre le pas sur la concurrence : l'exemple d'ALM

Le distributeur local privilégie avant tout des produits étrangers qui constituent des nouveautés et une valeur ajoutée significative par rapport à l'offre qu'il propose.

Le design est un outil de différenciation par rapport à la concurrence. Cette stratégie est nécessaire pour l'approche de marchés internationaux très compétitifs, tels que le Japon où l'image est déterminante dans le choix du consommateur. Il en est de même pour le distributeur local qui privilégie avant tout des produits étrangers qui constituent des nouveautés et une valeur ajoutée significative par rapport à l'offre qu'il propose.

Par les techniques mises en œuvre, le designer participe à la distinction de l'entreprise en renforçant les qualités produit et packaging, mais aussi en termes d'identité visuelle et d'environnement global.

L'innovation ne suffit pas pour créer le succès sur le marché japonais. C'est un élément essentiel mais non exclusif de différenciation de la marque. Comme nous l'avons vu, plusieurs facteurs entrent en effet dans l'élaboration du produit. **Créativité, marque, et nouveauté** sont ainsi les clés de la réussite parce qu'elles valorisent des produits novateurs et de haute qualité.

L'exemple d'AIR LIQUIDE MÉDICAL illustre bien le poids de la différenciation dans la conquête du marché japonais. L'entreprise réalise deux à trois études de nouveaux produits par an et travaille régulièrement avec des agences.

Par ailleurs, **le service au client** est important pour le consommateur japonais, sensible au profit qu'il peut réaliser par l'acquisition d'un produit. Ainsi, convivialité, confort d'utilisation, esthétique et fonctionnalité sont des domaines où le designer doit porter une attention particulière.

AIR LIQUIDE MÉDICAL : le design, un levier de différenciation au Japon

AIR LIQUIDE MÉDICAL, leader sur le marché japonais, est spécialisé dans deux domaines principaux : les tables d'opérations d'une part, et les systèmes d'éclairage et bras de distribution pour blocs opératoires d'autre part. L'entreprise est représentée au Japon par deux marques, ALM et ANGÉNIEUX, distribuées sur place par des sociétés de commerce. Elle pratique une stratégie de différenciation permanente, politique qui porte ses fruits, puisque l'entreprise figure aujourd'hui parmi les références internationales dans ce secteur.

Le designer, en l'occurrence l'agence MBD DESIGN avec qui l'entreprise travaille de longue date, intervient sous deux contraintes : la charte graphique de la marque et la dimension technique des produits. Son travail consiste à rendre la technologie accessible à l'utilisateur, par une ergonomie qui intègre toujours mieux les fonctions du produit. Dans le but de maîtriser les contraintes techniques inhérentes à ce secteur, les designers de l'agence ont participé à des séminaires sur les blocs opératoires. Le résultat est un gain de temps appréciable en projets, et des contraintes qui sont moins imposantes pour les designers.

Le design est là pour affirmer le positionnement de l'entreprise sur un créneau haut de gamme. Le travail sur la convivialité et le choix des matériaux renforcent le prestige des équipements. Ce positionnement est résolument stratégique pour ALM, car il crédibilise l'offre technologique faite à la clientèle hospitalière japonaise.

Le succès d'ALM s'explique par l'adéquation de l'offre de l'entreprise aux attentes exigeantes de l'utilisateur japonais, qui réclame des produits "hi-tech" intégrés harmonieusement à l'environnement médical.

A niveau d'innovation sensiblement équivalent, le client hospitalier continuera de faire la différence en faveur d'ALM, parce que le leitmotiv de l'entreprise est de "faire parler la technologie". De plus, les japonais sont très sensibles aux produits désignés, compromis judicieux de la technique et de l'art.

Design produit de la gamme TRANSFERIS

Pour ce renouvellement de gamme de tables opératoires dont la sortie est prévue en juin 1998, ALM a consulté l'agence MBD DESIGN pour la redéfinition de ce produit haut de gamme. Avec comme motivation de concevoir un véritable espace de travail pour le chirurgien, cette nouvelle gamme innove en fonctionnalité et en simplicité d'utilisation.

Les designers de l'agence, rompus aux contraintes techniques de cet équipement, devaient intégrer plusieurs impératifs : la nécessité d'une ergonomie claire, lisible, tout d'abord. En effet, partant du principe que le personnel hospitalier change de bloc fréquemment, il fallait penser un équipement pratique, offrant une grande facilité d'utilisation avec des commandes simplifiées. De plus, l'appareil devait être compact pour permettre au chirurgien de se déplacer sans encombres, adoptant des formes rondes pour être utilisé et nettoyé facilement.

Enfin, les designers se sont attachés à définir une esthétique générale qui valorise l'image dynamique de la marque, en cohérence avec ce nouveau produit haut de gamme.

Design produit de la gamme PRISMALIX

En 1997, ALM avait la possibilité d'améliorer techniquement sa gamme d'éclairages opératoires, grâce à de nouveaux brevets garantissant de meilleures performances. Afin de valoriser cette innovation, et pour continuer dans la stratégie de différenciation que l'entreprise mène, celle-ci a eu recours aux services de l'agence MBD DESIGN, pour repenser l'ergonomie complète de ce système, depuis le bras que le chirurgien actionne, jusqu'à la coupole qui éclaire la table d'opérations.

Les designers ont recommandé l'usage du plastique permettant d'obtenir des formes plus souples et travaillées, afin de concevoir une esthétique plus attrayante. L'ergonomie a été revue pour s'adapter à la morphologie de l'utilisateur et limiter ainsi l'effort dans la manipulation de l'équipement.

(Note : Il n'a pas été possible de présenter des illustrations de ce nouveau produit, les photos n'étant pas disponibles au moment de la rédaction de cet ouvrage)

3 . 3 Communiquer sur le produit : les exemples de LAFUMA et SOMFY

Les entreprises françaises agissant sur le marché japonais ont bien compris cette nécessité de faire passer un message fort sur le produit, et de valoriser au mieux une innovation technique, fonctionnelle, ou simplement une idée créative.

Le design est un moyen de développer l'appropriation du produit et l'identification à la marque. Les approches produit et packaging menées par le designer permettent de renforcer le poids de la marque et le dynamisme de l'entreprise.

Le consommateur japonais est sensible à ces deux notions, qu'il considère comme deux critères essentiels dans le choix du produit. En conséquence, la communication par l'image de l'entreprise et par le produit sont deux leviers qui permettent de séduire le consommateur japonais, leviers valorisant l'usage et les qualités de l'objet ou de l'équipement.

Les entreprises françaises agissant sur le marché japonais ont bien compris cette nécessité de faire passer un message fort sur le produit, et de valoriser au mieux une innovation technique, fonctionnelle, ou simplement une idée créative. C'est le cas par exemple de sociétés comme LAFUMA et SOMFY.

La stratégie de LAFUMA au Japon est basée sur la communication de l'innovation régulière de la marque, la qualité du service rendu et l'adaptation aux attentes du consommateur japonais. Avec différentes gammes de produits, LAFUMA gère à présent son avance technologique sur la concurrence, le designer intégré de la marque cumulant les fonctions de R&D et de projets design.

La société, qui revendique son origine française et alpine, comme une légitimité accrue des produits (Rhône-Alpes), a su comprendre les spécificités du consommateur japonais et répondre à ses particularités par une offre adaptée.

Les principales contraintes rencontrées sont tout d'abord le type de pratique au Japon, utilisation différente des sacs qui nécessite des modifications substantielles ; à cela s'ajoute le standard japonais, plus petit que le standard européen, qui implique de concevoir des sacs de randonnées moins volumineux, tout en gardant une certaine capacité de contenance. Le graphisme des produits doit être également plus discret pour les japonais, avec des coloris moins agressifs. Enfin, la qualité de la finition et des innovations doivent faire l'objet d'une communication accrue.

Tous ces impératifs ont été intégrés par le designer afin d'instaurer progressivement la confiance en LAFUMA chez le consommateur japonais. L'entreprise véhicule donc une image de produits ergonomiques, fonctionnels et attrayants, avec une forte connotation culturelle, la "patte"authentique de la marque française, que semblent apprécier les japonais, achetant par là un produit exclusif.

Aujourd'hui, LAFUMA a réussi son pari et figure à ce titre parmi les références du marché : vendre un style de vie, de loisirs pratiques.

Le cas de SOMFY diffère de celui de LAFUMA : si la communication vise également à développer l'appropriation du produit, les motivations et les buts recherchés ne sont pas tous à fait les mêmes.

SOMFY : communiquer sur la convivialité et la qualité des produits par le design, une priorité pour l'entreprise

SOMFY est une entreprise spécialisée dans les automatismes et moteurs pour stores et volets roulants. Agissant sur un secteur aux contraintes de plus en plus fortes, SOMFY fait intervenir des agences de design dès la conception, sur tous les produits de la marque, afin de maintenir une cohérence des gammes.

La motivation de l'entreprise est de développer la notoriété de ses produits. En effet, ceux-ci - étant diffusés par l'intermédiaire des professionnels (fabricants et installateurs de stores et volets roulants) - ne sont visibles par le consommateur qu'à travers les automatismes de commande. Le travail du designer est alors de mettre au point des produits qui intègrent les fonctions techniques dans une ergonomie sobre et claire.

Le designer fait en outre partie intégrante des premières étapes de la conception du produit, telle que la recherche en amont et la collecte des nouvelles attentes des consommateurs.

C'est notamment à travers ce travail de design que SOMFY véhicule les messages de fiabilité technique, de qualité, pour rassurer le client final, et de facilité d'intégration dans l'habitat résidentiel ou professionnel.

Aujourd'hui leader mondial dans son secteur d'activité, l'entreprise cherche à simplifier toujours plus ces produits, en pratiquant une innovation fonctionnelle, sans oublier l'esthétique.

Design produit de la gamme CONCEPT 25 *(fig.120)*

Lancée en avril 1997, la gamme CONCEPT 25 est une ligne de moteurs de petite taille, silencieux et de toutes puissances pour la motorisation et l'automatisation des stores d'intérieur résidentiels et tertiaires. Grâce à la miniaturisation des moteurs de la gamme, la motorisation et l'automatisation de tous les stores d'intérieurs est enfin possible. En particulier les stores de faible encombrement (caisson de 25 mm) représentant 80% du marché.

Le CONCEPT 25 intègre un limiteur de couple et permet de gérer l'orientation des lames, en utilisant du 24V.

Esthétique, profilé et séduisant, le design du CONCEPT 25 a été conçu pour être compatible avec l'univers haut de gamme de décoration des produits porteurs (stores bouillonnés, vénitiens, stores bateau...). Il véhicule l'image de qualité et la haute technologie du produit.

Design produit de la gamme ILT *(fig.121)*

La gamme ILT (lancée début 1997), c'est l'électronique intégrée pour mieux détecter les obstacles et mieux gérer la lumière. Cette gamme a pour vocation la motorisation et l'automatisation des volets roulants et stores screens, sur le marché du neuf, tertiaire et résidentiel.

Les moteurs et automatismes ILT permettent la détection d'obstacles, le pilotage par télécommande à infrarouge, la gestion d'une position intermédiaire et l'intégration dans le système de Gestion Technique du Bâtiment. Fonctionnalité et facilité d'intégration sont les maîtres mots de leur design, véhiculant une image de marque de haute qualité et de haute technicité.

Design produit de la gamme SOMFY Line Courant Porteur *(fig.122)*

SOMFY a lancé en juin 1997 une nouvelle technologie du courant porteur pour la modernisation sans travaux. Cette technique d'automatisation des stores et volets existants, a pour fonction de transmettre, sans ligne bus, les informations de montée et de descente au moteur. Le courant 230V est utilisé comme véhicule de ces informations.

Produit grand public, le design des commandes SOMFY Line prend toute son importance en tant que symbole visible de la fiabilité et de la praticité des produits SOMFY. Le design se doit d'être ergonomique - pour une bonne tenue dans la main et une bonne maîtrise des commandes - ainsi qu'esthétique, pour une bonne intégration dans l'habitat.

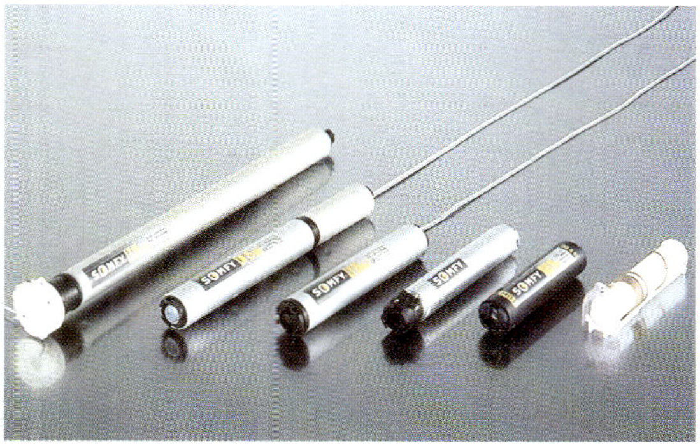

(fig.120)

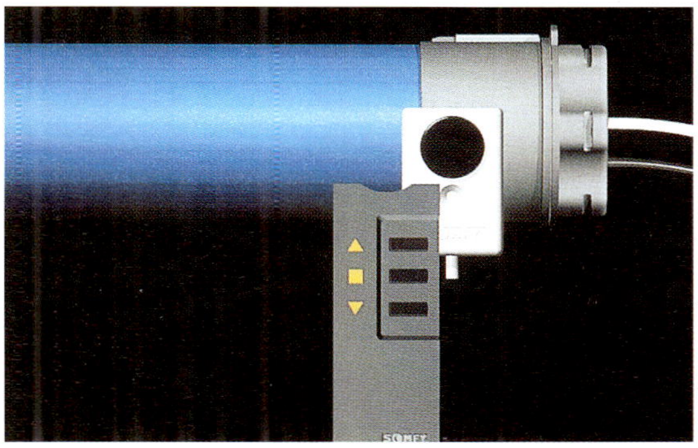

(fig.121)

(fig.122)

Ainsi la notoriété et la communication du savoir-faire de l'entreprise est déterminante pour créer la confiance et éveiller la curiosité du consommateur japonais.

Ainsi la notoriété et la communication du savoir-faire de l'entreprise est déterminante pour créer la confiance et éveiller la curiosité du consommateur japonais. Ce dernier, s'il reste méfiant sur tel ou tel aspect du produit présenté, restera très difficile à convaincre par ailleurs. Ceci est d'autant plus vrai qu'il est un client également difficile à fidéliser, parce qu'il a besoin sans cesse d'éléments tangibles qui le rassureront dans son acte d'achat.

Cette communication par le produit doit inévitablement s'appuyer sur une autre communication, plus institutionnelle, destinée à mettre en avant les valeurs qui fondent l'entreprise et motivent son action.

3 . 4 Renforcer le patrimoine marque : les exemples de SALOMON ET FACOM

La cohérence et la transparence du message véhiculé sont importantes pour convaincre et séduire un consommateur qui se trouve à la croisée de la modernité et des traditions.

Cette importance de la marque, renforcée par le design auquel les japonais sont très sensibles, s'inscrit également dans une politique plus générale, non plus liée seulement à la communication des qualités et des références du produit, mais au message même de l'entreprise.

La cohérence et la transparence du message véhiculé sont importantes pour convaincre et séduire un consommateur qui se trouve à la croisée de la modernité et des traditions.

Ainsi, SALOMON et FACOM sont deux cas de figures où le design constitue un apport majeur, par rapport aux contraintes respectives du sport et de l'outillage. Ces exemples illustrent la volonté de la part de ces entreprises de se rapprocher de leurs consommateurs, en les invitant à adopter un style de vie, ou à acquérir des produits en cohérence avec leurs valeurs et leurs objectifs personnels des utilisateurs.

Salomon au Japon : gérer le capital marque

SALOMON est très présent au Japon, par le biais de sa filiale, et exporte 1/3 de sa production sur ce marché. Le département design intégré travaille essentiellement sur le design produit.

Il sous-traite les projets graphiques à des partenaires réguliers, situés à proximité de la société pour faciliter le travail d'équipe. Les principaux interlocuteurs concernés par les nouveaux projets se réunissent au sein d'un comité de développement. Le design est donc intégré très en amont chez SALOMON, car il constitue un outil d'anticipation de la demande et de promotion des valeurs de la marque.

L'entreprise a très vite compris que le marché japonais présentait une demande spécifique, avec des attentes particulières en matière de graphisme et de types de skis. Face à ce constat, la marque a choisi de concevoir les gammes spécialement destinées aux consommateurs japonais directement sur place. Cependant, le marché japonais connaît actuellement une forte diminution de la demande, à laquelle SALOMON a choisi de répondre par une globalisation de ses gammes, favorisant ainsi des développements plus essentiellement japonais, mais internationaux.

Les designers ont dû s'adapter aux goûts japonais très différents, notamment sur le graphisme qui doit être bien sûr représenté par des symboles forts de la marque, et surtout des coloris plus vifs, à l'inverse de la tendance générale européenne par exemple, qui privilégie des couleurs plus fondues.

Site internet : http://www.salomonsports.com

Design produit de la chaussure PERFORMA RACING

Les modèles présentés ici, les chaussures de compétition PERFORMA RACING (destinée a la vente mondiale - fig.123) et PERFORMA RACING DEMO (spécialement destinée au marché japonais - fig.124) ont été commercialisés à la saison d'hiver 97/98.

Le modèle japonais est une évolution du modèle monde mais diffère sur deux points :

- la couleur de la coque et du chausson répond aux goûts japonais, grâce à des teintes plus vives et agressives ;
- la hauteur arrière de la coque ainsi que celle du chausson a été diminuée pour s'adapter à la morphologie des sportifs japonais, et permet donc un appui arrière plus bas. Ce produit, qui allie technologie de la bi-injection pour obtenir puissance et précision en course, a donc fait l'objet d'un travail approfondi pour le lancement sur le marché japonais, tant au niveau du graphisme que de la structure de la chaussure.

Design produit du ski NEOBEAT SERIES *(fig.125)*

Ce modèle de ski spécialement destiné au marché japonais, avec un lourd travail sur la ligne graphique, a été commercialisé à la saison hiver 97/98.

(fig.123)

(fig.124)

(fig.125)

SALOMON comme FACOM possèdent depuis longue date, une notoriété forte sur les marchés internationaux. Le rôle du design se borne, si l'on peut dire, à mettre en valeur l'esprit et le patrimoine culturel, historique de chaque entreprise, pour mieux convaincre le consommateur de la crédibilité et de la qualité des produits. La présence de FACOM au Japon illustre également bien cette politique, en cohérence avec des valeurs culturelles japonaises spécifiques.

FACOM a opté pour une stratégie double dans son approche du marché japonais. Le design intervient d'une part, au niveau de la création et la modification de produits pour l'ergonomie et l'esthétique des outils, et d'autre part pour renforcer le patrimoine marque de l'entreprise. De plus, FACOM communique depuis quelques années sur son histoire et la tradition à l'origine de la société.

Cette stratégie permet à FACOM de proposer aux consommateurs une conception différente de l'outillage : l'usage et les fonctions du produit ne doivent pas l'empêcher de séduire, à plus forte raison que la fabrication de ces articles a gardé cet esprit traditionnel, de qualité qui remonte au début du siècle.

La communication de la société est valorisée par une action du design en accord avec la charte graphique de FACOM.Le consommateur japonais trouve là un compromis réussi entre innovation et savoir-faire traditionnel.

Le design intervient d'une part, au niveau de la création et la modification de produits pour l'ergonomie et l'esthétique des outils, et d'autre part pour renforcer le patrimoine marque de l'entreprise.

3 . 5 Une réponse immédiate aux attentes : l'exemple de EDAP TECHNOMED

L'outil design, au-delà de ses capacités à communiquer par son approche les valeurs et qualités de l'entreprise, est un réel instrument de flexibilité et de réaction rapide face à une demande exigeante. Dans un marché très compétitif comme le Japon, le client n'hésite pas à comparer et à jauger ses différents prestataires.

Dès lors, la créativité et la réactivité des entreprises pèsent un poids décisif dans le choix final d'un fournisseur, ou dans l'adhésion du consommateur. Etre à l'écoute de son client, souple et prompt à intégrer ses desiderata, c'est un service apprécié des japonais, qui les conforte dans leur décision. Le designer, rompu à des impératifs de forte réactivité dans des délais de plus en plus courts, tient dans cette optique une place de premier ordre. Il a l'habitude de participer à différents process industriels et de travailler en équipe, et souvent un travail personnalisé en termes d'esthétique et d'ergonomie peut emporter l'approbation de l'utilisateur.

Dès lors, la créativité et la réactivité des entreprises pèsent un poids décisif dans le choix final d'un fournisseur, ou dans l'adhésion d u consommateur. Etre à l'écoute de son client, souple et prompt à intégrer s es desiderata, c'est un service apprécié d es japonais, qui les conforte dans leur décision.

C'est vrai pour les entreprises ayant une clientèle d'intermédiaires, de distributeurs, parce que les mises en concurrence sont plus directes, et les efforts réalisés en situation d'appel d'offres sont appréciés à de multiples égards par le client japonais. C'est le cas de EDAP TECHNOMED, entreprise à forte dimension internationale, spécialisée dans le matériel médical, et plus particulièrement dans l'imagerie, l'urologie et la thermothérapie.

EDAP TECHNOMED : le design, pour une forte réactivité aux attentes du client

EDAP TECHNOMED est leader mondial dans le domaine de la thermothérapie. Sa présence au Japon a débuté avec le lancement de l'un des premiers équipements de EDAP TECHNOMED qui a connu un grand succès. Bien positionné, l'équipement n'avait pourtant pas fait l'objet d'une approche design particulière, les attentes de l'utilisateur n'étant pas déterminées dans ce domaine. Ce qui a amené le fabricant à faire intervenir l'outil design dans la conception de produits - et le retravail des gammes déjà existantes - c'est la concurrence internationale présente au Japon.

Celle-ci fait appel régulièrement au design, et ce très en amont du produit. EDAP TECHNOMED devait réagir rapidement face à cette situation et, avec une aide financière de l'ANVAR, elle a fait intervenir un designer extérieur, qui permis de positionner dans des délais assez courts les équipements de la marque. Les résultats ont été probants : l'entreprise se trouve aujourd'hui parmi les références du marché.

Il est important de noter que le design permet à EDAP TECHNOMED de réagir rapidement aux exigences des consommateurs japonais. Les particularités du marché amènent des contraintes inattendues tels que la couleur de l'équipement, le nom du produit à changer avec tout ce que cela suppose, à savoir la communication institutionnelle faite autour du produit. Par exemple, son produit SONOLYTHE 4000 + a été rebaptisé SIGMA et revu graphiquement, parce que le nom précédent possédait une signification peu appréciée client japonais. Là encore, le designer a pu apporter des réponses rapides qui ont permis à la société de remporter l'appel d'offre.

Site internet : http://www.edap-tms.fr

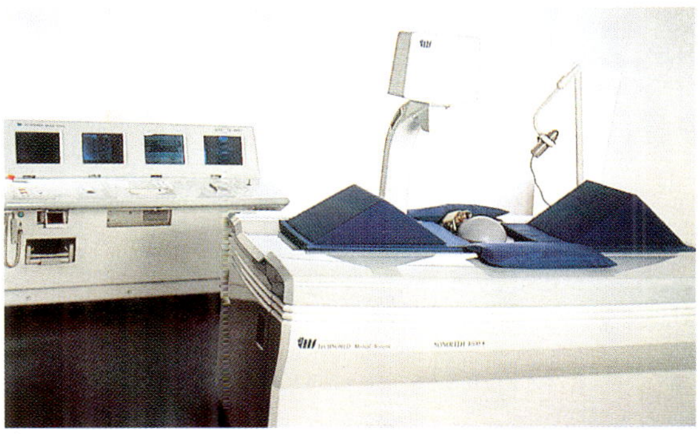
fig. 126

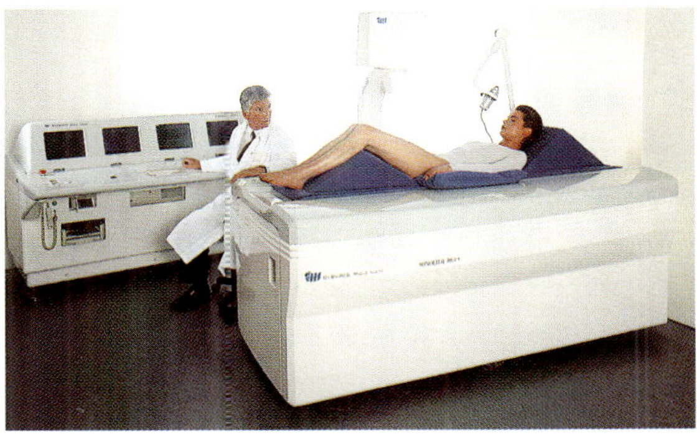
fig. 127

Design produit de la gamme PROSTATRON

La gamme PROSTATRON est une nouvelle offre développée actuellement par EDAP TECHNOMED dans le domaine de la thermothérapie. Le lancement international prévu l'année prochaine tient compte d'une approche design devenue aujourd'hui systématique, très en amont du produit.
En effet, l'entreprise a besoin d'avoir une vue visionnaire sur des équipements dont la durée de vie moyenne est de dix ans. Le marketing, trop impliqué dans une action quotidienne, ne possède pas cette faculté d'anticipation, traditionnellement reconnue chez le designer. Pour ne pas être dépassé sur le moyen terme, le travail du designer doit tenir compte des contraintes internes à l'entreprise pour optimiser son potentiel technique, et intégrer dans un second temps les sensibilités des marchés visés.
Cette démarche, ayant pour but de capter les tendances à venir et de s'y préparer, comporte également de fortes contraintes liés aux volumes du nouvel équipement, et en termes de coût de revient et de choix de matériaux.
Trop imposant et peu pratique, la nouvelle version de cet appareil de thermothérapie, le PROSTATRON, devait évoluer pour être fonctionnelle et simplifiée dans son usage. La grande innovation de EDAP TECHNOMED réside dans le fait que dorénavant, l'équipement est mobile. Ces améliorations ont été réalisées par le designer, grâce à une série de validations avec les médecins, pour mieux adapter les fonctionnalités de l'appareil à leurs attentes.

(Note : Il n'a pas été possible de présenter des illustrations de ce nouveau produit, les photos n'étant pas disponibles au moment de la rédaction de cet ouvrage).

3 . 6 L'approche produit : un moyen valide de pénétrer le marché : l'exemple de ELA MÉDICAL et d'IMAJE

Le marché japonais présente des difficultés non négligeables pour l'entreprise française souhaitant s'y implanter, qui l'oblige à faire preuve d'adaptabilité et d'un niveau d'innovation élevé. Pour faciliter son entrée au Japon, la PME/PMI doit pouvoir proposer un produit innovant accompagné d'une communication centrée sur le consommateur et ses attentes spécifiques.

Le design, en ce sens, peut constituer un facteur de pénétration pertinent et efficace, par une approche produit comme un moyen de valoriser un concept créatif et novateur. Le designer sait, par ses méthodes de prospection, prendre en compte de manière exhaustive les caractéristiques de l'utilisateur japonais, grâce à l'ampleur de l'intervention mise en place.

Ce qui caractérise le marché japonais, dans son ensemble, c'est à la fois le niveau et la fréquence de l'innovation, au sens premier du terme : la nouveauté. La nouveauté est un facteur d'achat déterminant et le design de produits un passage obligé : le consommateur japonais n'imagine pas acheter un produit n'ayant pas fait l'objet d'un travail particulier sur l'ergonomie et le style, et qui ne connaît pas de renouvellement ou d'évolution.

La nouveauté est un facteur d'achat déterminant et le design de produits un passage obligé : le consommateur japonais n'imagine pas acheter un produit qui ne connaît pas de renouvellement ou d'évolution.

Ce contexte oblige donc les entreprises à jouer la carte du design et de l'innovation dans une stratégie de différenciation, à l'image de ELA MÉDICAL, qui doit innover pratiquement tous les 12 mois, agissant dans un domaine où la concurrence est particulièrement vive et ou le client hospitalier cherche à faire évoluer fréquemment son matériel.

ELA MÉDICAL : Le design, pour mieux valoriser l'innovation

ELA MÉDICAL, filiale du groupe SYNTHELABO, est spécialisée dans les appareils de cardiologie, avec la fabrication et la commercialisation de deux types de produits : les stimulateurs cardiaques et sondes, et les appareils de diagnostic cardiaque (enregistreurs ECG). La société possède une forte envergure internationale, avec dix filiales présentes en Europe, aux Etats-Unis et au Japon.

Concernant le Japon, ELA MÉDICAL est fortement présente sur ce marché, avec sa filiale (54 personnes dont 40 vendeurs) et plusieurs contrats de distribution, détenant ainsi le cinquième rang avec 7% de parts de marché.

L'histoire de cette présence japonaise remonte en décembre 1988 avec l'arrivée de l'entreprise : ELA MÉDICAL présente alors son modèle de pacemaker CHORUS, qui obtient le "Good Design Mark" en 1989, label qualité décerné par le MITI. Cette distinction est importante au Japon, car elle signe la reconnaissance du produit par le marché et accentue de manière significative la notoriété de l'entreprise française.

La deuxième grande réussite au Japon, c'est le stimulateur cardiaque OPUS G (fig.128), pacemaker simple chambre autocalibré (facilite la programmation et le suivi du stimulateur), de taille réduite - 9 cc - au départ exclusivement destiné au marché japonais. Le lancement en 1995 a été un succès : dès le 1er mois, l'OPUS G a représenté entre 50 et 60% des ventes. Ce choix stratégique s'inscrit dans une politique d'innovation très forte : pour séduire la clientèle japonaise, il faut innover presque tous les ans.

A cet impératif s'ajoute également l'attente permanente des utilisateurs japonais de produits fiables et miniaturisés, mais aussi esthétiques et ergonomiques.

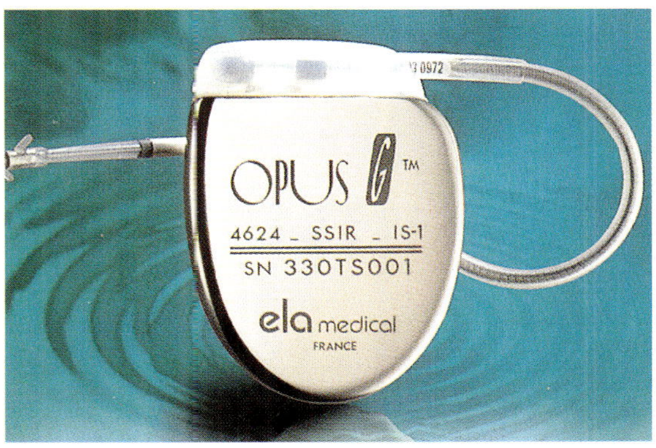

(fig.128)

Dans ce marché concurrentiel et encore difficile d'accès (homologation technique longue, entre 12 et 24 mois), ELA MÉDICAL a choisi de communiquer fortement : en cohérence avec la charte graphique mise en place en 1990 (codes graphiques, logo, documents d'édition de la marque), les brochures sont beaucoup plus techniques qu'ailleurs, démontrant et prouvant la fiabilité technique de ses produits. Le design fait donc partie intégrante de cette stratégie japonaise et vise à rendre l'offre de l'entreprise toujours plus attrayante, valorisant ainsi les innovations fonctionnelles de la marque.

Site internet : http://www.elamedical.com

Design produit du enregistreur "HOLTER" ECG SYNESIS *(fig.129)*

La technique de HOLTER est un mode d'enregistrement analogique du rythme cardiaque, et il a fallu l'évolution du numérique pour faire évoluer ce standard.
ELA MÉDICAL a donc conçu un nouveau modèle d'enregistreur ECG et d'analyse en temps réel, le SYNESIS, développé en 1993, qui utilise le standard PCMCIA.

La carte à mémoire Flash est donc une innovation forte, puisqu'elle permet une restitution plus pratique des données, standard international très largement utilisé en média et micro-informatique portable. De plus, ce système permet de miniaturiser de manière significative l'appareil que le patient porte en permanence.

C'est dans ce contexte que l'entreprise a consulté l'agence PLAN CRÉATIF. Il fallait que le SYNESIS, porté par le patient, soit ergonomique et esthétique, simple d'utilisation à la fois pour le patient et le cardiologue.

L'agence a donc préconisé un produit maniable, aux dimensions réduites, avec un accès plus pratique aux fonctionnalités, afin de permettre au médecin de faire des contrôles sans manipulation difficile.
En marge de ce travail sur l'ergonomie, pensé en fonction des gestes quotidiens de l'utilisateur final, les designers ont travaillé sur le conditionnement du SYNESIS (housse et mallette) pour faciliter le transport de l'appareil et sa protection.

ELA MÉDICAL envisage d'ailleurs une prochaine version du SYNESIS, le SYNEFLASH, toujours plus miniaturisé, en accord avec les attentes de sa clientèle japonaise, sensible à ces critères de performances, de design et de miniaturisation.

(fig.129)

ELA MÉDICAL s'attache à valoriser une fréquence d'innovation très forte, expression de son dynamisme et du souci de contenter le client hospitalier japonais. Le cas de la société IMAJE diffère, car celle-ci communique sur l'adéquation de son offre, en référence à une stratégie d'innovation fonctionnelle, issue de l'intervention du design.

IMAJE : utiliser le design comme un vecteur d'innovation fonctionnelle des produits

IMAJE est spécialisée dans la fabrication d'imprimantes à jet d'encre, système qui permet un marquage inaltérable, sans contact et sur tous types de surfaces et de formes. Ces équipements sont montés sur des lignes de production, dans des secteurs variés tels que l'agro-alimentaire, le câble et l'électronique. L'entreprise possède une forte dimension internationale, étant présente notamment aux Etats-Unis, et au Japon avec une filiale et des partenariats avec des agents locaux.

IMAJE intègre le design très en amont, en relation étroite avec les services marketing et méthode, et le bureau d'étude. Basé sur une collaboration de confiance, l'entreprise a recours aux services d'une agence française de design pour la conception et le renouvellement de ses gammes. Les aspects liés à l'image et l'identité visuelle sont fédérés par une charte graphique de la marque (qui régit notamment les codes couleur et la signalétique), gérée par une agence de communication.

La mission des designers est donc d'intervenir exclusivement en design produit, l'esthétique et l'ergonomie étant des impératifs primordiaux pour valoriser les fonctionnalités des imprimantes IMAJE. En effet, l'intégration du design dès la phase de conceptualisation permet de mettre en avant la stratégie d'innovation fonctionnelle menée par la marque.

L'intérêt pour l'entreprise d'avoir recours au design, réside dans le fait que les agences apportent un regard neuf et créatif sur les gammes et des solutions techniques. Ainsi, les designers conseillent la société en termes de nouveaux procédés, de choix de matériaux et participent à la gestion de la production en intégrant les impératifs de coût de revient.

Mais au-delà de l'apport technologique, c'est la créativité qui caractérise les projets design d'IMAJE. Et au Japon, la nouveauté est particulièrement appréciée, en même temps que d'autres attentes propres à ce marché. La miniaturisation en fait partie, contrairement à la clientèle américaine, et avec elle, la sophistication des équipements.

IMAJE doit donc s'adapter aux attentes de l'utilisateur, démarche dans laquelle le design vient mettre en avant une recherche permanente de fonctionnalité et de concepts créatifs. Le résultat, des imprimantes simples d'utilisation, facilement programmables, avec un maître mot : la convivialité.

3 . 7 Identité forte et packaging communicatif : des stratégies gagnantes

Créativité, dynamisme, sérieux, innovation et qualité font partie des variables déterminantes dans la décision d'achat, mais également cohérence et unité.

Le produit est la cible de toutes les attentions de la part du consommateur japonais qui considère plusieurs variables comme déterminantes dans son choix. Créativite, dynamisme, sérieux, innovation et qualité en font partie, mais également cohérence et unité. C'est pourquoi le packaging et l'identité visuelle comptent tout autant.

Nous l'avons dit, le consommateur japonais est curieux de nouveautés, et très sensibilisé à l'esthétique, et plus particulièrement aux dimensions d'équilibre et de volumes harmonieux, encore que cet état d'esprit varie selon les produits qu'il recherche.

Dans ce contexte, l'entreprise étrangère doit tout mettre en ouvre pour susciter son intérêt et attirer son attention que ce soit dans le linéaire ou pour tout ce qui concerne de près ou de loin la présentation institutionnelle de la société.

Dès lors, un packaging communicatif, de qualité irréprochable, et une identité visuelle forte et dynamique sont des stratégies gagnantes, parce que l'utilisateur sera d'autant plus sensibilisé à un message clairement valorisé, que cette invitation de la part de l'entreprise est attendue par le consommateur comme un effort que celle-ci fait à son égard.

Ainsi, le marché japonais met en exergue la nécessité de développer une stratégie design en trois volets : produit, packaging ou documents de présentation et identité visuelle.

L'approche du marché japonais implique la définition d'une stratégie design globale, comme un vecteur d'image à part entière.

L'utilisation du design, une solution idéale ?

Il ne fait aucun doute que le design, quel que soit son mode d'intervention, représente un facteur de compétitivité pour l'entreprise française souhaitant accéder au marché japonais. Selon les besoins de l'entreprise, le designer apporte des solutions qui, associées à un niveau décisionnel élevé, participe à la stratégie globale de l'entreprise.

Outil de communication efficace, le design permet donc d'identifier l'entreprise et son produit auprès du consommateur japonais, dont les attentes spécifiques et la décision d'achat sont souvent complexes.

Selon les besoins de l'entreprise, le designer apporte des solutions qui, associées à un niveau décisionnel élevé, participe à la stratégie globale de l'entreprise.

Pourtant, on ne saurait démontrer ici que le design correspond à une solution idéale, une fonction qui peut se substituer à toutes les autres de l'entreprise. En effet, l'efficacité du design se révèle dans le développement d'un projet alliant différentes compétences, marketing, techniques et commerciales. Si cet outil fait figure de "tremplin" pour l'entreprise, parce que la stratégie design crée une dynamique à plusieurs niveaux, le design reste avant tout une réponse concrète, matérielle et visuelle d'un problème identifié en partie du moins, par l'entreprise.

Le design devient alors un formidable instrument de compétitivité, qui réunit créativité, innovation et solutions techniques, au service de l'entreprise exportatrice.

Conclusion partielle

Le Japon, c'est possible ?

Le Japon représente un marché à fort potentiel pour les entreprises françaises, tant au niveau des opportunités que représente ce pays, qu'au niveau de son statut de porte ouverte sur l'Asie. Marché de concurrences internationale, contraignant malgré une déréglementation active dans plusieurs secteurs, le Japon doit être perçu non comme une cible impossible à atteindre, mais comme un marché spécifique qui fonctionne avec ses propres règles. Ainsi, les barrières normatives, l'organisation de ce marché et les particularités du consommateur représentent autant de paramètres qu'il faut parvenir à surmonter en faisant preuve de flexibilité et de réactivité.

La France possède une bonne image au Japon, reconnue comme le pays du savoir-vivre, de l'authenticité et de la culture, grâce à notre industrie du luxe très bien représentée à-bas. Les entreprises françaises bénéficient donc d'un a priori favorable, sur lequel elles doivent savoir communiquer judicieusement.

C'est dans ce contexte particulier que le design se révèle un atout concurrentiel précieux au Japon, car la communication de l'entreprise vers le consommateur est tout aussi importante que le produit avec lequel elle souhaite aborder le marché.

Outil de compréhension et de réponse à la demande locale, le design participe activement au positionnement stratégique de la firme française : différenciation par le produit, innovation créative, contrôle qualité et communication adaptée et cohérente, personnalisation de l'offre.

En conséquence, le japon, c'est donc « possible «, dès lors que l'entreprise considère ce marché comme un tout, auquel elle doit s'adapter. Cette attitude à adopter passe par une phase de recherche marketing stratégique, pendant laquelle marketing et design déterminent le meilleur levier de communication - produit et entreprise - par lequel percer cette place forte.

Si les conditions de pénétration du marché japonais peuvent être traitées par le design en vertu d'une méthodologie précise, le design ne peut pas résoudre entièrement toutes les problématiques de l'entreprise. D'où la nécessité du travail d'équipe, à un niveau de décisions élevé, pour préparer au mieux une stratégie globale intégrant le design comme un facteur primordial - mais non exclusif - de compétitivité.

Face à des marchés internationaux de plus en plus exigeants, l'entreprise doit se doter des moyens nécessaires pour renforcer sa compétitivité et la qualité de son offre. L'innovation technologique, la qualité des produits exportés et la communication globale pour développer le capital marque, sont autant de forces que l'entreprise doit mettre en avant dans sa démarche export.

Le design intervient à ces différents niveaux. Par une méthodologie précise agissant sur le produit, son packaging, l'identité visuelle ou encore les composants de l'environnement de l'entreprise, le design est un instrument de conquête des marchés, car il participe - en tant que levier de communication adapté - à la stratégie globale de l'entreprise.

Conclusion générale

Ainsi, le designer, intégré ou externe, poursuit les mêmes objectifs que l'industriel : rendre possible l'entrée de l'entreprise sur des marchés attractifs et pourtant difficiles à pénétrer. Loin d'être opposés, le client industriel et son designer se destinent au même but : comprendre le marché, ses attentes et les manières adéquates d'y répondre.

Les résultats parlent d'eux-mêmes et les cas d'entreprises qui ont réussi à s'imposer sur des marchés concurrentiels, parce que le design a joué un rôle majeur, ne se comptent plus.

Instrument de création, provocateur d'innovation, garant de qualité et de cohérence dans la conception et la communication, la stratégie design est donc un moyen pertinent de développement international de l'entreprise.

Pourtant, sa relative pénétration dans les secteurs de l'économie française met en avant des problèmes structurels liés aux relations entreprises/designers. Le designer intervient encore au niveau de la simple application d'un cahier des charges, alors que ses compétences dépassent la transcription visuelle basique d'une tendance de marché.

Or, si l'on veut faire du design un outil stratégique dans un processus d'export, il est primordial que l'industriel favorise les conditions de son intervention, par un travail d'équipe en amont du projet design, répondant ainsi à un besoin identifié, en partie du moins, par l'entreprise.

Faire du design un atout performant, c'est aussi reconnaître sa vocation à anticiper les évolutions à venir. En témoigne le positionnement de nombreuses agences, qui se définissent comme des conseillers en communication stratégique, par le design produit et packaging notamment.

De même, le designer doit rassurer son client sur ses techniques de travail, et assimiler parfaitement les contraintes industrielles de l'entreprise, informations décisives dans l'élaboration d'un lancement de produits.

On constate par ailleurs, le souci des entreprises d'avoir plus d'informations sur ce moyen actif de différenciation et de gestion de l'image de marque.

Expliquer le rôle du design était également l'un des points essentiels de cet ouvrage, parce qu'il est temps d'en finir définitivement avec des objections dans la veine de "le design, c'est pour faire beau, cela ne me concerne pas" ou "c'est trop cher pour mon entreprise". Il y a un besoin d'informations sur cette fonction, c'est la vocation des organismes qui ont pour objectif d'accroître la notoriété du design comme un outil au service de l'entreprise. Il faut donc multiplier les informations auprès des décisionnaires, faciliter les rencontres et démontrer le bien-fondé de la stratégie design pour la PME/PMI innovante.

Il est certain que le design est devenu un facteur incontournable de toute approche de marchés internationaux. Il faut donc davantage promouvoir cette obligation d'incorporer une part de design dans tout produit, pack, et identité visuelle. Les industriels comprennent de plus en plus cette nécessité, d'autant que des marchés étrangers tels que le Japon, montrent combien le travail sur le produit et l'entreprise est important pour sensibiliser le consommateur, et finalement provoquer son choix.

Peut-on dire que le design soit une stratégie à disposition de l'entreprise dans un contexte international marqué ? la réponse est oui : c'est un facteur de compétitivité, à condition cependant que le designer et l'industriel travaillent ensemble à un niveau décisionnel élevé, pour faire du design une arme offensive sur les marchés.

Épilogue

Le commerce international repose sur des logiques de marques. Il va au-delà de l'échange de biens et de services. Les marques prennent en compte des paramètres autrement plus riches et plus complexes qui dépassent le cadre du simple négoce. L'entreprise, par elle-même et à travers ses marques, affirme son engagement, en matière de qualité comme sur le plan social ou humain. Elle vit, elle réfléchit, elle propose, elle bouge, elle agit, elle convainc et séduit.

L'entreprise existe à travers ses produits. Parallèlement, elle dégage une image qui les cautionne. Produits et marques s'enrichissent mutuellement. Un produit, c'est d'abord une idée : un service, une utilisation, une façon de consommer ou de se comporter, une sensibilité, un plaisir. Fort d'une telle idée, qui fonde sa différence, le produit est doté de cette intelligence grâce à laquelle il s'impose partout. Il dépasse les préjugés esthétiques, il surmonte les particularités et les habitudes nationales. Il est de toutes les cultures. C'est un produit migrateur. Il n'a pas de référent direct. Il se situe hors concurrence, existe par lui-même et crée son propre marché. C'est un missile stratégique qui assure l'indépendance de son entreprise.

L'entreprise a d'innombrables atouts en main. Elle dispose d'un terrain de jeu ouvert, plus vaste qu'elle ne l'imagine, avec des potentialités multiples. Il lui appartient de définir son ambition, d'inscrire son développement dans la durée, de façon permanente et volontaire, de se qualifier avec une offre de qualité.
Bref, de systématiser la créativité.

C'est là qu'intervient le design. En amont, à partir des objectifs de l'entreprise, le design révèle les opportunités qui s'ouvrent à elle. C'est le métier des designers de générer des idées, de repérer d'autres points de vue sur le marché, de défricher et baliser les territoires sur lesquels l'entreprise pourra se déployer en sécurité. C'est aussi leur métier de concrétiser les idées. Ce sont des créateurs d'actifs.

Dans un monde voué à la complexité, le design répond aux attentes de l'entreprise : y voir clair, savoir quoi faire plutôt que savoir comment faire. Pour faire tourner l'entreprise, le design est aujourd'hui une évidence : imaginerait-on une voiture sans carburant ?

Il en va de même avec l'exportation. Ce n'est pas une activité spécifique. Exporter est une action de chaque jour. C'est avant tout un état d'esprit. Les exigences du marché national sont identiques à celle des marchés extérieurs. La concurrence étrangère est là. L'exportation commence sur le marché intérieur. L'entreprise est en condition d'exporter devant sa porte. Raison de plus pour s'armer de produits forts, novateurs, évidents, séducteurs, véhiculant les valeurs de l'entreprise. Des produits qui forgeront son image de marque, renforceront la cohérence de son offre, affirmeront son identité. Ils imposeront l'entreprise chez elle et la rendront apte à voyager.

L'entreprise fonctionne en continu. Pourquoi le design serait-il du coup par coup, design omnibus pour rajeunir une gamme, pour se diversifier, pour attaquer l'export ? Le design est, lui aussi, une activité en continu. L'entreprise doit être créative en permanence. Ainsi, et seulement ainsi, elle sera exportable.

Jean-Charles Gaté

Jean-Pierre Vitrac

ANNEXES

1. Table des projets design

2. Table des illustrations

3. Liste des sites Internet entreprises et agences

Plan Créatif :	http://www.plancréatif.fr
Axena :	E-mail : axena@easynet.fr
Dragon Rouge :	http://www.dragonrouge.com
Lafuma :	http://www.lafuma.fr
Lectra Systèmes :	http://www.lectra.com
Superjouet :	E-mail : superjouet@compuserve.com
Cent Degrés :	http://www.centdegres.fr
Absolut Design :	http://www.absolut.fr
Rossignol :	http://www.ski-rossignol.com
Ensci/les Ateliers :	E-mail : partner@ensci-les-atelier.culture.fr
Strate College :	http://www.stratecollege.fr
Legros :	http://www.ella-legros.com
Facom :	http://www.facom.fr
	http://www.facom-tools.com
Mbd Design :	E-mail : MBD_DESIGN@compuserve.com
Desgrippes, Gobé & Asso. :	http://www.dga.com
Carré Noir :	http://www.carrenoir.com
Salomon :	http://www.salomonsports.com
Edap Technomed :	http://www.edap-tms.fr
Ela Médical :	http://www.elamedical.com

4. Eléments bibliographiques

Les ouvrages que nous présentons ici sont ceux qui ont été retenus pour les premiers travaux de l'enquête ; ils peuvent aider à l'approfondissement de notions abordées, d'autant plus qu'ils ont été généralement établis sur la base de bibliographies elles-mêmes riches.

Dans cette optique, nous mentionnons tout particulièrement l'ouvrage de Jean-Charles Gaté, Le Design, de A à Z, le « Que sais-je ? « de Denis Schulmann intitulé le Design industriel, et le livre de Brigitte de Mozota, Design et Management, pour un éclairage plus en détail de la fonction design.

OUVRAGES

Les PMI françaises et le design
étude réalisée pour la Direction de l'Action Régionale et de la Petite et Moyenne industrie, (ministère de l'Industrie). Ed. DICOM. Collection Etudes. 1995

Le design : l'objet dans l'usage
par Sophie Dubuisson et Antoine Hennion, Ed. Ecole des Mines de Paris/Les Presses. 1990

Design : la stratégie produit
par Jean-Pierre Vitrac et Jean-Charles Gaté, Ed. Eyrolles. 1991

La créativité totale
par Florence Vidal, Ed. InterEditions. 1996

Le design graphique
par Philippe Quinton, Ed. Humanisme & Entreprise. 1993

Le design industriel
par Denis Schulmann, Ed. P.U.F, Collection "Que sais-je ? ". 1993

Design : la stratégie de la réussite
étude réalisée par l'Agence Design Communication, Ed. Les Presses du Management. 1995

Design et management
par Brigitte Borja de Mozota, Ed. Les Editions d'Organisation. 1995

Le design, de A à Z
par Jean-Charles Gaté, (Ministère de l'Industrie), Ed. DICOM, Collection Modes d'Emploi. 1994

Communiquer sans Frontières
par Jean Michel Jarry, Ed. Dunod. 1997

La communication internationale des entreprises françaises
étude de la Direction Générale des Stratégies Industrielles (DGSI - Ministère de l'Industrie), Ed. DICOM. Collection Etudes. 1993

Histoire(s) d'innover
par Philippe Merlant, Ed. InterEditions. 1993

L'ingénierie centrée sur l'homme
étude de la Direction Générale des Stratégies Industrielles (DGSI - Ministère de l'Industrie), Ed. DICOM. 199. Collection Etudes. 1997

Au-delà de la qualité
par Frederik Mispelblom, Ed. Syros, Collection Alternatives Sociologiques. 1995

GUIDES

Panorama design en France
APCI, Ed. APCI/Alternatives, 1996
Plus de 170 agences et designers français, auxquels s'ajoutent des écoles et des industriels. Ce guide dresse un état des lieux de la richesse et de la qualité de l'offre des designers (produit, graphisme, packaging, architecture d'intérieur...). Destiné particulièrement aux dirigeants d'entreprises, aux prescripteurs, mais aussi à tous ceux qui s'intéressent à la création industrielle.

Le guide du design européen
Editions APCI, Diffusion Alternatives, 1995
Ce guide rassemble pour 12 pays de l'Union Européenne les informations, adresses, et contacts, pour tous ceux qui s'intéressent au design. Ouvrage de références, il cite plus de 1 500 adresses en Europe : médias et lieux d'information, salons, manifestations, écoles, concours, organismes de promotion, syndicats, aides financières...

REVUES

Design fax
Le seul hebdomadaire professionnel exclusivement consacré à l'actualité design des entreprises et des agences. Une lettre confidentielle qui arrive par fax tous les lundi matin pour apprendre les dernières nouvelles de projets et de stratégies en matière de design.

[dizajn]
Le journal bimestriel, édité par le département Design Promotion Information de l'ENSCI/Les Ateliers. Une revue bien construite autour de thèmes de fond sur le design. son action au sein de l'industrie, sa portée culturelle et sociale... Les expositions à voir, les rendez-vous à ne pas manquer...

La chronique du design
Le bimensuel de l'APCI présente l'actualité du design, à travers les salons, les expositions, les colloques, les concours, les nouvelles créations, les publications...

Stratégies et CB News
Magazines qui présentent une actualité design fréquente et fournie, sur de nouveaux produits, les prix qui récompensent les projets design innovants...

France Eco Japon

magazines mensuels édités par la Chambre de Commerce et d'Industrie Française au Japon, et notamment le n°72 qui traite de l'image de la France au Japon.

LES PMI FRANÇAISES ET LE DESIGN

Etude réalisée pour la Direction de l'Action Régionale et de la Petite et Moyenne Industrie, aux Editions du ministère de l'Industrie, Collection Etudes, 1995

Cette étude, réalisée par le Groupe Bernard Juilhet en octobre 1995, pour le compte de la DARPMI, présente de façon intéressante la pratique du design dans l'industrie française. Orienté très largement vers l'analyse du design produit dans le processus industriel, cet ouvrage présente un constat de la pénétration et de l'impact du design en France, basé sur l'étude d'un panel de 600 PMI françaises, dont on peut notamment retenir les éléments suivants :

Evolution des tendances

Années 70 : On apparentait le design à une simple étude de style ;
Années 80 : On parlait déjà de conception et de mise en oeuvre dans les produits ;
Années 90 : Le design industriel comporte de multiples aspects, on parle de design global.

La démarche d'utilisation du design est celle du perfectionnement : l'image, le style, la forme. Ensuite, intervient la phase de conception et d'aménagement du produit. De plus en plus, on tend vers l'idée d'un design plus global, qui comprend la culture de l'entreprise cliente, sa communication, la technologie du produit et ses aspects esthétiques.

Pratique du design

Une PMI sur 3 utilise le design de près ou de loin, mais seulement 16% d'entre elles l'utilisent de façon régulière. Le design industriel pénètre surtout dans le domaine des biens de consommation et équipements ménagers (environ 50%), et moins dans les équipements lourds et intermédiaires.

1 PMI sur 2 a créé de nouveaux produits entre 1992 et 1995. Le design a permis aux entreprises qui y ont recours, de créer le triple de produits par rapport à celles qui n'y font pas appel. La pratique du design en France se fait en général par le biais de conseils extérieurs (agences conseil plus que cabinets indépendants). Le design intégré représente une faible part dans les PMI.

Ceux qui le pratiquent régulièrement l'intègre très «en amont» (dès la conception du produit, sur le papier à dessin). La démarche du design consiste à :

1. Concevoir le produit sur le papier ; (PMI qui l'utilisent fréquemment)
2. Le matérialiser au niveau de la maquette ; (PMI qui l'utilisent ponctuellement)
3. Etablir le cahier des charges

Offre des designers français

Il y a en France environ 1000 sociétés de design dont 70 % sont établies depuis moins de 10 ans. la grande majorité (plus de 80%) représentent des agences conseils. 8 designers sur 10 proposent des services de design par le produit (approche technologique), devant le graphisme (6 sur 10), et le packaging (approche par l'image, l'esthétique, pour un designer sur 2).

Poids économique du design

Les PMI régulièrement utilisatrices de design imputent le coût global au poste Recherche & Développement (2/3 des PMI) et en poste spécial design (1/3) ; c'est la pratique généralement adoptée par les entreprises. Cette démarche se détaille comme suit :

Design produit : R & D ;
Design image : Commercial/Marketing ;
Design graphique : Communication.

Approche budgétaire moyenne :

PMI régulièrement utilisatrices : 400 000 F/annuel ;
PMI ponctuellement utilisatrices : 140 000 F/annuel.

D'une manière générale, le rapport du budget consacré annuellement par les entreprises utilisatrices, de près comme de loin, en prestations design, est de 1 pour 3 entre les PMI de moins de 100 personnes et de plus de 100 personnes.

Appréciation du design par les PMI

- Un avantage concurrentiel certain : innovation, différenciation, compétitivité ;
- Une participation active à la culture de l'entreprise : en interne et en externe ;
- Un investissement rentable, bien que difficilement isolable : un retour sur investissement d'environ 16 mois, des parts de marché en progression, des ventes accrues (60% export), prix et marges en hausse, performances financières ;
- Un investissement «plaisir» : le design (art et technique) amène une part de rêve et d'identification non négligeable.

85% des PMI pensent pouvoir pénétrer de nouveaux marchés grâce au design et augmenter leurs performances. Ces mêmes entreprises considèrent le design industriel comme un outil de prévision à court terme : en relookant leur image ou en retravaillant sur la technologie, c'est un élément de certitude acquis quant à l'impact sur le marché.

Cependant, l'impact direct est souvent difficile à déterminer et on ne peut établir que des corrélations, surtout au niveau commercial. Le design industriel semblerait un indicateur pertinent de réussite, à apprécier de manière prudente.

Attentes des PMI

- Besoin d'aides financières (pour 70% des entreprises utilisatrices et pour 60% des entreprises non utilisatrices), et aides à l'embauche de designers (30% et 16%) ;
- Labellisation des écoles > crée des débouchés vers les PMI, en vue d'un design plus intégré ;
- Droits respectifs designers/PMI (propriété industrielle, intellectuelle...).

Perspectives

Les dépenses en matière de design industriel dans les PME/PMI vont continuer à augmenter dans les 3 années à venir. Si le design est considéré comme un investissement réel par les entreprises qui l'utilisent, il n'est pas pour autant budgété concrètement.

DESIGN ET MANAGEMENT

par Brigitte Borja de Mozota, aux Editions d'Organisation, 1990

Cet ouvrage constitue une référence dans l'approche de la fonction design dans l'entreprise et la gestion du projet, selon une typologie des interventions du designer, précise et claire.
L'auteur présente de manière exhaustive le design dans tous ses aspects, l'importance que revêt cet outil pour l'entreprise, dans la gestion du produit, l'image de marque et les moyens de communication, l'environnement interne et externe de l'entreprise, et enfin l'impact du design sur les modes opératoires. De même, le design est présenté selon les domaines de compétences qu'il regroupe et éclaire ainsi le décisionnaire sur la portée de l'intégration de cette fonction au sein de sa société.

On retrouve les thèmes suivants abordés de manière détaillée :

Historique et rappel de base concernant le design

Origine et étymologie du concept design, évolution de la fonction dans l'entreprise et explication de l'association design & management.

Méthodologie du design

Exposé complet des composantes d'une opération design, de la démarche créative qui en résulte : les notions de perception de formes, de système, de dimension visuelle et les variables liées à l'esthétique. A cela s'ajoute les techniques du design selon plusieurs points de vues : créatif, technologique, humain et une définition intéressante de l'importance de la couleur dans toute approche.

Design pratique et innovation

- La pratique du design produit : sa légitimité dans le monde industriel, les process de fonctionnement de ce type de projets.
- La pratique du design packaging : l'intérêt du design dans le conditionnement des produits, définition de la notion de différenciation, les outils liés à ce type d'intervention et l'importance de la prospection dans cette approche.
- Le design par rapport aux compétences de l'entreprise en termes d'études marketing, de gestion de l'innovation.

Design pratique et communication

La pratique du design graphique, avec la présentation des principes de graphisme et d'identification visuelle. Définition du design d'environnement, c'est-à-dire la pratique du design dans l'espace de travail et l'architecture commerciale. Enfin, l'impact visuel dans une stratégie de communication et affirmation de la nécessité du design dans cette approche.

Organisation et perspectives du design management

Exposé précis de la dimension stratégique du design (audit, politiques, niveau d'intégration et fonction dans l'entreprise), et de sa dimension opérationnelle (projet, développement...).

LE DESIGN INDUSTRIEL

par Denis Schulmann, aux Editions P.U.F, Collection "Que sais-je ?", 1991

Cet ouvrage présente rapidement les concepts du design industriel et retrace notamment la démarche design ainsi que les grandes étapes d'un projet. Il fournit également les principaux repères de l'évolution du design et fait le point des tendances actuelles.

LE DESIGN : L'OBJET DANS L'USAGE

par Sophie Dubuisson et Antoine Hennion,
aux Editions Ecole des Mines de Paris/Les Presses, 1996

Ce livre relate la relation objet-usage et consommateur, du point de vue de trois structures design, externes ou internes à l'entreprise. L'exposé de ces cas concrets permet d'apporter un éclairage intéressant sur l'impact du design, et l'importance de cette démarche pluridisciplinaire pour l'entreprise vis-à-vis de son marché.
La forme et le sens, l'usage en situation réelle et l'organisation du design intégré (Renault) sont des illustrations parlantes du rapport qu'entretient le consommateur au produit, attitude appréhendée par des designers évoluant dans des contextes différents.

DESIGN : LA STRATÉGIE PRODUIT

par Jean-Pierre Vitrac et Jean-Charles Gaté, aux Editions Eyrolles, 1993

En cette période de crise économique, cet ouvrage rappelle que les entreprises qui remportent des marchés sont celles qui possèdent des produits très qualifiés et performants. Avec pour obligation d'être créatives. Or, cette démarche ne s'improvise pas et le design permet, et de concrétiser de nouveaux produits, et d'intervenir en renouvellement de gammes pour relancer la consommation.
Soulignant la nécessité d'une implication forte de l'entreprise au sein d'un projet de développement, les auteurs exposent le principe selon lequel le designer, c'est sa vocation, est à même de travailler sur une bonne idée de départ, mais également de la mener jusqu'à son terme, c'est-à-dire l'industrialisation et le lancement.

LA CRÉATIVITÉ TOTALE

par Florence Vidal, aux Editions InterEditions, 1995

Cet ouvrage présente les nouvelles stratégies du Japon, parmi lesquelles l'intelligence créative omniprésente dans les entreprises japonaises, qui font aujourd'hui de ce pays la seconde puissance mondiale.
Provenant de sources nombreuses, la créativité est au Japon une étape incontournable qui ne saurait être négligée, tant la qualité esthétique et l'ergonomie d'un produit sont primordiaux dans la décision d'achat.
Jugé indispensable pour qu'un produit soit achevé dans les règles, le design est au Japon profondément ancré dans la culture industrielle. C'est dans ce contexte que le MITI encourage les entreprises à pratiquer activement le design par une politique de sensibilisation marquée.

LE DESIGN GRAPHIQUE

par Philippe Quinton, aux Editions Humanisme et Entreprise, 1995

Cet article de fond présente en détail la pratique du design graphique, et son impact dans l'identification et la communication visuelle de l'entreprise. Le designer présente ici les étapes et les évolutions d'un domaine d'activité stratégique du design que représente le graphisme.

DESIGN : LA STRATÉGIE DE LA REUSSITE

Etude réalisée par l'Agence Design Communication,
aux Editions Les Presses du Management, 1994

Cet ouvrage, au travers de témoignages et d'une quarantaine de cas (lancement et évolution des marques et des produits, conception des espaces d'achat, création ou adaptation d'une identité visuelle) illustre bien l'efficacité du design.
Il souligne notamment que, « loin d'être une démarche esthétique et cosmétique destinée à séduire une élite en mal de différenciation, le design est une démarche globale qui répond à une préoccupation permanente des entreprises : concevoir un produit, une image, un environnement «.
Les cas exposés dans cette étude concernent tous les secteurs d'activité, mais plus particulièrement les produits de grande consommation (notamment alimentaires) et les services. Dès lors, les cas relatifs aux PMI sont peu nombreux.

Différents thèmes sont abordés dans l'introduction tels que :

- l'innovation,
- la différenciation,
- la flexibilité,
- la pérennité,
- la communication,
- la part de rêve,
- la stratégie,
- la rentabilité.

LE DESIGN, DE A à Z

par Jean-Charles Gaté,
aux Editions du ministère de l'Industrie, Collection Modes d'Emploi, fin 1997

Cet ouvrage est un guide pratique du design sous la formes de fiches descriptives des différents thèmes de l'entreprise liés au design et à ses modes d'intervention. L'auteur adopte une démarche didactique en montrant l'interactivité de ces thèmes, dans lesquels le lecteur est guidé par un index simple et clair.
On retrouve les notions de design produit, design packaging, design environnement, mais aussi de marque, de communication, thèmes plus larges dans lesquels le design a des incidences notables.

COMMUNIQUER SANS FRONTIÈRES

par Jean Michel Jarry, aux Editions Dunod, 1993

Ce livre adopte une démarche volontairement pratique pour traiter de l'importance de la communication d'entreprise à l'international. L'auteur présente les objectifs d'une communication transnationale (analyse d'un plan de communication, des résultats et du budget nécessaire) et à présenter les outils et les moyens disponibles. L'ouvrage décrit encore les techniques d'application (relations publiques, lobbying, sponsoring, mécénat) et rappelle tous les partenaires et soutiens présents.
Le design tient une part non négligeable, tant la gestion de la marque est à l'international, un facteur clé de réussite : le logo, l'identité visuelle sont des éléments primordiaux de communication que le designer sait gérer. Nom, symboles, système de couleurs et codes graphiques sont les composantes d'une image de marque, qui bien gérée est déterminante dans l'approche internationale.

HISTOIRE(S) D'INNOVER

par Philippe Merlant, aux Editions InterEditions,1993

Pour en savoir plus sur l'innovation et l'interaction du design avec l'Innovation au sens large du terme, cet ouvrage présente des expériences vécues de projets menés dans différents domaines.
Six étapes successives ponctuent le parcours innovateur du projet : la rencontre (naissance du concept), la maturation, la concrétisation, le pré-lancement, le lancement et la consolidation. Ce livre montre donc les différentes phases d'ingénierie et d'innovation que toute entreprise peut être amenée à rencontrer.
On notera ici la participation marquée du design dans l'étape de lancement, avec le contrôle commun des notions de design, qualité et études techniques. Il faut cependant préciser le design est présenté dans le cadre de cet ouvrage, dans son application ergonomique (et donc produit essentiellement). Dès lors, l'ouvrage ne souligne pas la présence du designer à toutes les étapes décrites.
Cet ouvrage illustre donc concrètement le processus d'innovation, et dans les difficultés rencontrées dans la gestion du projet, et dans la réussite des entreprises qui ont su gérer une innovation forte.

L'INGÉNIERIE CENTRÉE SUR L'HOMME

Etude de la Direction Générale des Stratégies Industrielles,
aux Editions du ministère de l'Industrie, Collection Etudes, 1997

Ce livre détaille les disciplines de l'ingénierie antropocentrée, c'est-à-dire les méthodes d'études auxquelles ont recours les industriels dans la conception de leurs produits. Depuis la prise en compte des attentes des consommateurs, jusqu'à l'analyse sensorielle, c'est la globalité des facteurs d'achat qui sont intégrés au processus de conception.
L'analyse sensorielle, issue de l'agro-alimentaire, s'étend aujourd'hui à d'autres domaines. Viennent s'y ajouter le design sonore et l'ergonomie cognitive, dans le but d'améliorer le dialogue homme-machine. Le design a toute sa place ici tant les domaines de compétences couverts par cet outil sont importants notamment au niveau de la relation produits-usagers.

AU-DELÀ DE LA QUALITÉ
par Frederik Mispelblom,
aux Editions Syros, Collection Alternatives Sociologiques, 1995

Cet ouvrage traite d'un domaine, la qualité et son impact, qui a été beaucoup traité. Cependant, l'approche de l'auteur est intéressante sur la compréhension du consommateur des différentes démarches qualité que l'entreprise peut aujourd'hui mettre en place.
Ainsi l'on apprend l'impact sociologique de la qualité, son poids dans la communication des "promesses" de l'entreprise vis-à-vis de son marché. Faisant le constat de la démarche qualité, cet ouvrage présente également des stratégies alternatives qui optimisent la relation de l'usager au produit et au service.

5. Liste des organismes et écoles

Organismes

L'APCI (Agence pour la Promotion de la Création Industrielle)

3, rue de Brissac 75004 Paris
Tel : 01.44.61.72.40
Contact : Mme Anne-Marie Boutin
http://www.apci.asso.fr

L'IFD (Institut Français du Design)

10, rue Binguen 75017 Paris
Tel : 01.42.27.05.05
Contact : Mme Anne-Marie Sargueil

DPI (Design Promotion Information) ~ ENSCI/les Ateliers

48, rue Saint Sabin 75011 Paris
Tel : 01.49.23.12.69
Contact : Mme Sido Hennequart Perrottet

L'UFDI (Union Française du Design Industriel)

24, rue J. Aicard 75011 Paris
Tel : 01.48.07.26.90
Contact : M. Marc Piel

Ecoles

ENSCI/les Ateliers

48, rue Saint Sabin 75011 Paris
Tel : 01.49.23.12.36
Contact : M. Quentin Lesur

STRATE COLLEGE

205, rue Jean-Jacques Rousseau 92130 Issy les Moulineaux
Tel : 01.46.42.88.77
Contact : M. Jean-René Talopp
http://www.stratecollege.fr

6. Liste des Centres Régionaux de Design

Centre de design Est-France - Promotech

6, allée Pelletier Doisy 54600 Villers-les-Nancy
Tel : 03.83.50.44.50
Fax : 03.83.44.04.82

Centre de design Midi-Pyrénées

9, rue du Prieuré 31000 Toulouse
Tel : 05.61.12.34.22
Fax : 05.61.12.34.25

Centre de design Région Centre

2, place de l'Eglise 41500 Saint-Dye-sur-Loire
Tel : 02.54.81.62.17
Fax : 02.54.61.62.45

Centre de design Rhônes-Alpes (tête de réseau)

9, rue Robert 69006 Lyon
Tel : 04.72.75.94.94
Fax : 04.78.52.35.47

Tandem Création Industrie (associé au CRD Rhône-Alpes)

Mairie de Romans
2, rue Sainte Marie 26100 Romans
Tel : 04.75.05.81.43
Fax : 04.75.02.43.74

Centre Régional pour la Création industrielle - CRECI/UDIMETAL

65, avenue Jules Cantin 13298 Marseille cedex 20
Tel : 04.91.80.91.48
Fax : 04.91.78.59.40

Impact Design

rue Georges Besse 30000 Nîmes
Tel : 04.66.38.14.66

Centre de design des Pays de la Loire

1, bd Salvador Allende - BP 710 44027 Nantes Cedex 04
Tel : 02.40.69.55.77
Fax : 02.40.69.55.02

Innotech - Centre de Ressources Technologiques - Design industriel

221, avenue du Président Wilson 93214 Saint-Denis la Plaine cedex
Tel : 01.49.46.14.00
Fax : 01.49.46.14.08

7. Liste des DRIRE

Alsace
1,rue Pierre Montet
67082 Strasbourg Cedex
Tel : 03.88.25.92.92

Aquitaine
95, rue de la Liberté
33073 Bordeaux Cedex
Tel : 05.56.00.04.00

Auvergne
43, rue de Wailly
63038 Clermont-Ferrand Cedex 1
Tel : 04.73.37.91.00

Basse-Normandie
CITIS "Le Pentacle"
Avenue de Tsukuba
14209 Hérouville-St-Clair Cedex
Tel : 02.31.46.50.00

Bourgogne
15-17, avenue Jean Bertin
21000 Dijon
Tel : 03.80.29.40.00

Bretagne
9, rue du Clos Courtel
35043 Rennes Cedex
Tel : 02.99.37.43.21

Centre
16, rue Charles de Coulomb
45077 Orléans Cedex 2
Tel : 02.38.41.76.00

Champagne-Ardenne
2, rue Grenet-Tellier
51038 Chalons-en-Champagne
Tel : 03.26.69.33.00

Corse
Résidence Ajaccio bât. A
rue Nicolas Peraldi
20090 Ajaccio
Tel : 04.95.23.70.70

Franche-Comté
7, rue Léonard-de-Vinci
BP 2049
25050 Besançon Cedex
Tel : 03.81.51.04.04

Haute-Normandie
21, av. de la Pte-des-Champs
76037 Rouen Cedex
Tel : 02.35.52.32.00

Ile-de-France
6-10, rue Crillon
75194 Paris Cedex 04
Tel : 01.44.59.49.59

Languedoc-Roussillon
6, avenue de Clavières
30107 Alès Cedex
Tel : 04.66.78.50.00

Limousin
15, place Jourdan
87038 Limoges Cedex
Tel : 05.55.33.91.30

Lorraine
15, rue Claude Chappe
BP 5038
57071 Metz Cedex 03
Tel : 03.87.56.42.00

Midi-Pyrénées
12, rue Michel Labrousse
31107 Toulouse Cedex
Tel : 05.62.14.90.00

Nord-Pas-de-Calais
941, rue Michel Bourseul
BP 838
59508 Douai Cedex
Tel : 03.27.93.22.22

Pays-de-la-Loire
La Chanterie
2, rue Alfred Kastler
44070 Nantes Cedex 03
Tel : 02.51.85.80.00

Picardie
44, rue Alexandre Dumas
80094 Amiens Cedex 03
03.22.33.66.00

Poitou-Charentes
1, rue de la Goélette
86280 Saint-Benoit
Tel : 05.49.38.30.00

Provence-Alpes-Côte-d'Azur
67-69, avenue du Prado
13286 Marseille Cedex
Tel : 04.91.83.63.63

Rhône-Alpes
146, rue Pierre Corneille
69426 Lyon Cedex 06
Tel : 04.72.64.52.00

Guadeloupe-Guyane-Martinique
Impasse BusaréBP 7001
97307 Cayenne Cedex
Tel : 00.594.30.00.06

Réunion
130, rue Léopold Rambaud
BP 12
97491 Sainte-Clothilde Cedex
Tel : 00.262.92.42.10

Achevé d'imprimer le 7 avril 1998
sur les presses de l'imprimerie «La Source d'Or»
63200 Marsat
Dépôt légal : 2ème trimestre 1998
Imprimeur n° 7391

Plan créatif

COMMUNICATION PAR LE DESIGN

Plan créatif a eu le plaisir
de contribuer à la réalisation de cet ouvrage
et remercie de leur confiance
la Délégation à la Communication
du Secrétariat d'État à l'Industrie
et les Presses du Management